知识产权领域

标准体系与运用指南

北京中知智慧科技有限公司◎组织编写

主　　编◎刘化冰

副主编◎纪媛媛　　张陆军

知识产权出版社

全国百佳图书出版单位

—北京—

图书在版编目（CIP）数据

知识产权领域标准体系与运用指南/北京中知智慧科技有限公司组织编写；刘化冰主编 . —北京：知识产权出版社，2024.9. — ISBN 978-7-5130-9484-9

Ⅰ. D923.4-62

中国国家版本馆 CIP 数据核字第 2024FA9726 号

内容提要

本书收集、甄选了 4000 余项与专利、商标和地理标志等相关的知识产权标准，并尝试对这些标准做了专业分类。在此基础上，对 130 余项具有代表性的各类标准进行介绍、解读和分析，并对知识产权标准体系的发展提出了一些建议。

读者对象：创新主体，服务机构，标准制修订相关人员，标准研究人员

责任编辑：林竹鸣   **责任校对**：潘凤越

封面设计：杨杨工作室·张 冀   **责任印制**：刘译文

知识产权领域标准体系与运用指南

北京中知智慧科技有限公司   组织编写

主   编   刘化冰

副主编   纪媛媛   张陆军

出版发行：**知识产权出版社** 有限责任公司	网 址：http://www.ipph.cn
社 址：北京市海淀区气象路 50 号院	邮 编：100081
责编电话：010-82000860 转 8792	责编邮箱：linzhuming@ cnipr.com
发行电话：010-82000860 转 8101/8102	发行传真：010-82000893/82005070/82000270
印 刷：三河市国英印务有限公司	经 销：新华书店、各大网上书店及相关专业书店
开 本：787mm×1092mm 1/16	印 张：16.75
版 次：2024 年 9 月第 1 版	印 次：2024 年 9 月第 1 次印刷
字 数：366 千字	定 价：86.00 元

ISBN 978-7-5130-9484-9

本书编写分工

主　　编　　刘化冰

副 主 编　　纪媛媛　　张陆军

编写人员　　刘化冰　　纪媛媛　　张陆军

　　　　　　黄宁律　　侯　璐　　张　聪

统稿人员　　刘化冰

校对人员　　纪媛媛　　侯　璐　　张　聪

前　言
PREFACE

2021 年，国家标准化管理委员会等十部门联合印发的《"十四五"推动高质量发展的国家标准体系建设规划》（国标委联〔2021〕36 号）提出，要"加快知识产权保护、'证照分离'改革、企业开办等方面标准研制"。同年，国务院印发的《"十四五"国家知识产权保护和运用规划》（国发〔2021〕20 号）中也提到要加强知识产权保护、运用和服务相关领域的标准体系建设。

标准体系建设水平是一个行业综合实力的重要体现，形成先进、科学的标准体系，有利于促进行业高质量和可持续发展，有利于提升行业技术创新水平，有利于促进行业之间相互融合贯通。近年来，随着《知识产权强国建设纲要（2021—2035 年）》和《国家标准化发展纲要》等政策的实施，知识产权行业的标准化工作发展十分迅速，标准体系日臻完善，主要体现在标准制修订数量增长迅速、标准内容覆盖范围更加广泛、我国在知识产权领域的国际标准话语权显著增强等方面。

然而，截至目前，我国还没有相关单位系统地开展过对知识产权标准体系总体情况的研究。本书将知识产权标准体系，特别是具有代表性的标准制修订和运用作为研究重点，通过对标准的解读，让读者系统地了解知识产权标准体系和运用的总体情况。

本书作者通过全国标准信息公共服务平台等多种渠道查询获取了大量与专利、商标和地理标志相关的标准信息，并对这些标准进行了甄选、数据清洗和分类标引，最终整理出 2023 年 12 月 31 日之前发布且现行，或已下达国家标准计划的知识产权领域相关标准共 4000 余项。本书首次尝试对知识产权标准进行专业分类，共划分为综合规范、文献信息、科技成果、地理标志和品牌等 5 个大类，其中将综合规范类标准进一步划分为知识产权创新管理、知识产权保护、知识产权运用和知识产权服务 4 类。基于该分类体系，本书对每一类标准的总体情况和重点标准的制修订背景、主要内容等进行了系统介绍。

本书第一章介绍了标准发展简史、标准和标准化的基本概念、标准的类型、标准化组织和标准化技术组织以及标准的制定与实施等概况。第二章从标准收录情况入手，结合标准的分类、标准体系建设的意义和发展态势等介绍了知识产权标准体系建设总体情况。第三章到第六章介绍了知识产权创新管理、知识产权保护、知识产权运用和知识产权服务等综合规范类标准的总体情况和重点标准概况。第七章到第十章介绍了文献信息类、科技成果类、地理标志类和品牌类标准的总体情况和重点标准概况。第十一章对知识产权标准体系的发展进行了展望并提出建议。书中遴选了 130 余项具有代表性的标准，进行了不同程度的介绍、解读和分析。

本书的编写中，黄宁律参与了第一章的编写，刘化冰参与了前言、第二章、第七章、第八章、第九章、第十章和第十一章的编写和编译，张陆军和侯璐参与了第三章和第六章的编写，纪媛媛和张聪参与了第四章和第五章的编写。刘化冰对全部标准信息进行了采集、加工和分类，并参与了全书各章节的编写、修订、统稿和审稿工作。纪媛媛、侯璐和张聪参与了全书校对工作。

作为本书作者，我多年前曾参与过国家标准《企业知识产权管理规范》（GB/T 29490—2013）的贯标培训授课；2018—2019 年，还有幸作为第一起草人，参与了国家标准《新闻出版 知识服务 知识关联通用规则》（GB/T 38378—2019）的制订工作。这些经历让我对标准化工作有了一定的认识和理解；近年来，我一直密切关注着知识产权领域标准体系的创新和发展，也希望有机会能够阐述一下对知识产权领域标准体系建设和运用的思考和认识，这也是编写本书的初心。参与本书的编写与统稿，于我而言，也是一次系统学习知识产权标准的机会，整个过程收获颇多。

筛选出具有代表性的标准，对每个标准进行全面学习和理解，然后再梳理成书中的文字，书中每个标准的介绍和解读，都倾注着本书编写团队的心血和对行业的热爱。在此对共同参与本书编写的各位专家表示感谢！本书的编写工作得到了上海市质量监督检验技术研究院黄鹏飞副院长等许多领导和专家的大力帮助、指导与支持，在此也表示衷心的感谢！同样要感谢的还有在本书编写过程中给予我鼓励与支持的家人和朋友们，特别是即将参加高考的刘昌灏同学，每个子夜里仍在挑灯夜战的他，也鼓励我坚持完成了本书的写作。

本书的编写期望为知识产权行业中开展标准制修订和起草工作的团体和个人，以及标准的运用者、研究者和学习者提供借鉴和帮助。由于编者水平有限，书中难免存在疏漏之处，还望读者见谅。

刘化冰

2024 年 5 月 8 日　北京市东城区

目 录
CONTENTS

▲▼　第二部分　综合规范类标准　▲▼

第三部分　文献信息与科技成果类标准

▲▼　第四部分　地理标志与品牌类标准　▲▼

▲▼ 第五部分 发展与展望 ▲▼

第一部分

总体概况

第一章

标准基础知识

1.1 标准发展简史

1.1.1 古代的标准化

标准起始于古代人类对事物的度量。随着生产力水平的发展而不断产生和发展，特别是社会分工出现以后，社会上出现了产品交换的需求，而为了在交换过程中体现出等价原则，度、量、衡、里、亩等具有实物形态的标准器和抽象的制度形态的计量标准陆续产生。随着手工生产技术的进步，手工业生产的技术规范和制造工艺等也逐步标准化。战国时期齐国人著的《考工记》，就是一部手工业生产技术规范的汇总。[①] 秦始皇统一六国建立秦王朝后，颁布了一系列律法，其中就包括"车同轨、书同文、度同制"等。这些标准化措施的推行，对当时的社会经济发展起到了积极的推动作用，同时也通过标准化的管理方式巩固了国家的统治。北宋时期活字印刷术的发明，在古代标准化历史上具有里程碑的意义。毕昇在活字印刷术中成功运用了标准件、互换性、分解组合、重复利用等方法和原则，[②] 这在一定程度也是对现代标准化理念的启蒙。到了明代时期出现的《本草纲目》和《天工开物》等著作，不仅是体现我国古代科技成就的集大成之作，其中也蕴含了大量生产制作工艺中的标准化理念。

古代标准化建立在农业和手工业生产物质技术基础上，基本上是现象的描述和经验的总结，虽然已经有了"标准"的意识形态，但还不是有组织的、规范性的活动，缺乏理论的指导，发展很不平衡。

1.1.2 近代的标准化

近代标准化是标准化发展历史中十分重要的一个阶段。18世纪末开始的工业革命

---

① 李春田，房庆，王平，等. 标准化概论 [M]. 7版. 北京：中国人民大学出版社，2022：3.
② 李春田，房庆，王平，等. 标准化概论 [M]. 7版. 北京：中国人民大学出版社，2022：4.

是一场以机器工业为主的社会、科技和经济变革，机器逐步开始代替手工劳动，机械化的生产方式逐步代替手工作坊的生产方式。随着工业化生产规模的进一步扩大，企业迫切需要通过技术创新和分工协作来提高生产效率，而大量生产经验和实验数据的积累，为可量化和科学系统的近代标准化活动的开展创造了有利条件。而标准化的应用，也为实现更大规模的生产，甚至流水线生产模式创造了可能。例如，1789 年，被誉为"标准化之父"的美国企业家埃利·惠特尼在步枪制造中用互换性原理来批量制造零部件，让标准化的零部件尺寸一致，可实现互换。这让他顺利完成了两年之内向美国政府提供 1 万支步枪的订单，也在很大程度上解决了美国建立之初，政府对军火的大量需求问题。

近代标准化的发展，与当时技术创新的发展是相互促进的，技术创新的过程中形成了标准化，而标准化也为技术创新提供了需求和动力。同时，近代标准化的发展也与早期企业科学管理理念的形成相得益彰，成为现代企业管理理论的重要组成部分之一。

1.1.3　现代的标准化

现代标准化发展的特征是标准的组织化、行业化和国际化。20 世纪早期开始，随着科技创新和社会分工的发展，分散在企业手中的标准需要进一步形成企业组织和行业的标准，从而形成标准之间的统一和协同。一些区域性和行业性的标准化组织开始诞生，其中一些标准化组织逐步发展成为全国性组织。随着各国科技、经贸、文化往来的不断加大，国际化标准组织的出现也成为必然，国际化标准组织在优化国际资源配置、避免贸易垄断和技术壁垒、协调国际贸易竞争关系等方面发挥着重要的作用。

国际化标准组织的出现意味着人类的标准化活动进入一个更高的层次，在这一阶段，国际、区域和专业标准组织开始形成并不断发展完善，国际标准化活动的内涵不断丰富，呈现出新的发展趋势。与此同时，我国标准化事业也迅速兴起和发展。

目前，采用国际标准或投入国际标准制修订工作成为各国标准化工作的重要内容。现代标准化必须从系统的观点处理问题，并且需要建立同技术水平和生产规模相适应的标准体系。现代标准化目标指向高新技术产业，如新一代信息技术、新材料、新能源、生物技术、高端装备制造、服务业等，将标准化与数字方法、电子技术、信息技术紧密结合，具有现代产业特色，体现出极强的先进性。经济的飞跃、全球化的趋势和信息科学技术的发展，是这个阶段标准化发展的主要推动力。[1]

---

[1]　刘梦婷. 谈谈标准化发展史［J］. 大众标准化，2017（8）：53.

1.2　标准和标准化的基本概念

1.2.1　国际上关于标准和标准化的定义

ISO（国际标准化组织，International Organization for Standardization 的缩写）和 IEC（国际电工委员会，International Electro technical Commission 的缩写）在《标准化和相关活动的通用术语》（ISO/IEC 指南 2：2004，简称"ISO/IEC 指南 2"）中界定了标准和标准化的定义。标准的定义是"为了在一定范围内获得最佳秩序，经协商一致确立并由公认机构批准，为活动或结果提供规则、指南或特性，供共同使用和重复使用的文件"。同时，针对该定义还给出了一个注释，即：标准宜以科学、技术和经验的综合成果为基础，以促进最佳的共同效益为目的。

标准化的定义是"为了在一定范围内获得最佳秩序，对现实问题或潜在问题确立共同使用和重复使用的条款的活动"。同时，ISO/IEC 指南 2 分别针对该定义中提及的活动和标准化的效益给出了注释，即：上述活动主要包括编制、发布和实施标准的过程；标准化的主要效益在于为了产品、过程和服务的预期目的改进它们的适用性，防止贸易壁垒，并促进技术合作。①

自 ISO/IEC 指南 2 发布以来，ISO 和 IEC 关于标准和标准化的定义已被全球广泛接受，为 WTO（世界贸易组织，World Trade Organization 的缩写）和包括我国在内的各国界定标准和标准化奠定了基础。

1.2.2　我国关于标准和标准化的定义

《中华人民共和国标准化法》（简称《标准化法》）规定：标准是农业、工业、服务业以及社会事业等领域需要统一的技术标准。

《标准化工作指南第 1 部分：标准化和相关活动的通用术语》（GB/T 20000.1—2014）中，结合我国实际情况，对 ISO/IEC 指南 2 界定的标准和标准化的定义作了修正。它将标准定义为"通过标准化活动，按照规定的程序经协商一致制定，为各种活动或其结果提供规则、指南或特性，供共同使用和重复使用的文件"。同时给出了相关注释：

（1）标准宜以科学、技术和经验的综合成果为基础；

（2）规定的程序指制定标准的机构颁布的标准制定程序。

它将标准化定义为"为了在既定范围内获得最佳秩序，促进共同效益，对现实问

---

① 陆军. 规矩，方圆之至也——浅谈标准和标准化 [J]. 中国自行车，2008（9）：36.

题或潜在问题确立共同使用和重复使用的条款以及编制、发布和应用文件的活动"。同时给出了相关注释：

（1）标准化活动确立的条款，可形成标准化文件，包括标准和其他标准化文件；

（2）标准化的主要效益在于为了产品、过程和服务的预期目的改进它们的适用性，促进贸易、交流以及技术合作。

1.3 标准的类型

按照标准化活动开展的范围，可以将标准划分为国际标准、区域标准、国家标准、行业标准、地方标准、团体标准和企业标准。[①]

1.3.1 国际标准

对于国际标准的定义，我国使用了 ISO/IEC 指南 2 中对国际标准的定义，即国际标准是由国际标准化组织或国际标准组织通过并公开发布的标准。一般，将 ISO、IEC、ITU（国际电信联盟，International Telecommunication Union 的缩写）称为三大国际标准化组织。由这三大国际标准化组织制定的标准，以及国际标准化组织确认并公布的其他国际组织制定的标准，统称为国际标准。目前，除 ISO、IEC、ITU 外，ISO 通过其网站公布认可的"其他国际组织"共有 48 个，如 CAC（国际食品法典委员会，Codex Alimentarius Commission 的缩写）、WIPO（世界知识产权组织，World Intellectual Property Organization 的缩写）等。

1.3.2 区域标准

区域标准是由区域标准组织通过并公开发布的标准，在区域范围内适用。影响力较大的 CEN（欧洲标准化委员会，Comité Européen de Normalisation 的缩写）、CENELEC（欧洲电工标准化委员会，the European Committee for Electrotechnical Standardization 的缩写）和 ETSI（欧洲电信标准化学会，European Telecommunications Standards Institute 的缩写）三大欧洲标准组织制定并发布欧洲标准。COPANT（泛美标准委员会，The Comisión Panamericana de Normas Técnicas 的缩写）制定并发布泛美地区标准。ARSO（非洲地区标准化组织，African Regional Standards Organisation 的缩写）制定并发布非洲地区标准。

---

① 蔡好荻. 治理创新：构建以标准为基础的制度体系 ［J］. 江西师范大学学报（哲学社会科学版），2018，51（3）：34.

1.3.3 国家标准

国家标准是由国家标准化机构通过并公开发布的标准，在某个国家的范围内适用。这里的国家标准化机构是指在国家层次上公认的标准机构，例如中国国家标准化管理委员会（Standardization Administration of China，SAC）。

1.3.4 行业标准

行业标准是由行业机构通过并公开发布的标准，在某个国家的行业范围内适用。在我国，行业标准是由国务院有关行业行政主管部门组织制定并公开发布的标准。

1.3.5 地方标准

地方标准是在国家的某个地区通过并公开发布的标准，在该地区范围内适用。在我国，地方标准是由省（自治区、直辖市）标准化行政主管部门和经其批准的设区的市（州、盟）标准化行政主管部门制定并发布的标准。

1.3.6 团体标准

团体标准是由某个国家的团体标准化组织通过并公开发布的标准。在我国，团体标准化组织可以是学会、协会、商会、联合会、产业技术联盟等社会团体。团体标准一般在该团体范围内适用，但一些具有影响力的社会团体制定的团体标准也可能在某个专业领域更大的范围内适用，例如美国电气和电子工程师协会、美国试验与材料协会等制定的标准。

1.3.7 企业标准

企业标准是为了在企业内建立最佳秩序，实现企业的经营方针和战略目标，在总结经验成果的基础上，按照企业规定的程序，由企业自己制定并批准发布的标准。企业标准是企业的规范性文件，需要遵照规定的程序编制、审批和发布。不过，企业标准制定程序属于企业自己管理权限内的事情，根据企业自身实际情况由企业自主规定。

需要注意的是，《标准化法》将标准划分为 5 种，即国家标准、行业标准、地方标准、团体标准和企业标准。此外，标准还可以按照专业技术领域、标准化对象、标准的功能以及标准约束力等进行分类。

1.4 标准化组织和标准化技术组织

1.4.1 标准化组织

标准化组织可分为国际标准化组织、区域标准化组织、行业标准化组织和国家标准化组织。

1.4.1.1 国际标准化组织

ISO 是世界上最大的非政府性标准化专门机构，据全国标准信息公共服务平台数据显示，截至 2024 年 3 月底，已经有 170 个成员加入。其中央秘书处设在日内瓦，负责组织协调 ISO 的日常工作，并核实、发布国际标准。该组织还设有信息网，负责与成员国交流交换国家和国际标准、技术规程规定和其他标准化文件资料等，其宗旨是在全世界促进标准化及有关活动的发展，以便于国际物资交流和服务，并扩大知识、科学、技术和经济领域的合作。

1.4.1.2 区域标准化组织

随着世界区域经济体的形成，区域标准化日趋发展。区域标准化是指世界某一地理区域内有关国家、团体共同参与开展的标准化活动。有些区域已成立标准化组织，如前述的 CEN、COPANT 和 ARSO 等。

1.4.1.3 行业标准化组织

行业标准化组织是指制定和公布适应于某个业务领域标准的专业标准团体，以及在业务领域开展标准化工作的行业机构、学术团体或国防机构。如美国电气和电子工程师协会、美国国防部以及我国国防科学技术工业委员会等。

1.4.1.4 国家标准化组织

国家标准化组织是指在国家范围内建立的标准化机构以及政府确认（或承认）的标准化团体，或者接受政府标准化管理机构指导并具有权威性的民间标准化团体，如美国国家标准学会、英国标准学会、德国标准化学会、法国标准化学会、日本工业标准调查会、中国标准化协会等。

1.4.2 标准化技术组织

标准化技术组织是由标准机构或标准化机构设立，负责标准编制或起草的组织。

标准化机构可根据所负责的标准化领域数量、标准需求等因素，对标准化技术组织提出职责、构成、设立与撤销等方面的管理要求。

1.4.2.1　标准化技术组织的主要类型

1. 技术委员会

技术委员会是标准化机构设立的，在特定专业领域内，主要从事标准编制等工作的标准化技术组织。除了承担特定专业领域标准编制工作外，技术委员会还会开展与标准编制有关的活动，如确立工作范围和工作规划、设立和管理分委员会或起草工作组、开展与所负责领域的国际标准组织/区域标准组织中的技术委员会的对口工作、与其他技术委员会或相关组织联络关系的建立与管理、技术委员会对成员的管理和培训、组织召开会议、推动标准宣贯实施等。

当技术委员会所负责的特定专业领域标准需求较多时，可视情况下设分委员会，负责某一分支领域标准的编制等工作。分委员会的工作范围应在技术委员会的工作范围内，设立分委员会需经过技术委员会表决通过。

2. 起草工作组

起草工作组是在技术委员会或分委员会内设立的，具体起草标准文本的非常设标准化技术组织。起草工作组由一定数量的相关技术领域的专家组成，这些专家通常由技术委员会或者分委员会成员提名，并且以个人身份参与起草标准草案。起草工作组的职责、构成、设立与撤销均由成立它的技术委员会或分委员会确定。

1.4.2.2　ISO 的标准化技术组织

ISO 的标准化技术组织主要包括技术委员会（Technical Committee，TC）及下设的分委员会（Sub-Committee，SC），临时履行技术委员会职责的项目委员会（Project Committee，PC），以及具体起草标准的工作组（Working Group，WG）。其中，技术委员会由 ISO 技术管理局建立和解散；分委员会的建立由其所属的技术委员会提出，提请技术管理局批准，并在有国家成员愿意承担秘书处工作的条件下才可建立分委员会，隶属于技术委员会；项目委员会的建立也由技术管理局批准，目的是制定某项不属于现有任何 ISO 技术组织工作范围的标准项目，项目委员会负责制定的国际标准发布后即应解散；工作组是技术委员会或分委员会为完成专项标准研制任务而建立，由指定的召集人领导，任务一旦完成即告解散。

1.4.2.3　我国的标准化技术组织

在我国，制定国家标准的标准化技术组织包括：全国专业标准化技术委员会、分技术委员会和全国专业标准化工作组（Standardization Working Group，SWG）。针对国家标准的起草，还组建有起草组（WG），承担具体国家标准的起草工作。

1. 全国专业标准化技术委员会

全国专业标准化技术委员会是在一定专业领域内，从事国家标准起草和技术审查等标准化工作的非法人技术组织。其主要职责有：

（1）提出本专业领域标准化工作的政策和措施建议；

（2）编制本专业领域国家标准体系，根据社会各方的需求提出本专业领域制修订国家标准项目建议；

（3）开展国家标准的起草、征求意见、技术审查、复审及国家标准外文版的组织翻译和审查工作；

（4）开展本专业领域国家标准的宣贯和国家标准起草人员的培训工作；

（5）受国务院标准化行政主管部门委托，承担归口国家标准的解释工作；

（6）开展标准实施情况的评估、研究分析；

（7）组织开展本领域国内外标准一致性比对分析，跟踪、研究相关领域国际标准化的发展趋势和工作动态；

（8）管理下设分技术委员会；

（9）承担国务院标准化行政主管部门交办的其他工作。

2. 分技术委员会

专业领域较宽的全国专业标准化技术委员会可以组建分技术委员会。分技术委员会应业务范围明晰，并在所属技术委员会的业务范围内。分技术委员会的组建工作借鉴了 ISO、IEC 等国际标准组织的经验做法，强调"项目优先"。拟组建的分技术委员会应具有至少 5 项对应领域的国家标准或标准计划。分技术委员会的工作职责参照技术委员会的工作职责执行。

3. 全国专业标准化工作组

对新技术、新产业、新业态有标准化需求但暂不具备组建全国专业标准化技术委员会或者分技术委员会条件的专业领域，标准化行政主管部门可以成立全国专业标准化工作组，承担国家标准制修订相关工作。全国专业标准化工作组不设分工作组，由国家标准化管理委员会直接管理，组建程序和管理要求参照技术委员会执行。全国专业标准化工作组成立 3 年后，国家标准化管理委员会应当组织专家进行评估。具备组建全国专业标准化技术委员会或者分技术委员会条件的，可以按有关规定组建，仍不具备组建条件的予以撤销。

4. 起草组

国务院有关行政主管部门或者全国专业标准化技术委员会应当按照下达的国家标准计划，组建起草组，承担具体国家标准的起草工作。起草组应当具有专业性和广泛代表性。起草组应当按照要求起草国家标准征求意见稿、编制说明及有关材料。

1.4.2.4 全国知识管理标准化技术委员会

知识经济时代，创新管理标准化可以让创新行为更加符合创新规律，有效提高企业创新效率，并推动创新成果实现价值最大化。2013 年，ISO 就专门成立创新管理技术委员会（ISO/TC 279），具体负责创新管理领域国际标准的制修订。2014 年初，国家知识产权局和中国标准化研究院联合申请对口 ISO/TC 279 的创新管理标准化技术委员会；2014 年底，全国知识管理标准化技术委员会（SAC/TC554）经批复成立。SAC/TC554 负责全国知识产权、传统知识、组织知识等知识管理领域标准化工作，全国知识管理标准化的技术归口工作，是国际知识管理标准化对口联系工作的非法人技术组织。2015 年，经国家标准化管理委员会同意推荐，SAC/TC554 在国家知识产权局和国家标准化管理委员会双重指导下，代表我国全面参与 ISO 创新管理系列标准的制订工作。2020 年，全国知识管理标准化技术委员会地理标志分技术委员会（TC554/SC1）成立，负责地理标志产品保护相关标准的制修订工作。

SAC/TC554 的成立对建立健全我国知识管理标准体系、加强知识资源的战略规划和管理、推动建立以企业为主体的技术创新体系具有重要意义。截至 2024 年 3 月底，SAC/TC554 作为归口单位制定的国家标准已超过 180 项。

1.5 标准的制定与实施

标准需要按照规定的程序经协商一致制定。一般来说，这一制定过程主要依托标准化技术组织进行，而要达到标准化活动的最终目标，形成的标准还必须得到广泛的实践应用。同时，为了确保制订过程的规范性、实施应用的严肃性和准确性，标准化活动还包括了对制定与实施行为的监督。

1.5.1 标准的制定

1.5.1.1 标准制定的原则

1. 透明原则

透明原则是指在标准制订过程中，有关的信息能够被标准化机构的成员和成员的代表，甚至标准化机构外感兴趣的有关方获得。信息的公开是实现透明原则的核心。

2. 开放原则

开放原则是指在标准制定过程中，为避免标准制定后期或发布后的争议和不适用，要保证成员或成员的代表能够有效地参与标准的制定。这些成员和成员的代表是生产者、经营者、使用者、消费者、公共利益方等相关方。

3. 公正和协商一致原则

公正和协商一致原则是指标准化机构开展标准化活动时要确保公正性，包括参与机会、对草案意见的综合考虑、协商一致的决定、获取信息和文件等方面；协商一致是指普遍同意，即有关重要利益相关方对于实质性问题没有坚持反对意见，同时按照程序考虑了有关各方的观点并且协调了所有争议。需要注意的是，协商一致并不意味着全体一致同意。

4. 有效性和相关性原则

有效性和相关性原则是指在制定标准时，充分考虑相关的监管需要或市场需求，以及社会、科学和技术的发展水平。制定的标准要能够支持开放和公平的市场，支持公平竞争，支持创新和技术发展，避免对环境的影响，支持产品、过程或服务的广泛推广应用，符合可持续发展目标，有利于确保用户的利益。

5. 协调性原则

协调性原则是指在制定标准时，标准之间要相互协调，没有矛盾，以利于使用。为了避免不同标准化机构所制定标准的交叉和重复，标准化机构要努力解决潜在的冲突。

6. 可追溯原则

可追溯原则是指标准制订程序应是可控可追溯的，确保每个程序阶段的规定被执行，并形成相关的记录。

1.5.1.2 标准制定的程序

标准制定程序是所有参与方在制定标准的活动中，所必须遵守的步骤和顺序。根据《国家标准制定程序的阶段划分及代码》（GB/T 16733—1997），我国国家标准的制定程序可划分为预阶段、立项阶段、起草阶段、征求意见阶段、审查阶段、批准阶段、出版阶段、复审阶段和废止阶段共 9 个阶段。

1. 预阶段

对将要立项的新工作项目进行研究及必要的论证，并在此基础上提出新工作项目建议，包括标准草案或标准大纲（如标准的范围、结构及其相互关系等）。

2. 立项阶段

对新工作项目建议进行审查、汇总、协调、确定，直至下达《国家标准制、修订项目计划》。时间周期不超过 3 个月。

3. 起草阶段

项目负责人组织标准起草工作直至完成标准草案征求意见稿。时间周期不超过 10 个月。

4. 征求意见阶段

将标准草案征求意见稿按有关规定分发征求意见。在回复意见的日期截止后，标准起草工作组应根据返回的意见，完成意见汇总处理表和标准草案送审稿。时间周期不超过 5 个月。若回复意见要求对征求意见稿进行重大修改，则应分发第二征求意见稿（甚至第三征求意见稿）征求意见。此时，项目负责人应主动向有关部门提出延长或终止该项目计划的申请报告。

5. 审查阶段

对标准草案送审稿组织审查（会审或函审），并在（审查）协商一致的基础上，形成标准草案报批稿和审查会议纪要或函审结论。时间周期不超过 5 个月。若标准草案送审稿没有被通过，则应分发第二标准草案送审稿，并再次进行审查。此时，项目负责人应主动向有关部门提出延长或终止该项目计划的申请报告。

6. 批准阶段

主管部门对标准草案报批稿及报批材料进行程序、技术审核。对不符合报批要求的，一般应退回有关标准化技术委员会或起草单位，限时解决问题后再行审核。时间周期不超过 4 个月。国家标准技术审查机构对标准草案报批稿及报批材料进行技术审查，在此基础上对报批稿完成必要的协调和完善工作。时间周期不超过 3 个月。若报批稿中存在重大技术方面的问题或协调方面的问题，一般应退回起草部门或有关专业标准化技术委员会，限时解决问题后再行报批。国务院标准化行政主管部门批准、发布国家标准。时间周期不超过 1 个月。

7. 出版阶段

将国家标准出版稿编辑出版，提供标准出版物。时间周期不超过 3 个月。

8. 复审阶段

对实施周期达 5 年的标准进行复审，以确定是否确认（继续有效），修改（通过技术勘误表或修改单），修订（提交一个新工作项目建议，列入工作计划）或废止。

9. 废止阶段

对经复审后确定为无存在必要的标准，予以废止。

1.5.2 标准的实施

标准只有经过实施应用才能发挥作用，并检验其内容和指标是否科学、合理、适用，从而为进一步修订完善标准和制定新标准提供依据。标准主要应用在产品生产、服务活动、贸易活动、政府管理和社会治理等方面，可通过宣传贯彻、试点示范等方式促进标准的实施应用。

第二章

知识产权标准体系建设总体情况

2.1　关于本书中标准收录情况的说明

　　本书的研究对象是知识产权领域的相关标准，特别是与专利、商标和地理标志等知识产权客体相关的标准制修订和运用情况等。本书收录的标准主要来源于《全国标准信息公共服务平台》，查询的关键词包括"知识产权、专利、商标、地理标志、科技成果、科技评价、品牌"等以及标准国际分类号"03.140"（专利，知识产权）。

　　作者通过查询获取了相关标准的基础信息，并对这些信息进行了甄选、清洗和分类标引。最终整理出 2023 年 12 月 31 日之前正式发布且现行，或已下达国家标准计划的知识产权行业相关标准 4064 项，其中包括国际标准 64 项，现行国家标准 216 项，国家标准计划 43 项，行业标准 45 项，地方标准 2012 项，团体标准 1509 项，企业标准 175 项。在对标准进行研究的过程中，也参考收集了部分标准全文、标准征求意见稿及编制说明等资料。

　　需要说明的是：由于部分标准没有在《全国标准信息公共服务平台》上备案公开，还有一些标准仅以技术规范文件形式存在，再加上部分国际标准和国外标准没有找到更合理有效的查询和原文获取途径，本书收录研究并统计的标准未必能完全包括知识产权行业的全部标准。

2.2　知识产权标准的分类

　　根据各类型标准所涉及的内容，本书将知识产权行业的标准划分为综合规范类、文献信息类、科技成果类、地理标志类和品牌类等 5 类。

综合规范类标准是与知识产权，特别是专利和商标的创造、保护、运用、管理和服务等各方面工作的管理规范、服务规范和技术规范密切相关的标准，可以进一步划分为知识产权创新管理、知识产权保护、知识产权运用和知识产权服务等四类。这类标准涉及的内容虽然比较分散和庞杂，但集中体现了知识产权工作的专业属性，对知识产权实务工作的规范化起到了重要的指导作用。

文献信息类标准包括 WIPO 制定的知识产权文献和信息类系列标准，以及我国在此基础之上制定的相关国家标准和行业标准，有关知识产权文献信息加工利用的部分企业标准等。WIPO 的系列标准是知识产权行业中使用最为广泛、最为重要的标准体系，是面向 WIPO 的成员国家、组织和地区发布的关于知识产权类文献的总体规范和信息传播利用的指引，在许多国家都得到了应用。

科技成果类标准严格意义上来说并不直接属于知识产权行业的标准，但由于许多科技成果的表现形式往往是知识产权，在科技成果的转移转化、鉴定评估和技术服务中也会涉及大量知识产权事务。这类标准大多都会涉及知识产权内容，所以也将科技成果类标准纳入本书的研究范围中。

地理标志类标准包括与地理标志相关的各类型标准，也是知识产权行业中标准数量最多的一类。这类标准中绝大多数是与具体地理标志产品和农产品地理标志有关的质量技术要求规范，是对地理标志相关产品进行质量规范和管理的重要技术依据。

品牌类标准是与品牌评估评价、品牌培育认定和品牌管理等相关的标准，其数量众多。商标是品牌建设的核心和基础，这类标准大多都与商标品牌战略实施、促进区域和产业经济高质量发展密切相关，是知识产权标准体系不可或缺的重要组成部分。

对本书中收录的各类知识产权标准分类数量统计情况如表 2-1 所示。

表 2-1 知识产权标准分类数量统计

（单位：个）

标准类型	综合规范类	文献信息类	科技成果类	地理标志类	品牌类
国际标准	1	58	0	0	5
国家标准	19	2	4	149	42
国家标准计划	5	0	3	34	1
行业标准	2	20	5	2	16
地方标准	123	1	33	1751	104
团体标准	135	1	98	875	400
企业标准	68	17	34	37	19
合计	353	99	177	2848	587

2.3 知识产权行业开展标准体系建设的意义和作用

2.3.1 标准体系建设是知识产权制度运行的基础保障

通过信息公开来换取保护是知识产权制度的核心，WIPO 制定了一系列与知识产权（专利、商标和工业设计等）文献与信息有关的国际标准，在国际标准的基础上，我国也制定了相关的国家标准和行业标准。这些标准对知识产权文献与信息的外部特征、分类标识、数据加工、信息利用等内容都进行了详细的规范，使知识产权文献能够在相对统一规范的基础上，更加充分、有序地面向社会公众进行公开，对于知识产权信息的公开和传播利用起到了极大的推动作用。这些标准文件，是知识产权制度能够有效运行的基础保障。

此外，我国《地理标志产品保护规定》第十七条规定："拟保护的地理标志产品，应根据产品的类别、范围、知名度、产品的生产销售等方面的因素，分别制订相应的国家标准、地方标准或管理规范。"制订相关技术标准，对地理标志产品质量进行控制，是申请地理标志产品的必要条件之一，也是对地理标志产品实施保护的重要方式。

2.3.2 标准体系建设是知识产权行业高质量发展的重要手段

通过标准工作，有助于知识产权行业将隐性的服务要素显性化，形成行业性的操作规程、评价指标、服务规范和质量标准等，这能够让知识产权行业的各项服务工作更加有章可循、有据可依，避免个性化服务带来的质量参差不齐，有利于行业整体服务质量和工作效率提升，有利于行业规范化、科学化和可持续性发展，有利于行业服务理念和服务品牌的形成与传播。

近年来，知识产权行业的新标准不断涌现，涉及知识产权创造、保护、运用、管理和服务等各个方面。这些标准的制订和应用，为知识产权行业的各项工作都提供了很好的规范和指引，为行业高质量发展提供了重要支撑。例如，国家标准《企业知识产权管理规范》（GB/T 29490—2013）[已被国家标准《企业知识产权合规管理体系　要求》（GB/T 29490—2023）全部替代]、《高等学校知识产权管理规范》（GB/T 33251—2016）、《科研组织知识产权管理规范》（GB/T 33250—2016）形成的知识产权管理体系认证，是知识产权行业较有影响力的标准认证体系。截至 2023 年 9 月，已经累计有超过 8 万家创新主体通过了贯标认证,① 促进许多企业、高校和科研机构形成了知识产权管理意识,建立了知识产权管理体系,提升了知识产权管理水平。许多企业通过建立知识产权管理体系,提升了企业创新能力、竞争优势和市场收益。

2.3.3 知识产权行业的标准体系建设是提升国家科技创新能力的重要工作

标准化水平的高低,反映了一个国家、一个产业核心竞争力乃至综合实力的强弱,先进、科学的标准体系已成为现代产业体系的重要组成部分。首先,标准化有利于提升产业技术创新水平。标准作为战略性创新资源,能够为科技创新提供转化载体,成为创新成果产业化、市场化应用的桥梁,进而提升产业核心竞争力。其次,标准化有利于增强产业稳定性。标准能够有效避免技术层面的安全风险,提高运行层面的操作效率,降低经济层面的生产成本,进而获得产业发展的最佳秩序,保障产业可持续发展。再次,标准化有利于促进产业相互融通。标准能够在产业链上中下游配套协作,在产业间融合发展中起到润滑剂作用,提高产业自主性和可控性。最后,标准化有利于推动产业国际化发展。通过采用国际标准、参与制订国际标准等方式,推动中外标准协调兼容,突破技术性贸易壁垒,有助于我国产品和服务进入国际市场,提高产业国际影响力。

知识产权保护和运用水平的全面提升,能够更好地激发创新主体的科技创新动力,提高全社会科技创新水平。当前,我国正在完善创新体系,把科技自立自强作为国家发展的战略支撑,这其中知识产权必将发挥重要作用。而全面提升知识产权工作水平,加强知识产权法治保障,建设知识产权标准体系尤其重要。标准体系建设,能够让知识产权工作更好地融入国家创新体系,在科技成果转移转化、重大科技项目攻关、掌握国际创新话语权等方面发挥主导作用。

2.4　知识产权标准体系建设的发展态势

2.4.1　标准化水平不断提高

近年来,随着《知识产权强国建设纲要(2021—2035 年)》、《国家标准化发展纲要》的发布和我国知识产权事业蓬勃发展,知识产权标准体系建设水平显著提高,主要体现在标准数量不断增长。根据统计数据,2001—2023 年期间,我国制定并公开的

① 国家知识产权局.《企业知识产权合规管理体系　要求》(GB/T 29490—2023)国家标准解读［EB/OL］.(2023-09-05)［2024-05-06］. https://www.cnipa.gov.cn/art/2023/9/5/art_66_187235.html?siteId=klmy#: ~: text=%E6%A0%87%E5%87%86%E9%A2%81%E5%B8%83%E4%BB%A5%E6%9D%A5%EF%BC%8C%E5%BE%97,%E7%AE%A1%E7%90%86%E6%B0%B4%E5%B9%B3%E7%9A%84%E6%8F%90%E5%8D%87%E3%80%82

非地理标志类知识产权领域标准共有 1192 项，占全部标准数量的 98% 以上。其中，2001—2018 年期间制定并公布的共有 214 项，而 2019—2023 年的 5 年间，制定并公布的标准多达 978 项标准。近 5 年中，团体标准新增的数量最多，达到了 594 项，其次是地方标准新增了 229 项。同时，一些重点标准的研制水平也得到了大幅提升，应用推广也取得了显著成效。这充分体现出我国知识产权行业标准意识和标准工作水平都取得了长足的进步。具体标准发布情况统计如表 2-2 所示。

表 2-2 2001—2023 年知识产权行业各类标准（不含地理标志类）发布情况统计

（单位：项）

年份	国际标准	国家标准	国家标准计划	行业标准	地方标准	团体标准	企业标准	总计
2023	6	5	1	1	74	246	0	333
2022	2	5	5	2	72	119	0	205
2021	5	13	1	2	41	113	16	191
2020	4	17	1	1	24	71	52	170
2019	2	1	0	0	18	45	13	79
2018	0	3	0	11	15	27	10	66
2017	1	4	0	0	5	11	5	25
2016	5	3	1	0	3	2	28	42
2015	0	2	0	0	5	0	12	19
2014	0	11	0	0	1	0	1	13
2013	1	0	0	1	0	0	1	3
2012	2	1	0	8	0	0	0	11
2011	1	1	0	1	1	0	0	4
2010	1	0	0	0	1	0	0	2
2009	2	0	0	0	1	0	0	3
2008	4	1	0	0	0	0	0	5
2007	1	0	0	1	0	0	0	2
2006	0	0	0	5	0	0	0	5
2005	0	0	0	1	0	0	0	1
2004	1	0	0	2	0	0	0	3
2003	0	0	0	3	0	0	0	3
2002	1	0	0	1	0	0	0	2
2001	1	0	0	3	0	0	0	4

2.4.2　标准体系不断完善

随着标准数量的大幅提升，标准涉及内容也更加丰富。以知识产权综合规范类标准为例，知识产权创造、保护、运用、管理和服务等各方面工作都开展了标准化工作探索，已经初步形成了门类较为齐全、覆盖多层次的标准体系，相关标准数量达到了353项。知识产权综合规范类标准分类体系及标准数量统计如表2-3所示。

表2-3　综合规范类标准分类体系及标准数量统计

（单位：项）

分　　类	标准数量
知识产权保护	87
保护工作规范	26
保护中心建设	17
纠纷处理	19
维权援助	11
知识产权鉴定	14
知识产权创新管理	75
标准融合管理	15
创新管理	18
综合管理	42
知识产权服务	135
代理服务	51
导航评议	14
公共服务	14
信息咨询	19
综合服务	37
知识产权运用	56
分级评价	11
价值评估	22
交易运营	23
总　　计	353

2.4.3　标准国际化水平显著提高

近年来，我国也在积极参与制订并推广知识产权领域的国际标准。为推动知识产权行业的标准国际化贡献更多的中国智慧与中国方案，《创新管理—知识产权管理指南》（ISO 56005：2020）国际标准正式发布于 2020 年 11 月，这是由我国提出并推动制定的首个知识产权管理国际标准，是创新管理国际标准体系的重要组成部分。2023 年 5 月发布的《国家知识产权局　工业和信息化部关于组织开展创新管理知识产权国际标准实施试点的通知》（国知办发运字〔2023〕23 号）中提出目标："通过三年时间，逐步实现对国家知识产权优势示范企业、专精特新'小巨人'企业的创新管理国际标准实施试点全覆盖。"

　　我国于 2014 年推动国际标准化组织（ISO）成立了品牌评价技术委员会（ISO/TC 289），秘书处单位是中国品牌建设促进会。该会于 2015 年提出了首个国际标准项目《品牌评价　原则与基础》（ISO 20671），该标准作为品牌评价领域的基础标准，已于 2019 年正式发布，我国专家团队将其等同转化为《品牌评价　原则与基础》（GB/T 39654—2020）。2021 年，ISO/TC 289 将此标准重新编号为 ISO 20671—1：2021，作为 ISO 20671 系列的一部分。2023 年 ISO/TC 289 发布了《品牌评价　第 2 部分：实施与报告》（ISO 20671—2：2023）和《品牌评价　第 3 部分：地理标志相关品牌指南》（ISO 20671—3：2023）。其中，ISO 20671—3：2023 由我国专家牵头制定。此外，由中国贸促会作为牵头单位，我国也正在积极推动《合作关系管理　知识产权授权　指南》国际标准的研制工作。

第二部分

综合规范类标准

第三章

知识产权创新管理相关标准介绍与解读

3.1 知识产权创新管理类标准总体概况

知识产权创新管理类标准主要包括创新主体在创新全过程开展知识产权管理的标准规范，可分为综合管理、创新管理和标准融合管理 3 类。本书收录的知识产权创新管理类标准共计 73 项，包括国际标准 1 项、国家标准 6 项、国家标准计划 1 项、行业标准 1 项、地方标准 19 项、团体标准 35 项和企业标准 10 项。知识产权创新管理类标准是创新主体提高创新质量和效率、提升创新能力和水平的重要指引。其中，综合管理类标准包括国际标准《创新管理—知识产权管理指南》（ISO 56005：2020）、国家标准《企业知识产权合规管理体系　要求》（GB/T 29490—2023）以及各行业、各类型组织的知识产权管理规范等；创新管理类标准包括在知识产权创新过程中与创新主体相关的各种事务性管理和技术规范，如高价值专利培育、专利申请前评估、从业人员能力建设和专利申请申报和撰写规范等；标准融合管理类标准包括标准涉及专利的处置、专利与标准融合等标准。知识产权创新管理类标准清单如表 3-1 所示。

表 3-1　知识产权创新管理类标准清单

序号	标准名称	标准号
综合管理类		
1	Innovation management—Tools and methods for intellectual property management—Guidance（《创新管理—知识产权管理指南》）	ISO 56005：2020
2	科学技术研究项目知识产权管理	GB/T 32089—2015
3	科研组织知识产权管理规范	GB/T 33250—2016
4	高等学校知识产权管理规范	GB/T 33251—2016
5	企业知识产权合规管理体系　要求	GB/T 29490—2023

续表

序号	标 准 名 称	标 准 号
6	创新管理 知识产权管理 指南	ISO 56005：2020
7	轻工业企业知识产权管理指南	QB/T 5800—2023
8	企业商标管理规范	DB32/T 3193—2017
9	企业知识产权管理规范	DB3311/T 66—2017
10	实体市场知识产权管理规范	DB32/T 4035—2021
11	企业知识产权管理规范	DB11/T 937—2021
12	知识产权试点示范园区建设与运行规范	DB23/T 3395—2022
13	企业知识产权国际合规管理规范	DB44/T 2361—2022
14	香山新街市知识产权管理规范	DB4420/T 39—2023
15	电子商务知识产权管理规范	DB65/T 4672—2023
16	松花石企业知识产权管理指南	T/CZACA 7—2017
17	企业知识产权管理规范	T/XIPS 1—2017
18	白山市蓝莓协会知识产权管理规范	T/BBABS 7—2018
19	装备制造类企业知识产权管理规范	T/FSIPA 5—2021
20	市场监督管理局基层分局标准化规范化建设规范 第十七部分：知识产权发展	T/CSZX 00117—2021
21	市场监督管理局基层分局标准化规范化建设规范 第十八部分：专利、商标与特殊标志监管	T/CSZX 00118—2021
22	教玩具产业知识产权管理规范	T/WWX 02—2021
23	建材类企业知识产权管理规范	T/FSIPA 3—2021
24	家用电器企业知识产权管理规范	T/FSJD 2—2021
25	家电类企业知识产权管理规范	T/FSIPA 4—2021
26	纺织企业知识产权管理规范	T/SSFZ 2—2021
27	企业商标管理规范	T/CNTA 001—2022
28	企业高质量知识产权管理等级评定规范	T/FSCCIPPA 1—2022
29	新能源汽车知识产权管理规范	T/ZJVITIA—01—2021
30	公共资源商标管理规范	T/FSZSCQ 9—2022
31	事业单位知识产权管理规范	T/ZAMEE 18—2023
32	汉源花椒知识产权管理规范	T/HYXHJA 004—2023
33	公共资源商标管理规范	T/FNTA 1—2022
34	高职院校知识产权保护管理规范	T/GDKJ 0041—2023
35	"冀共裘"集体商标使用管理规范	T/HBMP 001—2023
36	知识产权管理标准	Q/CRPHNHN2306.03.01—2018
37	集体商标使用管理规范	Q/NHXY1—2018

序号	标　准　名　称	标　准　号
38	集体商标使用管理规范	Q/T/NFX14—2019
39	知识产权管理规定	Q/FXK. G02.09—2020
40	深圳同济中基知识产权管理规范	Q/440300—TJZJ—002—2021
41	关于标准化管理系统知识产权管理的规定	Q/210113PGY—14—RJ—2021
创新管理类		
42	专利申请前评估工作规范	DB3203/T 1020—2022
43	企业知识产权从业人员能力要求	DB3302/T 1137—2022
44	高价值专利培育工作规范	DB32/T 4308—2022
45	高价值专利培育布局工作指南	DB44/T 2363—2022
46	专利奖评审工作规范	DB36/T 1789—2023
47	知识产权专员工作指南	DB34/T 4549—2023
48	微生物领域发明专利撰写技术规范	DB23/T 3610—2023
49	高价值专利培育工作指南	DB3710/T 208—2023
50	专利标准化技术规范——外观设计	T/CIPR 030—2022
51	专利标准化技术规范——结构发明	T/CIPR 031—2022
52	专利标准化技术规范——发明方法	T/CIPR 032—2022
53	专利申请流程标准规范	T/YTZB 009—2023
54	医学院及医疗卫生机构高质量专利申请与专利信息发布规范	T/SSFSIDC 010—2023
55	专利申报管理规定	Q/320583KSGY002—2019
56	专利撰写沟通规范	Q/340200+FYS—00004—2020
57	专利审核规范	Q/340200+FYS+00003—2020
58	专利申请提案检索评审作业指导规范和质量要求	Q/GHZF01—2020
标准融合管理类		
59	标准制定的特殊程序　第1部分：涉及专利的标准	GB/T 20003.1—2014
60	团体标准涉及专利处置指南	GB/Z 43194—2023
61	专利与标准融合　政府工作指南	DB3501/T 14—2023
62	专利与标准融合　企业工作指南	DB3501/T 15—2023
63	知识产权（专利）转化为标准服务规范	DB1405/T 044—2023
64	中关村标准涉及专利处置规则	T/ZSA 4—2019
65	涉及专利的团体标准管理规范	T/FZWLW 2—2019
66	涉及专利的团体标准管理规范	T/NDAS 02—2019
67	涉及专利的团体标准管理规范	T/STSI 2—2019
68	团体标准涉及专利管理规范	T/HATSI 0014—2021

续表

序号	标 准 名 称	标 准 号
69	团体标准涉及专利处置指南　第1部分：总则	T/CAS 2.1—2019
70	团体标准涉及专利处置指南　第2部分：专利披露	T/CAS 2.2—2018
71	团体标准涉及专利处置指南　第3部分：专利运用	T/CAS 2.3—2018
72	涉及专利的团体标准管理规范	T/PTZZ 0001—2021
73	专利转化为团体标准技术规范	T/NSSQ 043—2022

3.2　综合管理类重点标准介绍

3.2.1　国家标准《企业知识产权合规管理体系　要求》介绍

3.2.1.1　标准概况

《企业知识产权合规管理体系　要求》（GB/T 29490—2023）是我国在知识产权行业最具有影响力的国家标准之一。该标准发布于2023年8月6日，正式实施于2024年1月1日。标准归口和执行单位是全国知识管理标准化技术委员会，主管部门是国家知识产权局，由国家知识产权局、中国国际贸易促进委员会、中国标准化研究院和北京国之合创新与知识产权研究院等单位共同起草。目前，该标准已经全部替代了《企业知识产权管理规范》（GB/T 29490—2013）。

3.2.1.2　标准制订与实施背景

2013年，我国在企业知识产权管理规范地方标准试点开展的基础上，颁布实施了国家标准《企业知识产权管理规范》（GB/T 29490—2013），这是我国首个知识产权管理方面的国家标准。标准颁布以来，得到了大批企业的贯彻实施，并形成了高效的知识产权管理规范贯标工作体系，有力促进了企业知识产权意识和管理水平的提升。2016—2017年，我国又先后颁布实施了《科研组织知识产权管理规范》（GB/T 33250—2016）和《高等学校知识产权管理规范》（GB/T 33251—2016），分别被称为企标、科标和校标。这3项标准均规范的是组织层面的知识产权管理，包括知识产权管理体系的建立、实施和改进，分别适用于企业、科研院所和高校的知识产权总体工作。[①]

近年来，随着我国经济社会快速发展，知识产权工作和企业发展的环境、形势、

---

① 中规知识产权认证.科学技术研究项目知识产权管理［EB/OL］.（2021-07-19）［2024-05-06］.ht-tps://zhuanlan.zhihu.com/p/391072995.

特点都发生了较大变化。为更好地满足企业实际需要，国家知识产权局组织相关单位启动了《企业知识产权管理规范》（GB/T 29490—2013）的修订工作。新修订的标准突出了标准的合规属性，为企业建立完善知识产权管理体系、防范知识产权风险、实现知识产权价值提供了参照标准。[①]

3.2.1.3　标准主要内容

1. 新版标准修订的主要变化

与 GB/T 29490—2013 相比，GB/T 29490—2023 的主要变化有以下几方面：

（1）对标准名称进行了调整。本次修订将标准名称调整为"企业知识产权合规管理体系　要求"，更加准确地反映出新标准以知识产权合规管理体系为运行内核，以"要求"作为核心技术要素的特点，强化了与后续贯标认证相关工作的衔接。

（2）对标准合规要素进行了强化。本次修订在标准中增加了知识产权合规管理相关条款，明确了知识产权合规管理体系相关概念，强化了领导重视、全员参与的基本原则，将知识产权合规要求贯穿于各类型知识产权管理全链条、企业经营管理各环节全周期，并在审核改进中将知识产权合规作为重点关注内容，同时增加了"附录 B. 专利、商标、著作权、商业秘密典型禁止性行为列表"，旨在指导企业加强知识产权合规管理体系建设，助力企业规范知识产权管理、履行知识产权合规义务、防范知识产权风险、维护利益和保障发展。

（3）扩大了标准覆盖范围。针对 GB/T 29490—2013 将专利作为主要管理对象的情况，此次修订强化了对知识产权类型的全面覆盖，对专利、商标、版权、地理标志、商业秘密等多种类型知识产权分别提出了获取、维护、运用、保护等管理要求，并在绩效评价中针对不同类型知识产权规定了审核重点。同时，在标准中增加了"附录 A. 商业秘密管理的工具与方法"，帮助企业能够通过建立知识产权管理体系管理好各类型知识产权，为核心业务保驾护航。

（4）对标准结构进行了整体优化。本次修改结构上全面对标 ISO 提出的管理体系国际标准通用框架"高层结构"，结构更加完整，系统性更强。标准内容主要由 10 个主要条款及其相关分条款组成，按照"策划—实施—检查—改进"的"PDCA 方式"展开。

（5）技术内容的变化。新增了"知识产权合规义务"、"知识产权合规"和"知识产权合规管理体系"的术语和定义；将"基础管理"更改为"知识产权基础管理"；将"实施和运行"更改为"经营管理"；增加了"知识产权合规管理"章节；增加了各类型知识产权在"运行"中的要求。其该标准中所述的知识产权合规管理体系是指企业建立方针、目标，以实现规范知识产权管理、履行知识产权合规义务、防范知识产权风险、

---

① 国家知识产权局.《企业知识产权合规管理体系　要求》（GB/T 29490—2023）国家标准解读［EB/OL］.（2023-09-05）［2024-05-06］. https://www.cnipa.gov.cn/art/2023/9/5/art_66_187235.html.

维护利益和保障发展的管理体系。

2. 基于过程方法的知识产权管理模型

该标准提供了基于过程方法的知识产权管理模型，该方法结合了 PDCA（策划、实施、检查、改进）循环和基于风险的思维。采用过程方法使企业能够策划过程及其相互作用。PDCA 循环使企业能够确保其过程得到充分的资源和管理，确定改进机会并采取行动。基于风险的思维是实现企业知识产权合规管理体系有效性的基础。

该标准所采用的过程方法包括按照企业的知识产权方针和战略方向，对各过程及其相互作用进行系统的规定和管理，从而实现预期结果。具体管理模型如图 3-1 所示。

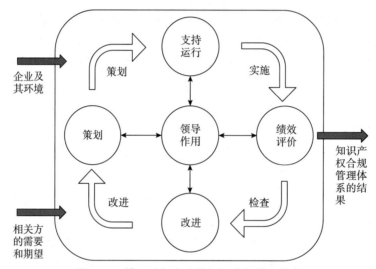

图 3-1　基于过程方法的知识产权管理模型

以上模型中，利用资源将输入转化为输出的任何一项或一组活动可视为一个过程。企业知识产权合规管理体系的输入是企业经营发展对知识产权管理的需求。通过持续实施并改进知识产权合规管理体系，履行知识产权合规义务，以防范知识产权风险，实现知识产权价值，形成输出。过程方法包括：

（1）策划（P）：理解企业所处的环境及相关方的知识产权管理需求和期望，建立知识产权合规管理体系的方针、目标及其过程，识别并应对风险和机遇，确定实现结果所需的资源以及必要的措施；

（2）实施（D）：在企业的业务环节（产品和/或服务的立项、研发/设计/创作、采购、生产和服务提供、销售和售后）中获取、维护、运用和保护知识产权，履行知识产权合规义务；

（3）检查（C）：根据方针、目标、要求和策划的活动，对过程以及产品和/或服务进行监测和评价，并报告结果；

（4）改进（A）：根据检查结果持续改进知识产权合规管理体系及其绩效。

3. 标准具体内容

该标准规定了企业知识产权合规管理体系的要求，适用于拥有与主营业务相关的知识产权，建立、运行并持续改进知识产权合规管理体系，提升知识产权管理水平，寻求外部组织对其知识产权合规管理体系的评价的企业。事业单位、社会团体等其他组织，可参照该标准相关要求执行。

企业知识产权管理的指导原则包括战略导向、领导重视、全员参与、全程管理。标准具体包括企业环境、领导作用、策划、支持、运行、绩效评价和改进等内容。

企业环境部分首先要求企业应确定与其宗旨相关，并影响实现知识产权合规管理体系预期结果的能力的外部和内部事项，如经济和社会发展状况、法律和监管环境、企业的知识产权状况等，企业应对这些事项的相关信息进行识别、监视和评审。其次企业要确定对企业知识产权管理具有影响或潜在影响的相关方的需要和期望。第三是企业应通过明确知识产权合规管理体系的边界和适用性来确定其范围，并确定成文信息明确可获得并得到保持；该范围应描述所覆盖的产品和/或服务类型。第四是企业应按该标准的要求，建立、实施、保持和持续改进知识产权合规管理体系，包括所需过程和相互作用。第五是企业应系统识别来源于企业活动、产品和/或服务的知识产权合规义务，并评估其对运行所产生的影响。

领导作用部分首先从最高管理者职责、最高管理者承诺和企业文化三方面体现了领导作用和承诺。其次要求最高管理者应制定、实施和保持知识产权方针。第三是要求企业最高管理者应在企业管理层中指定专人作为管理者代表，授权其承担相应职责，同时应建立知识产权管理机构，配备专业的专兼职人员，并承担相应职责。

策划部分企业应对知识产权合规管理体系所需过程进行策划、实施和控制，以履行知识产权合规义务，应对知识产权风险，实现知识产权价值。企业应采取的措施包括：识别和更新适用的知识产权合规义务，并为履行知识产权合规义务确定所需的资源；确定企业的知识产权类型和管理重点；按知识产权类型制定知识产权获取、维护、运用、保护过程控制的要求，并按照要求实施过程控制；在必要的范围和程度上，确定并保持、保留成文信息，以确信过程已经按策划进行，同时证实知识产权合规义务的履行。

支持部分包括对资源、人员能力、意识形成、有效沟通和成文信息等方面的要求。在资源方面要求企业应结合内部资源和外部资源确定并提供所需的资源，包括人员、基础设施、财务资源、信息资源等。成文信息方面要求企业应创建知识产权手册并保持其有效性。

运行部分包括知识产权基础管理、经营管理和知识产权合规管理三方面的要求。知识产权基础管理方面要求在知识产权获取、知识产权维护、知识产权运用、知识产权保护等具体实务中创建并保持成文信息，以规定所需的控制。经营管理方面规定了立项阶段、研发/设计/创作阶段、采购阶段、生产和服务提供阶段、销售和售后阶段以及合同管理阶段的知识产权管理要求。知识产权合规管理方面要求企业应基于知识产权合规义务的履行，在知识产权基础管理过程和经营管理过程中实施必要的审查，并保留成文信息，同时应开发、确立、实施和维护提出疑虑和调查的报告过程。

绩效评价部分要求企业应基于评价知识产权合规管理体系绩效和确保知识产权合规义务被履行的需要，策划并实施相应的监控和审查，包括开展内部审核和管理评审等。

改进部分要求企业应该确定和选择改进机会，并采取必要措施，以持续履行知识产权合规义务，应对知识产权风险和实现知识产权价值，提升企业竞争力。

3.2.2 国际标准《Innovation management—Tools and methods for intellectual property management—Guidance》介绍

3.2.2.1 标准概况与制订背景

《Innovation management—Tools and methods for intellectual property management—Guidance》（ISO 56005：2020）中文翻译为《创新管理—知识产权管理指南》，于2020年11月29日发布。

ISO 56000系列标准是由ISO/TC 279制定的系列国际创新管理标准，适应于国际、国家、组织和企业的创新发展需求。ISO 56000系列标准共包括：

《创新管理基础和术语》（ISO 56000）；

《创新管理—创新管理体系—要求》（ISO 56001）；

《创新管理—创新管理体系指南》（ISO 56002）；

《创新管理—创新合作伙伴管理指南》（ISO 56003）；

《创新管理评价技术报告》（ISO 56004）；

《创新管理—知识产权管理指南》（ISO 56005）；

《创新管理—战略情报指南》（ISO 56006）；

《创新管理—创意管理指南》（ISO 56007）；

《创新管理—创新过程测度指南》（ISO 56008）；

《创新管理—ISO 5600说明性示例》（ISO 56010）。

其中ISO 56000、ISO 56002、ISO 56003、ISO 56004、ISO 56005和ISO 56006已发布。2017年，由国家知识产权局向ISO提出ISO 56005国际标准的立项，经过几年时间的起草、制订与审批，该标准最终于2020年通过投票并对外发布。ISO 56005以创新价值实现为核心导向，坚持创新管理与知识产权的深度融合，将知识产权管理活动嵌入创新全过程，通过明确创新过程中的知识产权管理目标、方法和路径，全面提升创新效率、创新质量和创新效益。

2018年1月9日，国家标准化管理委员会下达了《创新管理　知识产权管理　指南》的国家标准计划，计划号20173974—T—463。该标准项目与国际标准同步推动起草制订，等同采纳ISO 56005：2020，项目起草组由ISO 56005起草组中的我国专家组成员组成。

3.2.2.2 标准主要内容

该标准的内容介绍参照国家标准计划（20173974—T—463）《创新管理 知识产权管理指南（征求意见稿）》的相关内容。

1. 源于创新管理体系的知识产权管理原则

价值实现：知识产权管理应为所有相关方创造价值。包括长期和短期价值、显性和隐性价值、财务和非财务价值。

着眼未来的领导者：在创新行动之初，组织的领导者应激发及调动员工和其他相关方的积极性，以产生、保护和利用知识产权，为组织创造长期价值。

战略方向：组织应确保知识产权管理的总体战略方向与其业务和创新战略保持一致。

文化：组织应在整个组织内培育和维持产生、保护和利用知识产权，为组织创造长期价值的共同价值观、信念和行为。

开发洞见：组织应接触各种内、外部知识产权知识来源，系统地开发组织的知识产权专长并支持其创新计划和战略。

不确定性管理：组织应从知识产权的角度评估和管理创新的不确定性与风险，包括内部知识产权管理和外部知识产权的认知。

适应性：组织应及时采用相关系统化的知识产权管理过程以应对组织环境的变化，并确保与其期望目标及核心能力持续地保持一致。

系统化方法：组织应基于系统化方法（非特定基础）管理知识产权，以减少组织风险并增强组织的价值创造潜力。

2. 知识产权管理结构

该标准所形成的知识产权管理结构包括知识产权管理架构、知识产权战略、为创新过程量身定制的知识产权管理活动以及用于支持知识产权管理活动的知识产权工具。参考标准条款的知识产权管理结构如图3-2所示。

该标准提出了完整的知识产权管理架构，从理解组织环境、建立系统化的知识产权管理、知识产权管理职责、文化、人力资源、财务考量和法律考量等方面为企业知识产权管理的架构和基本活动指明了方向。组织可制定通用创新战略或专注于不同目标的特定战略，根据目标制定知识产权战略并实施。创新过程中的知识产权管理包括识别机会、创建概念、验证概念、开发方案和部署方案5个阶段的知识产权管理，各阶段的知识产权管理包括原因、输入、方法和输出。

标准附录中给出的支持知识产权管理活动的知识产权工具包括：发明记录和披露的工具和方法，知识产权的产生、获得与维护的工具和方法，知识产权检索的工具和方法，知识产权权利评估的工具和方法，知识产权风险管理的工具和方法，知识产权开发利用的工具和方法等。

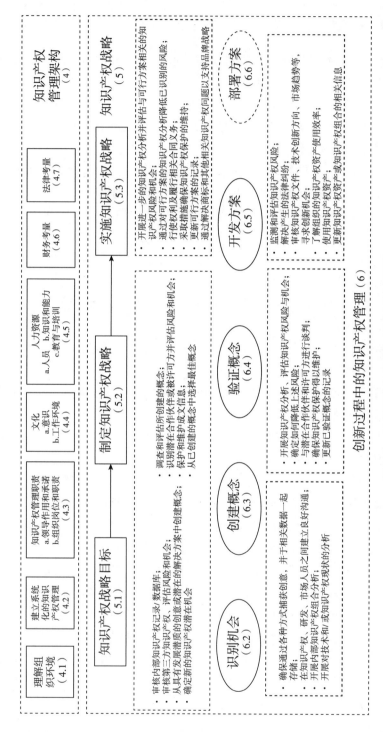

图3-2 参考标准条款的知识产权管理结构

3.2.2.3　ISO 56005 和 GB/T 29490 的差异和协同

GB/T 29490 作为国家标准，规定了企业策划、实施、检查、改进知识产权管理体系的要求，适用于有愿望建立知识产权管理体系、运行并持续改进知识产权管理体系和寻求外部组织对其知识产权管理体系评价的企业。

ISO 56005 更强调价值实现，特别是知识产权管理应为所有相关方创造价值。ISO 56005 是基于系统的创新管理体系，属于创新管理中专门针对知识产权的管理工具和方法，是 ISO 56000 系列国际标准的一部分，提出了支撑知识产权在创新管理中的作用的指南，在战略和实施层面处理知识产权管理的相关问题。ISO 56005 旨在将知识产权嵌入创新，不仅面向知识产权人员，更重要的是面向广大的创新人员。

未来，在两个标准的推广和实施过程中，我国会继续加大 GB/T 29490 和 ISO 56005 两个标准的协同推广，支持企业更加有效地运用知识产权标准化工具，促进科技创新和风险防控能力同步提升，强化企业核心竞争力，有力支撑现代化产业体系建设。

3.2.2.4　创新与知识产权管理能力分级评价

创新与知识产权管理能力分级评价是在 ISO/TC 279 备案的国际标准推广与实施项目，是创新管理标准化国际伙伴计划的标准实施评价项目。该项目定位于 ISO 56005 的实施及有效性评价。分级评价采用《创新与知识产权管理能力分级评价指标体系》，该指标体系通过 ISO/TC 279 专家组评审，符合 ISO 56005 的评价要求。通过结合评价机构评价与大数据校验评价模式来确保评价结果与客观情况的一致性。

按照评价指标体系，创新与知识产权管理能力分级评价共分为 5 个等级。

五级（生态级）：创新管理和知识产权管理在战略与管理层面高度一致，相互促进；知识产权管理能够在生态层面支撑产业生态构建、发展与优化等组织战略目标的达成。

四级（系统级）：组织实现了知识产权管理与创新管理全面、深入融合，知识产权能够在组织层面有效支撑组织经营战略和创新战略目标达成。

三级（项目级）：组织实现了在创新项目全过程实施知识产权管理，能够在项目层面有效支撑创新项目目标的达成和价值实现。

二级（过程级）：组织实现了在部分创新过程中具有知识产权管理。

一级（初始级）：组织开展创新管理活动，并建立了基础的知识产权管理体系。

创新与知识产权管理能力分级评价与其指标体系作为 ISO 56005 国际标准实施与评价的有效评价方法正得到广泛推广和应用。

3.2.3 地方标准《企业知识产权国际合规管理规范》介绍

3.2.3.1 标准概况与制订背景

《企业知识产权国际合规管理规范》（DB44/T 2361—2022）发布于2022年4月20日，正式实施于2022年7月20日。标准由广东省市场监督管理局提出并组织实施，广东省知识产权服务标准化技术委员会归口。标准由广东省海外知识产权保护促进会、深圳市标准技术研究院起草。

广东是我国外贸第一大省，是我国改革开放和创新发展前沿阵地，较早重视海外知识产权保护工作。随着广东企业"走出去"步伐加快和知识产权国际竞争日趋激烈，广东外向型企业已逐步将知识产权国际规则意识融入企业跨境经营管理的各个环节，逐渐重视知识产权海外布局与风险防控，不断加强自身知识产权国际合规经营管理。该标准的制订以企业知识产权国际合规管理体系为标准化对象，旨在建立科学、系统、规范的知识产权国际合规管理体系，加强企业知识产权海外风险防控能力，引导企业实现国际化经营和合规管理，帮助企业全面落实知识产权强国建设战略精神，积极应对当前全球范围内日益激烈的知识产权竞争态势，有效发挥知识产权合规对企业经营发展、自主创新发展的促进、护航作用。[①]

该标准是我国第一个知识产权国际合规管理方面的地方标准。此外，由中国知识产权研究会联合多家机构起草的团体标准《企业海外知识产权合规管理规范》也在制订当中。

3.2.3.2 标准主要内容

该标准规定了企业建立、实施、检查、改进知识产权国际合规管理体系的基本要求，适用于开展或计划开展对外贸易、境外投资、对外承包工程等国际贸易相关业务的我国境内企业及其境内外子公司、分公司、代表机构等组织。高等院校、科研院所、社会团体等组织可参照执行。

该标准基于过程方法，以风险为导向，指导企业建立、实施、维护并持续改进知识产权国际合规管理体系，建立并完善知识产权国际合规风险管理流程，针对企业对外贸易或跨国经营管理活动中所面临的知识产权合规风险进行识别、分析和评价，并采取适宜的应对措施，以有效预防、控制、处理知识产权国际合规风险。建立有效的知识产权国际合规管理体系有助于降低不合规发生的风险，或减轻不合规发生后所带来的不利影响。

[①] 《企业知识产权国际合规管理规范》编制组.《企业知识产权国际合规管理规范（征求意见稿）》编制说明［EB/OL］.（2021-12-22）［2024-05-06］. http://amr.gd.gov.cn/hdjlpt/yjzj/api/attachments/view/51afa3e2a14defb122b0e32eba797830.

1. 总体要求

企业建立知识产权国际合规管理体系的总体要求包括充分理解组织及内外部环境，相关方的需求和期望以及合规义务，在此基础上来确定国际合规管理体系的范围。建立体系应遵循的原则包括领导重视、系统整合、个性适用、风险导向和动态调整。对文件的要求包括文件的组成和控制。

2. 组织管理

该标准规定了最高管理者、管理者代表及管理机构的职责权限。领导力和承诺规定了企业知识产权国际合规管理第一责任人应当发挥的领导力和承诺作用；合规方针、合规目标提出了发布、制定方针和目标的要求；管理评审规定了评审的输入和输出要求；职责和权限规定了管理者代表、管理机构的职责和权限。

3. 支持保障

该标准规定了企业知识产权国际合规管理体系建立和运行所需的相关支持和保障，包括人力、经费、设备、数据信息等资源支持，全体员工的意识保障，知识产权国际合规管理者代表及工作人员应当具备的工作能力，知识产权国际合规教育和培训以及内外沟通需求的保障等。

4. 合规风险识别

该标准规定了识别知识产权国际合规风险的要求，包括识别和监测风险的总要求，明确企业需要重点关注的领域环节，识别知识产权获权、维护、运用、保护等过程中国际合规风险的要求及需要特别注意的风险点。

5. 合规风险评估

该标准规定了评估知识产权国际合规风险的要求，包括企业知识产权国际合规风险准则的要求、风险分析可以考虑的因素以及风险评价的要求等。

6. 合规风险应对

该标准规定了策划、实施知识产权国际合规风险应对措施的要求，总则对合规风险应对及其措施的预期效果提出了基本要求，分别针对合规风险事件的预防、发现和处理，要求企业结合实际，采取恰当措施予以控制。

7. 检查和改进

该标准规定了企业知识产权国际合规管理体系检查和改进的要求，分别提出了内部审核的要求，发现不合格及纠正措施的要求以及持续改进管理体系的要求。

8. 附录

该标准提供了 5 份资料性附录，分别针对重点国家和地区知识产权（专利和商标）合规要点、跨境电商知识产权合规、海外参展知识产权合规、商业秘密国际合规、著作权国际合规等重点、热点、难点问题为企业提供参考性的指引和推荐性的实践做法。

3.3 创新管理类重点标准介绍

3.3.1 地方标准《高价值专利培育工作规范》介绍

3.3.1.1 标准概况和制订背景

地方标准《高价值专利培育工作规范》（DB32/T 4308—2022，3.3.3 小节下标准对比中简称"江苏版标准"）发布于 2022 年 7 月 4 日，正式实施于 2022 年 8 月 4 日。标准归口单位是江苏省知识产权局，主管部门是江苏省市场监督管理局。标准由江苏省知识产权局、苏州市知识产权局等单位共同起草。

江苏省是我国最早开展高价值专利培育的省份，2015 年在全国率先设立高价值专利培育计划，并将其作为引领专利质量提升的示范工程、建设引领型知识产权强省的特色任务、支撑经济转型升级的重要抓手。多年来，以项目引导方式，遴选支持重点产业的龙头骨干企业、高校院所牵头组建省高价值专利培育示范中心，围绕重点产业关键核心技术产出了一大批高价值专利，为加快构建产业核心竞争力作出了积极贡献。这一创新机制和工作模式，也被国家知识产权局作为第一批知识产权强省建设试点经验与典型案例，在全国范围内推广。该标准是江苏省多年来高价值专利培育工作经验的总结和凝练，对企业、高校、科研组织等创新主体开展高价值专利培育工作具有较强的指导作用。①

为了更好地为企业、高校院所等创新主体构建高价值专利培育机制、开展高价值专利培育工作提供指引，2023 年，江苏省知识管理标准化技术委员会发布《〈高价值专利培育工作规范〉实施指南》。② 指南由江苏省知识产权局组织编写，是对地方标准《高价值专利培育工作规范》（DB32/T 4308—2022）的细化和补充。指南针对标准主要条款，详细阐述了实施要点和操作流程，并通过实践案例进行解释说明，为各类创新主体贯彻执行标准提供了具体操作指引和规范样本。

3.3.1.2 标准主要内容

1. 标准范围与术语

该标准提供了高价值专利培育的原则、流程、基础条件、研发管理、专利布局规

---

① 江苏省知识产权局. 一图读懂 |《高价值专利培育工作规范》[EB/OL]. （2022-07-26）[2024-05-06]. https://www.sohu.com/a/571823065_121123690.

② 国家知识产权局. 江苏发布《〈高价值专利培育工作规范〉实施指南》[EB/OL]. （2024-01-03）[2024-05-06]. https://www.cnipa.gov.cn/art/2024/1/3/art_57_189490.html.

划、专利申请、专利管理、运用和保护、评价和改进，适用于企业、高等学校、科研组织等创新主体培育高价值专利的活动。

标准对高价值专利和高价值专利培育的概念进行了定义。其中，高价值专利是指具有较高创新水平和文本质量、较高经济价值和良好社会效益、能够对创新主体或产业发展作出重大贡献的专利或专利组合。高价值专利培育是指创新主体以获得高价值专利为目标，组织实施的技术研发、专利导航、专利布局、专利申请等一系列活动。

2. 原则

标准给出了高价值专利培育工作应遵循的原则，具体包括：

坚持需求引领，创新主体应以市场竞争、产品更新、技术升级、产业发展的实际需求为依据，开展创新研发、专利申请和专利布局；

坚持质量导向，创新主体在创新研发、制定专利布局方案、撰写专利申请文件、专利申请前置审查等环节中，应实施高标准的质量管控，提交高质量的专利申请，确保培育目标实现；

坚持精准培育，创新主体通过专利导航分析、研发全过程管理、创新点梳理和识别、分级分类管理等方法，对专利培育全过程进行精准管理，提升培育的效率和水平。

3. 基础条件

开展高价值专利培育工作应具备一定基础条件，具体包括：

研发能力：创新主体应拥有一定的技术储备、稳定的研发团队和较强的创新研发能力；

工作制度：创新主体应建立高价值专利培育工作制度，主要包括高层推动制度、合作培育制度、多方会商制度和分级分类管理制度；

人力资源：培育高价值专利应由管理人员、研发人员、市场人员、专利工作人员、法律工作人员协同完成；

信息资源：培育高价值专利应具备并运用专利数据、非专利技术文献、检索分析工具和产业信息等。

4. 高价值专利培育流程与主要内容

该标准中给出了高价值专利培育工作流程，如图3-3所示。

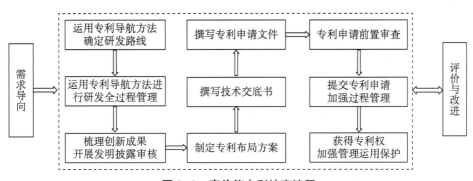

图3-3　高价值专利培育流程

根据该流程，在开展研发管理的过程中，应建立研发人员与专利工作人员等协同配合的多方协作研发机制，以及综合分析产业发展环境、技术发展趋势、市场竞争态势等专利导航的机制。

在制订专利布局方案中，应重点考虑需保护的创新点和技术先进性、技术方案中不宜公开的内容、需构建的专利保护范围、拟布局专利的国家或地区、构建专利组合的方式、任务分工和实施进度安排等内容。

在撰写专利申请文件过程中，应选择具有相关技术背景、较高专业素养和专利实务经验的人员，重点把握开展查新检索、设计权利要求等程序，确保专利申请文本完整规范。

开展专利申请前置审查的主要内容包括技术方案的新颖性和创造性；专利申请文件描述的准确性；权利要求所确定保护范围的合理性；技术信息披露的合理性；专利申请文件的文本合规性；依据该申请文件进行维权的难易度以及该专利申请的授权前景。审查人员应由研发人员、专利工作人员分工协作。

5. 评价和改进

对高价值专利培育工作进行评价的主要内容包括：培育过程的规范性，培育组织的有效性、团队的协调性，专利布局方案的合理性，培育成果的质量和运用情况，培育成果产生的经济效益和社会效益以及培育成果对于推进科技自立自强和产业创新发展的作用。根据评价结果的改进包括优化工作制度、加大资源投入、改进管理方式、完善组织协调机制、优化专利分级分类标准、调整专利布局规划等。

3.3.2 地方标准《高价值专利培育布局工作指南》介绍

3.3.2.1 标准概况和制订背景

地方标准《高价值专利培育布局工作指南》（DB44/T 2363—2022，3.3.3 小节下标准对比中简称"广东版标准"）发布于 2022 年 4 月 20 日，正式实施于 2022 年 7 月 20 日。标准提出、归口和主管单位是广东省市场监督管理局（知识产权局）。标准由横琴国际知识产权交易中心有限公司、深圳市威世博知识产权代理事务所等单位共同起草。

《知识产权强国建设纲要（2021—2035 年）》提出，要"完善以企业为主体、市场为导向的高质量创造机制"。《中华人民共和国国民经济和社会发展第十四个五年规划和 2035 年远景目标纲要》首次将"每万人口高价值发明专利拥有量"纳入经济社会发展主要指标，并明确到 2025 年达到 12 件的预期目标。推动经济社会高质量发展，离不开高价值知识产权、尤其是高价值专利的重要支撑。

近年来，广东积极实施专利质量提升工程，建设广东省高价值专利培育布局中心，深入开展专利导航构筑产业专利池，并举办粤港澳大湾区高价值专利培育布局大赛。围绕省重点培育发展的新一代信息技术、高端装备制造、绿色低碳、生物医药、数字经济、新材料、海洋经济、现代农业等产业集群，推动省内各类创新中心提升专利制度综合运用能力，产出一批能够引领产业发展需要的高价值专利，有力支撑了广东省相关产业创新发展。

该标准在总结梳理高价值专利培育布局工作的现状和存在问题的基础上，充分吸收广东省高价值专利培育布局中心建设的经验及粤港澳大湾区高价值专利培育布局大赛优秀项目的经验，围绕目标、导向、工具、流程等维度，提出了高价值专利培育布局工作的指导性建议，有助于提升企业、高等学校、科研组织等创新主体高价值专利培育布局工作的质量和效能，助推经济社会高质量发展。[①]

3.3.2.2　标准主要内容

1. 标准范围与术语

该标准提供了高价值专利培育布局的指导性建议，包括所需资源、工作目标及程序、检查与改进等，适用于企业、高等学校、科研组织等创新主体进行发明专利和实用新型专利的高价值专利培育布局的组织实施。

该标准也对高价值专利等概念进行了定义。其中，高价值专利是指能够为创新主体或产业产生高商业价值的专利或者专利组合。高质量专利是指满足授权条件、稳定性高、维权便利、权利要求保护范围适当、说明书公开范围适当的专利。高价值专利培育布局则是指创新主体以市场需求或技术需求为导向，利用专利导航、专利分级分类管理等工具，通过专利挖掘、专利布局、专利申请前评估、高质量专利申请文件形成、专利申请文件质量检查、专利申请管理、专利授权后管理等手段将研发成果或预期研发成果转化为高价值专利的过程。

2. 管理与所需资源

创新主体的最高管理者应在最高管理层中指定一名管理者代表，负责领导高价值专利培育布局工作。开展高价值专利培育布局工作，需要配备信息资源，包括专利管理人员、技术研发人员和专利代理师在内的人力资源，以及相应的预算经费等。

3. 工作目标及程序

创新主体开展高价值专利培育布局工作应建立健全高价值专利培育工作的规划、决策、沟通、实施机制，应在充分挖掘内部创新潜力基础上，积极整合外部优质服务资源，协同开展商业化技术需求分析、技术研发、专利挖掘、专利布局、专利申请前评估、高质量专利申请文件形成、专利申请文件质量检查、专利申请管理、专利授权后管理、专利导航、专利分级分类等工作，具体流程如图 3-4 所示。同时，标准中给出了各阶段工作的具体操作要点。

---

① 《高价值专利培育布局工作指南》标准起草小组. 《高价值专利培育布局工作指南（征求意见稿）》编制说明 [EB/OL]. （2021-11-29）［2024-05-06］. http://amr. gd. gov. cn/hdjlpt/yjzj/api/attachments/view/9add5e79c354f5573b5c4adc42b8a6a3.

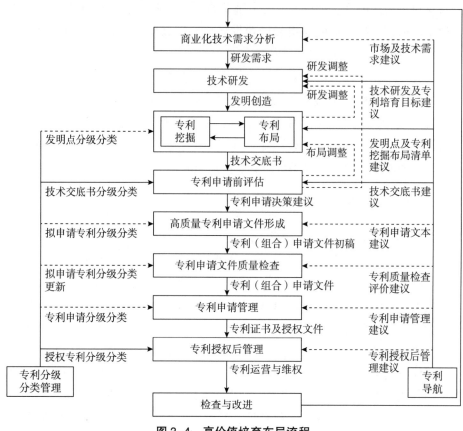

图 3-4　高价值培育布局流程

注：实线箭头表示：应开展专利导航或者专利分级分类管理的环节；

　　　虚线箭头表示：可开展专利导航或者专利分级分类管理的环节。

4. 检查与改进

创新主体应对高价值专利培育布局工作定期开展检查，并根据检查结果，应对高价值专利培育布局工作的各个环节进行改进以提升高价值专利培育布局的全面性及有效性。

3.3.3　江苏版标准和广东版标准的主要差异

关于高价值专利培育的江苏版标准和广东版标准发布和实施时间相近，同样都是在大量高价值专利培育工作经验基础上研制完成的。总体而言，两个标准对高价值专利培育工作的开展思路基本相似，但也存在差异之处。

1. 关于高价值专利的定义不同

江苏版标准对高价值专利的定义重点突出了专利的创新水平、质量、经济价值和社会效益等方面的贡献程度；广东版标准对高价值专利的定义则重点突出了专利的商业价值。

2. 开展高价值专利培育工作所需要的基础条件和资源有所差别

江苏版标准中提出的基础条件包括研发能力、工作制度、人力资源和信息资源等；广东版标准中提出的资源则包括信息资源、人力资源和财务资源。

3. 对专利导航的运用程度有所差异

江苏版标准中突出了在确定研发路线和进行研发全过程管理中对专利导航方法的运用；广东版标准则提出应建立健全贯穿高价值专利培育布局工作全过程的专利导航决策、沟通、实施机制。

4. 专利申请前评估（专利申请前置审查）所运用的阶段和内容不同

江苏版标准中提出的专利申请前置审查与专利申请前评估理念基本一致，是在专利申请文件完成撰写之后，正式提交前进行。前置审查的内容包括技术方案的新颖性和创造性，专利申请文件描述的准确性，权利要求所确定保护范围的合理性，技术信息披露的合理性，专利申请文件的文本合规性，依据该文件进行维权的难易度，该专利申请的授权前景等。审查方法包括从技术角度、法律角度进行审查，对重要性等级较高的专利申请，可组织针对该专利申请文件进行回避设计或开展无效宣告模拟对抗等。

广东版标准的专利申请前评估工作是在通过专利挖掘布局后、形成技术交底书的阶段进行的，重点从技术方案的技术先进性、市场属性和可专利性等方面进行评估。评估后，将技术方案划分为高价值技术方案、重要技术方案、一般技术方案和低价值技术方案 4 个等级。针对高价值技术方案，按照高价值专利培育布局流程进行后续操作。

3.3.4　地方标准《专利申请前评估工作规范》介绍

3.3.4.1　标准概况和制订背景

地方标准《专利申请前评估工作规范》（DB3203/T 1020—2022）发布于 2022 年 12 月 12 日，正式实施于 2023 年 1 月 1 日。标准归口单位是徐州市知识产权局，主管部门是徐州市市场监督管理局。标准由徐州市知识产权局、中知创荣（江苏）知识产权研究院有限公司等单位共同起草。

2020 年，教育部、国家知识产权局、科学技术部联合印发了《关于提升高等学校专利质量促进转化运用的若干意见》（教科技〔2020〕1 号），其中一项重要措施是开展专利申请前评估工作。2021 年，国家知识产权局、中国科学院、中国工程院、中国科学技术协会共同发布《关于推动科研组织知识产权高质量发展的指导意见》（国知发运字〔2021〕7 号），也将"建立专利申请前评估制度"列入重点举措。2021 年 8 月 2 日，国务院办公厅印发《关于完善科技成果评价机制的指导意见》（国办发〔2021〕26 号），再次明确"建立专利申请前评估制度"。2023 年 10 月 17 日，国务院办公厅关于印发《专利转化运用专项行动方案（2023—2025 年）》（国办发〔2023〕37 号）的通知，提到推动高校、科研机构加快实施以产业化前景分析为核心的专利申请前评估制度。建立专利申请前评估制度是我国高校和科研院所专利转化运用和知识产权高质量发展的重要工作内容之一。制订该标准有利于指导创新主体对技术成果进行筛选、挖掘、依据检索有针对性地分析出技术热点、技术空白等分层专利战略布局，筛选不必要的低质量专利申请，有效减少非正常专利申请数量，促进高质量专利产出。

3.3.4.2 标准主要内容

该标准规定了专利申请前评估工作的工作原则、工作流程、工作条件以及专利战略布局评估、技术成果评估、技术交底书评估、专利申请文件评估、效果评价、反馈与改进的工作要求，适用于企业、高等学校、科研组织等创新主体开展专利申请前评估的工作。

专利申请前评估是指在专利申请文件正式提交之前进行价值分析、质量检查、发表评估意见的行为和过程。

专利申请前评估工作应遵循的原则包括科学原则、适应性原则、价值原则和保密原则。

开展专利申请前评估的工作流程如图 3-5 所示。

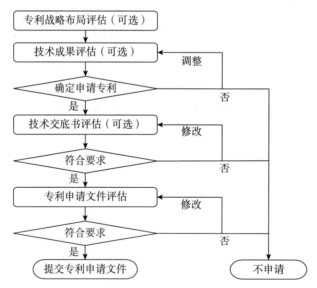

图 3-5 专利申请前评估工作流程

工作保障方面，开展专利申请前评估应建立高层参与、发明人参与和专利检索等评估工作制度，还应由高层管理人员、发明人、技术人员、检索分析人员、市场人员、专利工作人员等协同完成。

专利战略布局评估方面，采用专利导航等分析形式，对创新主体技术成果所在的产业和技术发展现状以及专利风险进行战略评估，对技术成果不同技术分支的专利战略布局情况进行评估。

技术成果评估方面，重点对技术成果是否通过申请专利的形式进行保护，以及专利申请布局的类型、数量、方式和时机，以及技术成果的法律价值、市场价值、技术价值和社会与文化价值等方面等进行评估。

技术交底书评估方面，对技术交底书是否清楚且完整地展示技术成果的技术保护点进行评估。

专利申请文件评估方面，从撰写质量和授权风险等角度进行评估。

开展专利申请前评估工作还应当对效果进行评价，并根据评价结论对过程、方法和路径进行改进。

3.4　标准融合管理类重点标准介绍

3.4.1　国家标准《标准制定的特殊程序　第1部分：涉及专利的标准》介绍

3.4.1.1　标准概况和制订背景

国家标准《标准制定的特殊程序　第1部分：涉及专利的标准》（GB/T 20003.1—2014）发布于2014年4月28日，正式实施于2014年5月1日。标准由中国标准化研究院执行，国家市场监督管理总局主管。标准由中国标准化研究院、中国通信标准化协会和数字音视频编解码技术标准工作组等单位共同起草。

《标准化工作导则》（GB/T 1）、《标准化工作指南》（GB/T 20000）、《标准编写规则》（GB/T 20001）、《标准中特定内容的起草》（GB/T 20002）、《标准制定的特殊程序》（GB/T 20003）和《团体标准化》（GB/T 20004）等系列标准是我国支撑标准制订工作的基础性国家标准体系，其中也包括该标准。

知识经济时代，在以高新技术产业为代表的知识产业中，作为标准制订基础的科学研究的成就、技术进步的新成果和实践中积累的先进经验大多受专利保护，而且专利的密集度和复杂性不断增强，这就使许多标准的制订都无法回避受专利保护的技术，标准与专利结合越来越难以避免。[①] 为此，标准制订组织除了承担传统标准化过程的职责，还要处理专利信息披露，与专利权人进行沟通以获取专利权人的许可声明等事宜，增加了标准制修订程序的复杂性。而对于标准实施者来说，仅使用标准文本是不够的，它还需要与专利权人就专利许可费用等事宜进行协商才能实施标准等。这种改变迫切

---

① 王益谊. 我国的标准和专利政策——对《国家标准涉及专利的管理规定（暂行）》解读［C］. 专利法研究（2013），249-250，257.

需要标准制订组织积极应对，以平衡标准化活动各相关方的权益，保障标准的顺利制订和实施。①

为了合理处置我国标准中涉及的专利问题，国家标准化管理委员会和国家知识产权局于 2013 年 12 月 19 日联合发布了我国的标准和专利政策——《国家标准涉及专利的管理规定（暂行）》，并于 2014 年 1 月 1 日起开始实施。该规定是我国首部关于标准和专利的部门规范性文件，同时，从全球来看，它也是国际上首个由标准化管理部门与专利管理部门联合发布的标准与专利政策。它首次从管理制度层面明确规定了我国国家标准涉及专利相关问题的处置办法。这对于规范我国国家标准中涉及专利问题的处理、促进国家标准合理采用新技术具有重要作用。为便于理解和实施管理规定，国家标准化管理委员会还组织制定了配套标准——《标准制定的特殊程序　第 1 部分：涉及专利的标准》（GB/T 20003.1—2014），对国家标准制修订过程中各利益相关方的操作细节进行了详细规定。②

3.4.1.2　标准主要内容

该标准的技术内容主要包括标准范围与术语、专利处置要求、涉及专利的国家标准制修订的特殊程序以及标准实施中的专利处置。

1. 标准范围与术语

该标准规定了标准制订和修订过程中涉及专利问题的处置要求和特殊程序，适用于涉及专利的国家标准的制修订工作，涉及专利的国家标准化指导性技术文件。行业标准和地方标准的制修订可参照使用。

该标准中定义的术语中包括"必要权利要求"和"必要专利"。必要权利要求是实施标准时，某一专利中不可避免被侵犯的权利要求。必要专利是包含至少一项必要权利要求的专利。由此可见，必要权利要求是必要专利的必要条件。

2. 专利处置要求

（1）必要专利信息的披露

标准要求参与标准制修订的组织或个人应尽早向相关全国专业标准化技术委员会或归口单位披露自身及关联者拥有的必要专利，宜尽早披露其所知悉的他人（方）拥有的必要专利。鼓励没有参与标准制修订的组织或者个人尽早披露其拥有和知悉的必要专利。

（2）必要专利实施许可声明

专利权人或专利申请人的必要专利实施许可声明，应在以下 3 种方式中选择一种：

专利权人或专利申请人同意在公平、合理、无歧视基础上，免费许可；

---

① 王益谊. 我国的标准和专利政策——对《国家标准涉及专利的管理规定（暂行）》解读 [C]. 专利法研究（2013）：249-250.

② 王益谊. 我国的标准和专利政策——对《国家标准涉及专利的管理规定（暂行）》解读 [C]. 专利法研究（2013）：257.

专利权人或专利申请人同意在公平、合理、无歧视基础上，收费许可；

不同意按照以上两种方式进行专利实施许可。

（3）相关信息的公布

标准要求应通过国家标准化行政主管部门网站、全国专业标准化技术委员会网站、国家级期刊等渠道公布标准或标准草案中涉及专利的信息。公布的相关信息应至少包括涉及了专利的标准或标准草案、已披露的专利清单和全国专业标准化技术委员会或归口单位的联系方式。

（4）会议要求

在标准制修订过程中的每次会议期间，会议主持人都应提醒参会者慎重考虑标准草案是否涉及专利，通告标准草案涉及专利的情况和询问参会者是否知悉标准草案涉及的尚未披露的必要专利，并将结果记录在会议纪要中。

（5）文件要求

在工作组讨论稿、征求意见稿、送审稿的封面上应给出征集潜在必要专利的信息。在标准制修订过程中的任何阶段，一旦识别出标准的技术内容涉及了必要专利并进行了相应的处置，应在相关阶段以及其后的所有阶段的标准草案直至正式出版的国家标准的引言中给出相应的说明。

（6）以国际标准或国外标准为基础制修订国家标准

等同采用 ISO 和 IEC 的标准化文件制修订国家标准时，该国际标准化文件中所涉及专利的实施许可声明依然适用于国家标准。

（7）引用涉及专利的标准

在制修订国家标准过程中规范性引用了涉及专利的标准条款时，应按照该标准的相关规定获得专利权人或专利申请人的实施许可声明。

3．涉及专利的国家标准制修订的特殊程序

对于涉及专利的标准，该标准详细规定了涉及专利的标准在标准制修订的预研阶段、立项阶段、起草阶段、征求意见阶段、审查阶段、批准阶段、出版阶段和复审阶段等各个阶段，项目提案方、标准起草工作组、专利权人或专利申请人、其他组织和个人、全国专业标准化技术委员会或归口单位、全国专业标准化技术委员会的委员、国家标准化行政主管部门等各相关方需要特别履行的手续，来对应对专利处置的相关要求。

4．标准实施中的专利处置

标准发布后，如发现标准涉及专利但没有专利实施许可声明的，应在规定时间内获得专利权人或专利申请人作出的专利实施许可声明。除强制性国家标准外，未能在规定时间内获得专利实施许可声明的，可以视情况暂停实施该国家标准。

3.4.2　国家标准《团体标准涉及专利处置指南》介绍

3.4.2.1　标准概况和制订背景

国家标准《团体标准涉及专利处置指南》（GB/Z 43194—2023）是指导性技术文件，发布并正式实施于 2023 年 9 月 7 日。标准归口和执行单位是中国标准化协会，主管部门是国家市场监督管理总局，由中国标准化协会、广东产品质量监督检验研究院等单位共同起草。

2015 年 3 月 11 日《国务院关于印发深化标准化工作改革方案的通知》（国发〔2015〕13 号）中提出"支持专利融入团体标准，推动技术进步"。《团体标准管理规定》（国标委联〔2019〕1 号）中的多项条款也对合理处置"团体标准涉及必要专利"提出了要求。2021 年 10 月，中共中央、国务院印发的《国家标准化发展纲要》中，进一步提出要健全科技成果转化为标准的机制，完善标准必要专利制度；深化标准化运行机制创新，鼓励企业构建技术、专利、标准联动创新体系。2022 年 7 月，市场监管总局等十六部门《关于印发贯彻实施〈国家标准化发展纲要〉行动计划的通知》（国市监标技发〔2022〕64 号）中提出，要"完善标准必要专利制度，推动建立标准与知识产权联动工作机制"。

现行的国家标准《标准制定的特殊程序　第 1 部分：涉及专利的标准》（GB/T 20003.1—2014）和《国家标准涉及专利的管理规定（暂行）》制定的目的是保障涉及必要专利的国家标准制修订工作公开和透明，主要内容偏重于国家标准的制订过程中专利的披露和许可声明。考虑到国家标准一般不涉及专利，而团体标准满足市场和创新的属性明显，与专利融合的场景较多，团体标准的各参与方需要及时地、准确地开展专利处置工作。① 因此，团体标准涉及专利除需要参考现有规范性文件和标准开展制订工作外，急需相关规范性文件指导开展团体标准涉及专利的管理工作。为此，中国标准化协会联合中国专利保护协会，组织 50 多家社会团体及团体标准化相关机构，制定了系列团体标准《团体标准涉及专利处置指南》（T/CAS2）。该标准发布以后，为团体标准涉及专利的处置工作提供了指导，受到社会各界的广泛关注。

随着《国家标准化发展纲要》、《关于印发贯彻实施〈国家标准化发展纲要〉行动计划的通知》（国市监标技发〔2022〕64 号）和《关于促进团体标准规范优质发展的意见》（国标委联〔2022〕6 号）等政策文件的发布，对团体标准必要专利处置工作提出了新的要求。为满足团体标准市场化发展的需求，指导团体标准的利益相关方开展团体标准涉及专利的处置工作，促进专利融入团体标准目标明确、过程公开透明、结

---

① 国家标准化指导性技术文件《团体标准涉及专利处置指南》起草工作组. 国家标准化指导性技术文件《团体标准涉及专利处置指南》（征求意见稿）编制说明［EB/OL］.（2022-10-18）［2024-05-06］. https://www.china-cas.org/u/cms/www/202210/181723011t5v.pdf.

果公正合理,[1] 2021 年,中国标准化协会提出立项《团体标准涉及专利处置指南》国家标准化指导性技术文件。2021 年 12 月,该标准计划正式获批立项。

3.4.2.2　标准主要内容

该标准确立了团体标准涉及专利处置的总体原则、总体目标,提供了职责与管理、专利披露流程的指导和建议,适用于利益相关方开展的团体标准涉及专利的处置活动。

1. 处置总体原则与目标

团体标准涉及专利处置工作应遵循公开透明、利益平衡、促进创新和诚实守信的原则,开展工作的总体目标应有利于尊重知识产权、有利于激励科技创新、有利于经贸往来等。

2. 职责与管理

标准中对社会团体、标准参与者、专利权人和标准实施者等利益相关方的职责与管理等提出了具体要求。

(1) 社会团体

社会团体应设置专门职位或机构负责团体标准涉及专利工作的管理,可根据产业情况和本团体成员需求,设立专利工作组或专利委员会。社会团体应制订团体标准涉及专利的制度,并作为其管理制度的重要组成部分。制度的主要内容包括基本要求和特殊要求。社会团体应对制度进行宣贯培训和监督实施。社会团体还应开展团体标准涉及专利纠纷调解工作,并建立信息平台,供成员和社会公众披露和查询团体标准涉及专利的信息。

(2) 标准参与者

标准参与者应对接社会团体的专利工作,包括:了解团体标准涉及专利的制度、披露专利信息和提交专利许可声明以及参与各类事项讨论等工作。同时还应当加强专利保护,将专利融入标准之中并建立同步机制。标准参与者需要履行专利披露和许可声明等义务。

(3) 专利权人

事前准备:专利权人应在团体标准发布后,根据标准内容,评估已披露专利是否为团体标准的必要专利,并根据评估结果及意向,提前准备许可方案和许可材料。

事中谈判:专利权人可准备谈判邀约文件,通过信件、电子邮件等方式向标准实施者发出许可谈判文件。

事后处置:如果谈判各方确定专利并非必要的专利,可协商终止谈判许可。如果各方通过谈判无法达成共识,可邀请第三方机构或请求司法机关采取合理方式予以协调或解决。如果各方形成共识,可根据谈判协商结果签署书面许可协议。

---

[1]　道客巴巴. 国家标准化指导性技术文件《团体标准涉及专利处置指南》(征求意见稿)[EB/OL]. (2023-09-29)[2024-05-06]. https://www.china-cas.org/u/cms/www/202210/18172249oj5s.pdf.

（4）标准实施者

标准实施者应了解该社会团体的团体标准涉及专利的制度和专利权人已经披露的涉及专利情况等信息，并开展专利许可谈判。在获得的材料和信息的基础上，可进一步开展专利的必要性核对工作。

3. 专利披露的相关内容

任何单位或个人，社会团体成员以及社会团体对专利披露应履行相应义务。社会团体应要求成员对其披露的团体标准涉及专利信息的真实性负责。在团体标准制修订的会议中，社会团体宜要求在每次会议开始时，询问是否有参会人员了解本次拟制修订的标准或标准草案中可能涉及的专利，如果有，宜按照团体标准涉及专利的制度要求进行披露。

披露的内容包括基本信息，免费许可、有偿许可和不同意许可等许可方式和义务继承。社会团体应收集汇总披露信息并在团体标准制修订和实施的各个阶段，及时向社会公众公开，同时应明示后果。根据团体标准制修订流程，社会团体可以选择义务事先披露和自愿事先披露等事先披露或自愿披露等专利披露方式。

标准中提供了在标准立项、标准起草、征求意见、技术审查、报批和发布实施等环节，涉及专利披露的具体流程。

第四章

知识产权保护相关标准介绍与解读

4.1 知识产权保护类标准总体概况

　　知识产权保护类标准主要包括与知识产权保护体系建设和保护实务相关的标准规范，可细分为保护工作规范、保护中心建设、纠纷处理、维权援助和知识产权鉴定等5类。本书收录了知识产权保护类标准共计87项，包括国家标准2项、国家标准计划3项、地方标准51项和团体标准31项。知识产权保护类标准的制订和实施，是提升知识产权保护水平、健全知识产权保护格局的重要工作组成。其中，保护工作规范类标准包括《商品交易市场知识产权保护规范》和《电子商务平台知识产权保护管理》两项国家标准，以及与知识产权保护工作站、海外知识产权保护、跨境电子商务知识产权保护、风险防控、境外参展知识产权保护和商标保护等相关的地方和团体标准；保护中心建设类标准包括与知识产权保护中心建设与运行相关的标准；纠纷处理类标准包括与专利侵权判定、知识产权纠纷调解、专利侵权投诉与申辩和专业市场知识产权侵权纠纷处理等相关的标准；维权援助类标准包括与知识产权维权援助机构和服务等相关的标准；知识产权鉴定类标准包括与知识产权鉴定和侵权判定相关的标准。知识产权保护类标准清单如表4-1所示。

表4-1　知识产权保护类标准清单

序号	标 准 名 称	标 准 号
保护工作规范类		
1	电子商务平台知识产权保护管理	GB/T 39550—2020
2	商品交易市场知识产权保护规范	GB/T 42293—2022
3	企业境外参展知识产权指引	DB3204/T 1001—2019
4	跨境电子商务知识产权保护指南	DB4403/T 76—2020
5	跨境电子商务知识产权保护指南	DB65/T 4457—2021

序号	标 准 名 称	标 准 号
6	企业参展知识产权风险防范规范	DB3205/T 1023—2021
7	知识产权保护工作站评价规范	DB4403/T 195—2021
8	知识产权保护 市场监管系统工作规范 第1部分：总则	DB5103/T 31.1—2022
9	知识产权保护 市场监管系统工作规范 第2部分：专利	DB5103/T 31.2—2022
10	知识产权保护 市场监管系统工作规范 第3部分：商标及特殊标志	DB5103/T 31.3—2022
11	知识产权保护 市场监管系统工作规范 第5部分：商业秘密	DB5103/T 31.5—2022
12	检察机关知识产权司法保护服务规范	DB3708/T 18—2023
13	科创板上市企业知识产权风险防控指南	DB3205/T 1101—2023
14	企业海外知识产权保护指南	DB5109/T 20—2023
15	企业知识产权保护流动工作室服务规范	DB4420/T 31—2023
16	知识产权保护工作站基本规范 第1部分：建设与管理	DB4206/T 62.1—2023
17	知识产权保护工作站基本规范 第2部分：服务与评价	DB4206/T 62.2—2023
18	知识产权保护工作站建设服务规范	DB4203/T 232—2023
19	重点商标保护名录管理规范	DB34/T 4547—2023
20	跨境电子商务知识产权保护指南	T/CCPITCSC 087—2021
21	工业设计知识产权保护指南	T/HZGY 002—2023
22	广东省知识产权精品案件认定管理规范	T/YZJH 001—2023
23	广东省重点商标保护名录管理规范	T/GDTA 001—2023
24	江苏省重点商标保护名录管理规范	T/JSTA 002—2022
25	展会知识产权保护公共服务事项工作规范	T/GZIPS 001—2023
26	长沙重点商标保护名录管理规范	T/CSTBA 001—2023
保护中心建设类		
27	专利申请预审规范	DB32/T 4157—2021
28	专利预审申请规范	DB3302/T 1133—2022
29	专利申请预审规范	DB2101/T 0058—2022
30	专利申请快速预审服务规范	DB4107/T 502—2022
31	专利快速预审服务规范	DB4107/T 503—2022
32	知识产权保护中心服务规范 一般要求	DB4107/T 501—2022
33	专利预审申请规范	DB15/T 3235—2023
34	专利预审服务规范	DB23/T 3608—2023
35	专利复审请求预审规范	DB3201/T 1154—2023
36	备案主体专利申请预审服务与管理规范	DB3212/T 1143—2023
37	知识产权保护中心服务规范 第1部分：总体要求	T/TJFM 001.1—2023

序号	标 准 名 称	标 准 号
38	知识产权保护中心服务规范　第2部分：专利快速预审服务	T/TJFM 001.2—2023
39	知识产权保护中心服务规范　第3部分：专利快速维权服务	T/TJFM 001.3—2023
40	知识产权保护中心服务规范　第4部分：专利保护协作服务	T/TJFM 001.4—2023
41	知识产权保护中心服务规范　第5部分：专利导航业务服务	T/TJFM 001.5—2023
42	知识产权保护中心服务规范　第6部分：专利预审业务指导服务	T/TJFM 001.6—2023
43	知识产权保护中心服务规范　第7部分：预审审查质量管理服务	T/TJFM 001.7—2023
纠纷处理类		
44	专利侵权投诉与申辩工作规范	DB3310/T 62—2019
45	知识产权纠纷调解服务规范	DB4406/T 3—2021
46	知识产权纠纷调解服务规范	DB65/T 4456—2021
47	电子商务领域知识产权侵权咨询服务规范	DB33/T 2364—2021
48	知识产权纠纷行政调解工作规范	DB5114/T 42—2022
49	知识产权纠纷人民调解规范　第1部分：调解机构	DB3201/T 1098.1—2022
50	知识产权纠纷人民调解规范　第2部分：调解员	DB3201/T 1098.2—2022
51	知识产权纠纷人民调解规范　第3部分：调解程序	DB3201/T 1098.3—2022
52	知识产权纠纷人民调解规范　第4部分：调解评价	DB3201/T 1098.4—2022
53	知识产权纠纷人民调解服务规范	DB2101/T 0057—2022
54	专利侵权纠纷行政裁决庭审规范	DB32/T 4465—2023
55	知识产权纠纷人民调解规范　第1部分：人民调解机构	DB15/T 3236.1—2023
56	知识产权纠纷人民调解规范　第2部分：人民调解员	DB15/T 3236.2—2023
57	知识产权纠纷人民调解规范　第3部分：调解程序	DB15/T 3236.3—2023
58	知识产权纠纷调解服务规范	DB23/T 3606—2023
59	知识产权纠纷调解管理规范	T/PPAC 301—2019
60	专业展会知识产权保护与纠纷处理规范	T/GZCE 001—2023
61	专业市场知识产权保护与纠纷处理规范	T/GZZYSCSH 001—2021
62	专业市场原创设计产品知识产权保护与纠纷处理规范	T/ZPP 024—2023
维权援助类		
63	知识产权维权援助和保护工作站服务规范	DB4401/T 177—2022
64	知识产权维权援助工作规范	DB44/T 2362—2022
65	知识产权维权援助机构评估规范	DB3405/T 0003—2023
66	知识产权维权援助工作站服务规范	DB23/T 3607—2023
67	知识产权维权援助工作站服务规范	DB3710/T 207—2023
68	知识产权快速维权服务中心建设服务规范	DB4420/T 33—2023

续表

序号	标 准 名 称	标 准 号
69	中小企业知识产权维权援助服务纠纷处置规范	T/GDFPMA 06—2021
70	中小企业知识产权维权援助服务规范	T/GDFPMA 05—2021
71	知识产权维权援助公共服务事项工作规范	T/GXAI 001—2022
72	知识产权海外维权咨询服务规范	T/CASME 453—2023
73	知识产权备案及维权	T/YZXH 004—2023
	知识产权鉴定类	
74	知识产权鉴定规范 第1部分：总则	20221577—T—463
75	知识产权鉴定规范 第2部分：专利	20221578—T—463
76	知识产权鉴定规范 第3部分：商标	20221581—T—463
77	专利侵权技术鉴定服务规范	DB3211/T 1016—2020
78	知识产权侵权纠纷技术检验鉴定工作规范	DB4403/T 263—2022
79	专利侵权判定咨询服务规范	DB3205/T 1104—2023
80	知识产权侵权专家判定指引	T/FSZSCQ 2—2021
81	知识产权侵权鉴定准则	T/SA 54—2022
82	专利鉴定规范	T/CIPS 002—2022
83	知识产权利用鉴定指南	T/IPIF 0027—2023
84	知识产权鉴定管理规范	T/CIPS 001—2022
85	商标鉴定规范	T/CIPS 003—2022
86	跨境电子商务 交易产品 知识产权侵权鉴定管理规范	T/UNP 22—2022
87	会展项目知识产权纠纷侵权判定指南	T/CCPITCSC 115—2022

4.2 保护工作规范类重点标准介绍

4.2.1 国家标准《电子商务平台知识产权保护管理》介绍

4.2.1.1 标准概况与制订背景

《电子商务平台知识产权保护管理》（GB/T 39550—2020）发布于2020年11月9日，正式实施于2021年6月1日。标准归口和执行单位是全国知识管理标准化技术委员会，主管部门是国家知识产权局。标准由国家知识产权局、中国标准化研究院和国家知识产权局知识产权发展研究中心等单位共同起草。

党中央、国务院对电子商务平台知识产权保护工作高度重视。2019年11月，中共中央办公厅、国务院办公厅印发《关于强化知识产权保护的意见》，明确提出要"研究建立跨境电商知识产权保护规则,制定电商平台保护管理标准"。2020 年 4 月,国家知识产权局发布《2020—2021 年贯彻落实〈关于强化知识产权保护的意见〉推进计划》,进一步提出要"研究编制电商平台知识产权保护管理标准,制定出台治理电商平台盗版、侵权与假冒现象的政策文件"。

我国电子商务行业发展迅猛,平台知识产权保护面临复杂挑战。通过标准化手段加强电子商务知识产权保护管理,有利于规范电子商务平台行业的知识产权保护,回应全球治理体系的复杂变化对电子商务知识产权保护提出的新挑战,也有助于推动电子商务行业健康有序发展。

该标准是我国首个明确规定电子商务平台知识产权保护管理的国家标准,是确立电商领域知识产权保护的最佳实践,同时兼顾了创新激励发展和市场秩序的维护。标准严格遵照电子商务法、专利法、商标法、著作权法等相关法律法规,结合实际情况细化了相关主体的责任义务。标准在电子商务知识产权保护领域提出了"中国方案",也为国际电子商务知识产权保护管理制度的发展贡献了"中国力量"。①

4.2.1.2　标准主要内容

该标准规定了电子商务平台知识产权保护的通用要求,适用于电子商务平台的信息发布、建设、运维管理。该标准面向电子商务平台经营者、电子商务平台内经营者及消费者,以促进知识产权保护有效和管理规范为目标,致力于保护电子商务平台中专利、商标、著作权、地理标志等知识产权,指引平台进行知识产权保护全流程管理。

该标准包括电子商务平台管理、电子商务网络信息平台要求、组织知识产权管理、一致性测试要求等内容。

电子商务平台管理明确电子商务各方主体责任和义务,包括信息管理、管理制度、知识产权争议解决三方面内容。信息管理包括商户注册(身份证明和知识产权合规性承诺)和商品知识产权相关信息展示;制度管理包括投诉举报机制、纠纷解决机制和信用评价机制;知识产权争议解决包括侵权通知发出、侵权通知受理、侵权通知审查、侵权通知处置及结论的相关流程与操作等详细规定。

电子商务网络信息平台要求主要针对平台功能,包括总体要求、功能要求、证据管理要求、监管协查、新技术应用等内容。电子商务网络信息平台应建立相关数据库,用于对相关信息进行存储、证据管理、追溯管理、协助核查等;应做好事前、事中、事后的证据采集,宜通过数字指纹、数字水印、区块链等新技术对文字、图片、视频、创意设计等进行保护,建立平台知识产权存证机制;宜充分发挥区块链、二维码、人工智能等新技术在证据管理、主动侵权监测与防控、防伪追溯等方面的作用。

组织知识产权管理包括总体要求、机构与职责、信息和知识资源等内容,规范了

---

① 国家知识产权局.《电子商务平台知识产权保护管理》国家标准解读 [EB/OL]. (2020-11-26) [2024-05-06]. https://www.cnipa.gov.cn/art/2020/11/26/art_66_155247.html?eqid=837696bf00158be60000000364902b38.

参与电子商务平台的相关方建立知识产权管理体系，设置知识产权管理机构并配备专、兼职人员或委托专业机构代为管理，提供宣传、培训、交流、指导等服务。

对于声称符合该标准的电子商务平台经营者、商户、电子商务网络信息平台，应满足一致性测试要求。

4.2.2 国家标准《商品交易市场知识产权保护规范》介绍

4.2.2.1 标准概况与制订背景

《商品交易市场知识产权保护规范》（GB/T 42293—2022）发布于2022年12月30日，正式实施于2023年7月1日。标准归口和执行单位是全国知识管理标准化技术委员会，主管部门是国家知识产权局。标准由国家知识产权局和中国标准化研究院等单位共同起草。

国家知识产权局高度重视商贸流通领域知识产权保护工作，自2014年起推动开展知识产权保护规范化市场建设工作，截至2022年底，全国共有知识产权保护规范化市场115家。通过知识产权保护规范化市场示范效应，我国商贸流通领域知识产权保护环境显著改善。2021年，国务院印发的《"十四五"国家知识产权保护和运用规划》（国发〔2021〕20号）中明确提出"制定商品交易市场知识产权保护国家规范"。2022年，国家知识产权局印发的《深入实施〈关于强化知识产权保护的意见〉推进计划》中进一步明确"制定商品交易市场知识产权保护规范"。研究制定该标准是落实党中央、国务院强化知识产权保护的重要部署，是完善商贸流通领域知识产权保护制度的重要内容，也是优化营商环境的有力举措。[①]

该标准是我国首个明确规定商品交易市场知识产权保护管理的国家标准，着眼于进一步做好商贸流通领域知识产权保护工作，保护和激励创新，推动高质量发展，不断满足人民群众对美好生活的需求。标准重点规范了商品交易市场经营管理者主体责任和义务，既兼顾了实体市场与电商平台等不同类型市场的知识产权保护现状，又积极回应了全球治理体系的复杂变化对商品交易市场知识产权保护提出的新要求，对我国市场领域知识产权保护工作具有积极的影响。

4.2.2.2 标准主要内容

该标准规定了商品交易市场知识产权保护的管理职责、运营管理、知识产权侵权处理、资源保障、评价与改进要求，适用于商品交易市场活动的相关方的知识产权保护。相关方包括建立并持续完善商品市场知识产权保护体系的市场经营管理者，为商品交易市场知识产权保护体系建设提供咨询的服务机构，针对商品交易市场知识产权保护体系提供评测的第三方机构。

---

① 国家知识产权局政务微信.《商品交易市场知识产权保护规范》国家标准解读［EB/OL］.（2023-02-17）［2024-05-06］. https://www.cnipa.gov.cn/art/2023/2/17/art_66_182158.html.

管理职责明确了商品交易市场经营管理者责任，包括最高管理者、要求商户作出承诺、知识产权保护方针、知识产权保护目标以及知识产权保护体系等内容。商品交易市场经营管理者的最高管理者应发挥其对商品交易市场知识产权保护的领导作用。商品交易市场经营管理者应要求入驻的商户基于法律规定注意义务对知识产权保护作出承诺；应制定知识产权保护方针，形成成文信息，用于总体指导市场建立并持续改进知识产权保护体系；应根据业务战略设定商品交易市场的近期目标和年度目标；应建立并持续改进知识产权保护体系，形成知识产权保护体系手册。

运营管理对商品交易市场知识产权保护的实施提出了具体要求，包括总体要求、市场准入、商品采购及销售管理、知识产权诚信管理等内容，明确了商户入驻环节、商户在商品采购及销售环节的具体要求。指导商品交易市场经营管理者制定知识产权诚信制度，包括褒扬诚实守信、合法经营、遵守知识产权法律法规的销售商，惩戒失信违法、违反知识产权法律法规的销售商。

知识产权侵权处理明确侵权通知发出、侵权通知受理与处置、知识产权纠纷解决机制和知识产权维权援助等每一个环节的具体步骤和要素。对侵权通知的通用要求以及不同知识产权类型的侵权通知内容作了说明，规范了侵权通知发出的流程、渠道和要求，明确了侵权通知处置及结论处理措施，推动商品交易市场建立知识产权纠纷解决机制和维权援助机制。

资源保障明确了商品交易市场经营管理者应提供相关配套的资源，包括总体要求、组织保障、财务资源、信息和知识资源、合作关系管理等内容。要求商品交易市场管理者应建立知识产权管理机构，提供相应的经费保障，做好场内商户知识产权拥有情况和知识产权纠纷情况等相关信息的收集工作，积极加强与行政机关、司法机关、行业协会等开展合作，强化知识产权保护工作。

评价与改进包括概述、内部评审、改进与提高等内容。明确了商品交易市场管理者应建立知识产权管理体系评价制度，定期对知识产权管理体系的运行情况进行自我评估，也可委托第三方机构开展评估，着重评价知识产权管理体系运行的有效性。

4.2.3　地方标准《科创板上市企业知识产权风险防控指南》介绍

4.2.3.1　标准概况与制订背景

地方标准《科创板上市企业知识产权风险防控指南》（DB3205/T 1101—2023）发布于2023年12月21日，正式实施于2023年12月28日。标准归口和主管单位是苏州市市场监督管理局。标准由昆山市市场监督管理局（知识产权局）、好孩子儿童用品有限公司和昆山国显光电有限公司等单位共同起草。

2021年4月16日，中国证券监督管理委员会公布《关于修改〈科创属性评价指引（试行）〉的决定》（中国证券监督管理委员会公告〔2021〕8号）。此次修订后，科创属性评价指标由原来的"3+5"变为"4+5"。按照新的指引，对科创板拟上市企业在知识产权方面的要求更为严格，需要同时符合：

（1）最近三年研发投入占营业收入比例5%以上，或最近三年研发投入金额累计在6000万元以上；

（2）研发人员占当年员工总数的比例不低于10%；

（3）形成主营业务收入的发明专利5项以上；

（4）最近三年营业收入复合增长率达到20%，或最近一年营业收入金额达到3亿元等要求，[①] 或者需要满足形成核心技术和主营业务收入的发明专利（含国防专利）合计50项以上。

同时，证券公司对科创板公司招股说明书以及科创板股票发行上市审核问答中对知识产权问题具有进一步的严格规定和审核要求，特别是涉及知识产权相关的权属纠纷、诉讼、仲裁风险问题等。知识产权是科创板拟上市企业拥有关键核心技术、科技创新能力突出、科技成果转化能力突出、行业地位突出或者市场认可度高的客观表征，也是能否顺利在科创板上市的决定性因素之一。

实践中，大量科创板拟上市企业在知识产权工作方面存在问题，表现在没有专门的知识产权部门和人员，缺乏专业性；知识产权合规管理体系建设薄弱，造成企业在生产、研发和市场等多个环节存在知识产权风险；缺乏知识产权风险应对的意识、能力和经验，不能将法律运用与技术创新权益保护有机融合。科创板拟上市企业采取合理措施防范知识产权风险需求十分迫切。[②] 该标准是全国首个服务科创板上市企业知识产权风险防控的地方标准，对科创板拟上市和已上市企业完善知识产权布局、防范知识产权风险具有重要指导意义。

4.2.3.2 标准主要内容

该标准提供了科创板上市企业知识产权风险防控目标与原则、防控内容、基础工作、常规工作、专项工作的指南，适用于拟在科创板上市或已上市的企业开展知识产权风险防控工作。

1. 目标与原则

该标准提出了科创板上市企业知识产权风险防控的总体目标、阶段目标和原则。总体目标是以企业科创板成功上市发行并持续合规发展为目标。阶段目标体现在上市前、上市中和上市后各阶段知识产权风险防控的目标。原则包括目标导向、制度先行、提前布局和全面覆盖。

2. 防控内容

该标准将科创板上市企业知识产权风险防控工作分为基础工作、常规工作和专项

---

① 中国证监会. 关于修改《科创属性评价指引（试行）》的决定［EB/OL］.（2021-04-17）［2024-05-06］. https://www.gov.cn/zhengce/zhengceku/2021-04/17/content_5600280.htm?eqid=c7e1362c0001cee20000000664643ad6.

② 知识前沿. 科创板拟上市企业知识产权监管趋势及合规应对［EB/OL］.（2021-04-30）［2024-05-06］. https://zhuanlan.zhihu.com/p/369101573.

工作。基础工作为常规工作与专项工作提供支持，企业通过常规工作与专项工作结合进行知识产权风险防控。各部分工作的主要内容和框架如图 4-1 所示。

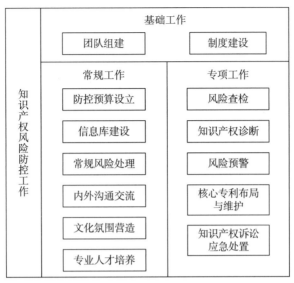

图 4-1　知识产权风险防控框架

3. 基础工作

基础工作包括团队建设和制度建设。团队组建包括结合风险防控的需要进行团队设置，明确团队职责和团队成员素质要求，特别是团队成员对产业、产品、技术及市场信息统筹整合能力方面的要求。制度建设包括建立知识产权基本管理制度、知识产权风险防控制度和上述制度的实施和检查等。其中，知识产权基本管理制度包括知识产权申请、运营与维护制度，以及技术合同管理制度、技术人员管理制度、知识产权档案管理制度、知识产权信息管理制度、知识产权保密制度、知识产权财务管理制度和知识产权激励制度等；知识产权风险防控制度包括风险监测制度、风险评估制度、风险应对制度和风险责任制度等；制度的实施和检查包括通过培训宣传制度、制定考核标准、周期性修订制度等内容。

4. 常规工作

常规工作包括设立防控预算、建设信息库、处理常规风险、加强内外沟通交流、营造文化氛围、培养专业人才等内容。防控预算包括但不限于风险防控团队人员、外包、信息库建立、知识产权奖励、知识产权获取/维护官费、知识产权运营和知识产权专案等相关费用。信息库包括建设企业自身知识产权信息、所属行业技术发展信息、竞争对手的产品技术信息/市场信息/知识产权信息、行业内相关诉讼案例、相关的国内外法律/政策、优质的知识产权服务机构信息（律师事务所、知识产权代理所和情报所等）等信息库。常规风险包括但不限于知识产权因使用或管理不当被动失效、收到侵权警告函、被提起侵权诉讼、被主管机关行政查处、知识产权遭受侵权等。结合企业科创板上市时间节点，常规风险的处理如图 4-2 所示。

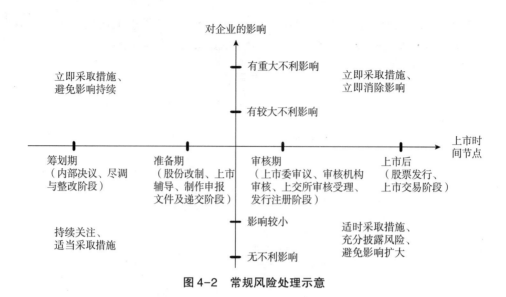

图 4-2　常规风险处理示意

内外沟通交流包括内部沟通交流和外部沟通交流。内部沟通交流包括通过共享知识产权信息来分享风险防控经验，以及通过双向反馈机制及时优化调整风控措施，提高风控效率和质量等；外部沟通交流包括与合作伙伴、供应商、相关政府、相关知识产权权利人、专家、学者和合作的证券公司或者券商等进行多渠道沟通，建立友好的合作关系，共同防范知识产权风险。文化氛围的营造是以企业全员参与风险防控为目标，建设知识产权文化，营造知识产权风险防控氛围。专业人才培养包括建立人才培养计划、培养核心人才、建立培训机制和激励机制等内容。

5. 专项工作

专项工作包括风险查检、知识产权诊断、风险预警、核心专利布局与维护、知识产权诉讼应急处置等内容。

风险查检是根据科创板上市进程，排查研发、人力资源、生产、采购、销售、知识产权取得和运用和信息管理等环节的知识产权风险。标准附录 A 给出了知识产权风险排查表，涉及技术风险、技术人员风险、知识产权权属风险、侵犯他人知识产权风险以及与知识产权相关的其他风险等风险类别的内容、判断和整改建议等。

知识产权诊断在企业科创板提交上市申请前进行，诊断内容包括上市基础性指标、知识产权管理体系的完备性及运行情况、与上市相关的知识产权风险等。

风险预警是在围绕企业重点产品、关键技术、竞争对手、重点市场、核心人员开展分析的基础上，识别重大知识产权风险，并根据风险发生的可能性，以及发生后对企业科创板上市影响的程度，来采取相应应对途径。

核心专利布局与维护是通过核心专利的布局，维持企业在所属技术领域的中的领先水平。具体包括：围绕核心产品或关键技术的各个组成部分、各技术要素形成专利组合申请；根据市场规划申请同族专利；基于市场竞争，通过策略性专利申请、分案申请等方式，针对竞争对手设置专利屏障；根据技术发展趋势，针对潜在可行的新技术原理、新技术概念或新技术路线进行专利布局，以维持企业在所属技术领域的领先水平。核心专利维护包括：按期缴纳专利年费；定期开展专利稳定性分析评估，包括商业风险评估、法律风险评估、相关专利评估、现有技术竞争分析等；关注市场动向和同领域专利申请情况，及时开展专利维权；建立核心专利无效的应对机制，包括提出复审申请、提交分案申请等应对机制。

知识产权诉讼应急处置可遵循快速解决纠纷、减小不利影响的原则，避免因诉讼问题影响上市进程。应对方法包括积极应诉、有效反制、沟通谈判。信息披露则是根据上市审核和监管机构的要求，主动、真实、全面披露知识产权诉讼相关情况，包括涉诉知识产权、对应业务及其占营业收入比例、诉讼对生产经营的影响。

4.2.4　团体标准《跨境电子商务知识产权保护指南》介绍

4.2.4.1　标准概况与制订背景

团体标准《跨境电子商务知识产权保护指南》（T/CCPITCSC 087—2021）发布于 2021年 12 月 20 日，正式实施于 2022 年 1 月 20 日。标准由中国国际贸易促进委员会商业行业委员会发布。标准由哈尔滨市松北区市场监督管理局、中国国际贸易促进委员会商业行业委员会和黑龙江省知识产权保护中心等单位共同起草。

2021 年，《国务院办公厅关于加快发展外贸新业态新模式的意见》（国办发〔2021〕24号）中提出，要"研究制定跨境电商知识产权保护指南，引导跨境电商平台防范知识产权风险"。跨境知识产权保护可以规范各利益主体的交易行为，完善服务功能，创造知识产权价值，帮助中小企业增强知识产权保护能力，进一步优化营商环境，驱动跨境电商高质量发展。近年来，全球的消费者越来越习惯在线购物，我国跨境电商快速发展。跨境电商正在成为我国外贸的增长点，研究制定跨境电子商务知识产权保护指南，帮助我国跨境电商了解目标市场的知识产权情况，提前做好功课，有助于我国跨境电商平台成为"真、优、美"产品的大本营。[①]

4.2.4.2　标准主要内容

该标准提供了跨境电子商务知识产权保护的总体原则，以及跨境电子商务平台经营者、跨境电子商务平台在线销售商、跨境电子商务知识产权服务商、跨境电子商务平台消费者、评价与改进的指南，适用于建立跨境电子商务知识产权保护工作体系。

开展跨境电子商务知识产权保护的总体原则包括制度完善、保护严格、运行高效、服务便捷、合规经营和开放共赢。

该标准对跨境电子商务平台经营者的组织机构、组织管理、人员配备和服务项目等进行了规定。组织机构应具备相关资质证书，建立健全跨境电子商务知识产权管理

---

① 新华社. 商务部：加快出台跨境电商知识产权保护指南［EB/OL］.（2023-04-23）［2024-05-06］. ht-tp://www.xinhuanet.com/2023-04/23/c_1129553501.htm.

制度，同时具备相应的基础设施等条件，并能够提供与服务项目相适应的社会公共服务、法规政策服务和法律援助服务等。组织管理工作应在电商入驻环节建立跨境电商经营者准入制度；运营期间应对知识产权风险监测信息进行审核，对疑似侵权商品和服务向在线销售商提出整改建议，必要时可采取屏蔽、断开链接、终止交易和服务等方式进行处理；应建立事前预警、事后救济机制以及相关数据库等。配备的专兼职人员包括能受理知识产权侵权事务、开展多语言沟通交流、提供相关培训和协助在线销售商收集证据及维权服务的人员，并应具备相应资质和能力。服务项目包括专利、商标、著作权、域名、商业秘密、商业外观等知识产权领域咨询、申请、调解、许可、行政保护和诉讼代理等，可指定相关部门或委托外部组织承担，并对服务过程提出了要求。

跨境电子商务平台在线销售商应了解知识产权保护的基础知识并主动更新知识产权备案信息，应了解有关知识产权国际条约，应具备或培养相应人才，同时能掌握相关查询工具并能够有效运用。跨境电子商务平台在线销售商在加强知识产权应用方面应鼓励将知识产权写入具有应用场景的标准中；系统管理、灵活运用知识产权提升跨境电子商务商品市场竞争地位；分析当前国际形势，不断提升自主品牌的知识产权保护意识和能力；设置店铺名称时，宜提前部署，进行注册，提示商标注册具体流程，包括前期的检索和评估、后期的维护。在风险防范方面应明确提示宜使用原创类型的文字、对产品图片采取适宜保护措施、宜利用新技术提高保护能力等。在知识产权维权方面，标准中规定了当在线销售商认为其知识产权受到侵害或遭受知识产权侵权指控时，宜采取的应对措施。

对跨境电子商务知识产权服务商的规定包括：应通过专业知识产权服务机构，提供专利申请前的咨询、专利检索与分析、专利侵权检索与分析、专利许可和技术转让服务，提供专利申请与复审、专利的行政诉讼、专利无效、专利的行政或司法保护、专利文献与非专利文献的检索及监视服务，提供商标注册咨询、商标注册申请、商标注册及使用纠纷处理、商标检索及监视服务，提供商标的行政诉讼、商标异议及无效、尽职调查、商标许可、转让及合同撰写、国外商标在中国的申请、商标的行政及司法保护服务，提供版权和计算机软件注册、域名注册与纠纷处理、知识产权海关保护登记等服务，提供商业秘密、商业外观及不正当竞争案件的咨询与诉讼服务以及提供知识产权运营的资产评估、交易、转化、托管、投融资等增值服务。

跨境电子商务平台消费者在采购产品时，应核实供货渠道的正规性和供应商的信誉，特别是核查相关商标信息。在消费者权益受到侵害时，应及时向跨境电子商务平台进行投诉并保留记录。

标准还对跨境电子商务平台经营者、跨境电子商务平台在线销售商、跨境电子商务知识产权服务商和跨境电子商务平台消费者给出了评价与改进建议。

4.2.5　地方标准《企业参展知识产权风险防范规范》介绍

4.2.5.1　标准概况与制订背景

地方标准《企业参展知识产权风险防范规范》（DB3205/T 1023—2021）发布于 2021 年 9 月 8 日，正式实施于 2021 年 9 月 13 日。归口和主管单位是苏州市市场监督管理局，标准由苏州市知识产权保护中心提出并起草。

该标准是苏州市在知识产权领域研制的首个地方标准，也是江苏省首个囊括企业在国内、境外场馆参展以及线上参展知识产权风险防范方法及规则的规范标准。

近年来，一些企业由于在国内外参展过程中缺乏知识产权风险防范意识和应对能力，陷入侵权风波，不仅影响自身正常参展，也损害了企业品牌、商誉以及城市形象。苏州市知识产权保护中心在调研中发现，大量企业在参展中遭遇知识产权侵权问题时，因不了解相关制度没有申请过诉前禁令，导致蒙受重大损失。与此同时，随着 5G 通信、直播、VR（虚拟现实）等新兴技术手段的应用日益成熟，各种"云展会"应运而生，知识产权保护出现了新的风险情形。涉及终端消费且产品更迭周期较短的企业，格外关注在参加"云展会"时如何防范风险、维权时如何取证等。同时，"云展会"知识产权侵权成本低、判定难度大等现实问题也带来新挑战。[①] 为引导和帮助企业强化境内外参展知识产权风险防范意识，提升企业灵活运用知识产权规则参与市场竞争的能力，建立知识产权保护自律机制，在参展时有效规避产品和品牌形象侵权或被侵权的风险，进一步优化营商环境，建设高标准市场体系，构建城市和企业良好形象，特制订该标准。

4.2.5.2　标准主要内容

该标准规定了参展企业知识产权风险防范的机构与职责、参展前准备、参展期间的知识产权风险应对措施、参展后处理以及总结改进，形成了一整套规范可行的操作程序和方法，指导企业构建展会知识产权风险防控机制，适用于苏州企业参展或外地企业到苏州范围参展的知识产权风险防范工作。

1. 机构与职责

该标准提出企业应建立知识产权工作机构，加强知识产权风险防范工作，应安排专人或委托专业服务机构负责参展知识产权风险防范相关工作，具体制定适合本企业实际情况的参展知识产权风险防范措施。

2. 参展前准备

参展前准备工作包括了解法律规则、开展知识产权预警分析、确定展品没有风险或风险可控、准备相关材料并采取展前风险规避措施等。了解法律规则包括对展会举

---

① 苏州市人民政府. 苏州市知识产权领域首个地方标准发布 [EB/OL]. (2021-09-22) [2024-05-06]. http://www.suzhou.gov.cn/szsrmzf/szyw/202109/d767c41f0b7f40cb990f3b2281aaac9a.shtml.

办地和线上展会相关规则的了解。知识产权预警分析工作包括结合参展产品对相关专利、商标进行检索，结合展会举办地法律法规分析参展产品和参展各种物料是否涉嫌侵犯他人专利、商标、版权、商业秘密、集成电路布图设计权、植物新品种权和地理标志权等知识产权，借助行业协会或产业联盟等资源了解参展地知识产权风险高发领域和展会历年维权案例，并作出风险判定。材料准备包括知识产权权属证明、规避潜在知识产权风险的相关材料、展会举办方发布的知识产权保护相关文件、展会举办地知识产权相关法律法规和司法判例、按其法律规定准备的翻译材料/公证材料以及委托他人或单位处理相关事务的授权委托书等内容。标准附录 A 和 B 分别整理了主要国家/地区的专利信息检索资源和商标检索资源。展前的风险规避措施包括展前知识产权布局、展前知识产权备案、（线上）展前技术秘密保护、依据知识产权预警分析制定应急预案、联合参展、参加培训、专家指导、拟定展中应急方案等。

依据知识产权预警分析制定应急预案包括但不限于与权利人进行商务谈判获得知识产权授权或交叉许可、主动对涉嫌侵犯知识产权的参展物品进行调整、在参展地请求宣告有潜在风险性质的专利无效、加强对参展团队的知识产权培训等内容。

3. 参展期间的知识产权风险应对措施

参展期间的知识产权风险应对措施包括遭受知识产权侵权的维权、被控侵犯知识产权的应对、寻求协助和媒体公关等。标准中规定的遭受知识产权侵权时的维权措施包括维权渠道、维权准备、维权材料和维权措施等方面的内容。在维权渠道方面，该标准在附录 C 中提供了部分国家展会知识产权规制，包括欧盟（德国、西班牙、意大利、瑞士、法国和荷兰）展会知识产权规制措施、美国展会主要知识产权规制措施和国内重点展会主要知识产权规制措施（包括广交会和进博会）。维权准备工作主要包括对涉嫌侵权竞争性产品的调查取证、被侵权知识产权的有效性和稳定性分析、涉嫌侵权产品技术特征与权利客体的侵权比对、维权策略的选择、侵权证据的保全措施、了解举办地法律规则、了解知识产权纠纷解决途径、准备维权材料、寻找联系投诉渠道等。维权材料主要包括书面投诉文件、知识产权权属有效证明文件、侵权证据、营业执照复印件、有授权权限的授权委托书等。维权措施包括发警告函、协商谈判、举报投诉、申请执法、申请禁令、提起诉讼、协助维权等。被控侵犯知识产权时的应对措施包括警告函应对、执法应对和诉讼应对等。

4. 参展后处理

企业在参展后应及时针对所遇到的知识产权侵权纠纷进行深入系统的分析论证。如确认自身不存在侵权，而是对方权利滥用，应在诉讼时效内向当地法院提起诉讼，要求撤销临时禁令、赔偿经济损失或提起确认不侵权之诉，并向执法部门申请要回被扣押的参展产品。如确认存在侵权，应积极和权利人达成和解，争取获得授权，或者在有充分证据的条件下，采取提起无效诉讼等措施，为将来在当地参展和开辟市场化解风险。

5.　总结改进

标准规定，应从以下方面进行总结改进：及时总结参加展会的经验和教训，加强类似知识产权风险的预判和应对，提升知识产权风险防范能力；通过关注竞争对手知识产权状况、主要技术领域海外知识产权分布等途径，重点在主要市场国、目标市场国和竞争对手所在国等通过申请、获得授权、交叉许可等方式开展知识产权海外布局，为参与国际市场竞争做好准备；建立并不断完善知识产权管理制度，重视知识产权战略，提升知识产权检索分析能力、侵权判断能力和商务谈判能力等，在开拓国际市场中灵活运用知识产权规则有效化解市场风险；将参展经验、教训和典型案例向知识产权主管部门反映，以便政府部门制定相应政策；参与行业协会、产业联盟建立的专利池，与利害关系方建立知识产权风险协同应对机制，共同促进企业发展、产业升级。

4.2.6　地方标准《重点商标保护名录管理规范》介绍

4.2.6.1　标准概况与制订背景

地方标准《重点商标保护名录管理规范》（DB34/T 4547—2023）发布并正式实施于2023年10月7日。标准归口和主管单位是安徽省市场监督管理局，由安徽省质量和标准化研究院、安徽省知识产权保护中心和安徽省市场监督管理局知识产权保护处等单位共同起草。

商标进入重点商标保护名录有助于进一步提升商标的市场影响力，有利于为商标提供更有利的保护，可以作为法院认定该商标具有相应知名度的参考依据，同时也有利于充分发挥行政保护功能，提升保护效率，为司法保护提供有益的参考。目前，很多省份和城市都陆续建立了重点商标保护名录并制定了相应管理办法。2021年，安徽省人民政府公布了《安徽省知识产权保护办法》（安徽省人民政府令第303号），其中提出："应当建立健全商标保护名录制度，将本省享有较高知名度、具有较大市场影响力、容易被侵权假冒的注册商标，纳入重点保护范围。"[①] 为了加强商标专用权保护，发展品牌经济，推动高质量发展，对安徽省重点商标保护工作进行有效管理，特制订该标准。

4.2.6.2　标准主要内容

该标准规定了重点商标保护名录（简称"保护名录"）管理的基本原则、机构、过程管理、责任与义务，适用于保护名录的管理。该标准中所述的重点商标是指享有较高知名度、具有较大市场影响力、容易被侵权假冒，需要加强保护的注册商标。保护名录是指由监管机构负责发布、调整、更新、监督，对重点商标进行针对性维权保

---

① 安徽省人民政府. 安徽省知识产权保护办法 [EB/OL]. (2021-12-20) [2024-05-06]. https://www.ah.gov.cn/szf/zfbg/554079541.html.

护并且提供服务指导的商标汇总名录。制定《重点商标保护名录管理规范》的基本原则包括坚持协同保护、坚持科学管理、坚持动态调整和坚持优化服务。

标准中明确了负责保护名录管理工作的管理机构、管理职责和管理范围。保护名录的过程管理包括纳入管理、评选管理、公示、异议、公告、保护和服务、调整与更新管理等环节。该标准规定了纳入保护名录的商标应处于使用状态，需满足以下条件之一：

（1）经具有认定能力的行政或司法机关认定的驰名商标；

（2）具有较高知名度的国内外商标；

（3）商标权遭受严重侵害，需要加强保护的商标；

（4）符合本省战略性新兴产业或本省产业发展重点扶持商标和培育商标；

（5）本省组织、举办承办国际性或国家级、省级、市级重大活动（项目）期间，需要加强保护的相关参与者的商标；

（6）其他需要纳入保护的商标。

重点商标保护名录的过程管理流程如图4-3所示。

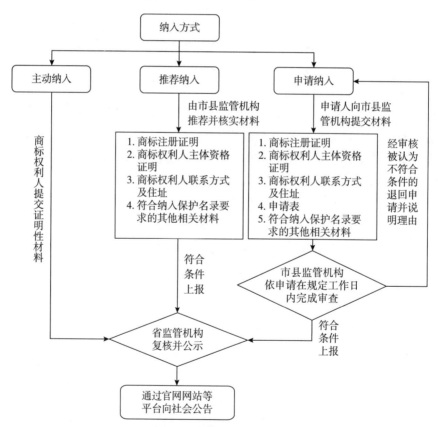

图4-3　重点商标保护名录过程管理流程

纳入保护名录的重点商标承担的责任与义务包括应注重社会效益，坚持按需保护的原则，有序推进；同时，纳入保护名录的商标权利人应承诺不将"重点商标"或者"重点商标保护名录"等字样用于商品、商品包装或者容器上，或者用于广告宣传、展览以及其他商业活动中。

4.3　保护中心建设类重点标准介绍

4.3.1　国家级知识产权保护中心相关建设情况

党的十八大以来，党中央、国务院高度重视知识产权工作，习近平总书记多次对知识产权工作作出重要指示批示，特别提出了加强知识产权保护是完善产权保护制度最重要的内容，也是提高我国经济竞争力的最大激励。

2016 年 11 月 25 日，国家知识产权局对知识产权快速维权工作进一步升级，发布《关于开展知识产权快速协同保护工作的通知》（国知发管字〔2016〕92 号），通知中提出："决定在有条件地方的优势产业集聚区，依托一批重点产业知识产权保护中心，开展集快速审查、快速确权、快速维权于一体，审查确权、行政执法、维权援助、仲裁调解、司法衔接相联动的产业知识产权快速协同保护工作。"

2017—2023 年，国家知识产权局已经先后在全国各地批准建设了 70 个国家级知识产权保护中心。知识产权保护中心坚持以服务产业发展为目标、坚持以快速协同保护为核心、坚持以打通全链条为根本、坚持以改革创新为动力。本着公益服务、优质高效、公平公正和严格保密的原则，建成后主要开展专利快速审查与确权工作、专利快速维权工作、知识产权保护协作以及专利导航和运营等工作。通过专利预审后，发明专利审查自申请主体提交申请后 3 个月内完成，实用新型专利审查在 1 个月内完成，外观设计专利审查在 10 日内完成，专利无效宣告案件审查在 4 个月内完成，专利复审案件审查在 6 个月内完成，专利权评价报告在 1 个月内完成。

4.3.2　系列团体标准《知识产权保护中心服务规范》介绍

4.3.2.1　系列团体标准概况

系列团体标准《知识产权保护中心服务规范》共包括 7 个部分：
《知识产权保护中心服务规范　第 1 部分：总体要求》（T/TJFM 001.1—2023）；
《知识产权保护中心服务规范　第 2 部分：专利快速预审服务》（T/TJFM 001.2—2023）；
《知识产权保护中心服务规范　第 3 部分：专利快速维权服务》（T/TJFM 001.3—2023）；
《知识产权保护中心服务规范　第 4 部分：专利保护协作服务》（T/TJFM 001.4—2023）；
《知识产权保护中心服务规范　第 5 部分：专利导航业务服务》（T/TJFM 001.5—2023）；

《知识产权保护中心服务规范 第6部分：专利预审业务指导服务》（T/TJFM 001.6—2023）；

《知识产权保护中心服务规范 第7部分：预审审查质量管理服务》（T/TJFM 001.7—2023）。

该系列标准发布于2023年9月5日，正式实施于2023年10月5日。标准由全国知识管理标准化技术委员会归口并执行，由天津市发明协会发布，由天津市知识产权保护中心和天津市滨海新区知识产权保护中心起草。

知识产权服务标准是规定知识产权服务应满足的要求、用以指导和规范服务组织及其从业人员提供的服务行为的标准。知识产权服务标准化是通过对知识产权服务标准的制订和实施以及对标准化原则和方法的运用，以达到知识产权服务质量目标化、服务方法规范化、服务过程程序化，从而获得优质服务的过程。该系列标准的制订，将公共管理、标准化理论引入知识产权保护中心实际工作中，将业务服务标准化、规范化，从而提升知识产权保护中心的服务效率和工作可操作性，提高知识产权保护中心的服务质量。

4.3.2.2 标准主要内容

1. 总体要求

《知识产权保护中心服务规范 第1部分：总体要求》（T/TJFM 001.1—2023）规定了知识产权保护中心（简称"保护中心"）开展业务的服务分类、基本要求、服务要求等内容，适用于保护中心开展业务服务的总体要求。

保护中心的服务分类以现阶段开展的主要业务为划分依据，包括：专利快速预审、专利快速维权、专利保护协作、专利导航、专利预审业务指导、预审审查质量管理等。岗位要求方面，保护中心根据工作职责，应设立综合管理规范、预审服务、快速维权和综合运用等部门，同时明确了各部门的职责。人员要求包括对保护中心人员岗前培训考核和上岗能力、资质等方面的要求。标准对保护中心的服务工作提出了具体要求。首先，保护中心相关服务工作应贯彻执行相关方针政策。其次，工作人员应当做到一次性告知，接受咨询应一次说清、表格一次发清，受理申请应材料一次收清、内容一次审清、问题一次说清。对承办的事项，工作人员应当按照有关规定对申请机构作出清晰明确答复，告知申请机构需要提交的材料、份数和要求。对不承办的事项，工作人员应当向申请机构作好解释说明。再次，工作人员应熟练掌握本部门的政策法规和工作标准，热情礼貌接待申请机构，接听电话问询时应使用普通话，语言文明、准确，态度耐心、细致。禁止使用伤害感情、激化矛盾、损害政府工作人员形象的语言。最后，工作人员应严格按照规定的职责权限和工作程序履行职责，不得滥用权力，以权谋私，不得擅自增设或减少审批条件、随意抬高或者降低审批门槛，不得向外提供或泄露在工作中知悉的国家秘密、商业秘密和个人隐私。

2. 专利快速预审服务

《知识产权保护中心服务规范 第2部分：专利快速预审服务》（T/TJFM 001.2—2023）规定了保护中心开展专利快速预审服务备案的要求及流程、预审的要求及流程等内容，适用于保护中心开展专利快速预审服务，包括专利申请预审工作、专利复审及无效请求、快速预审工作以及专利权评价报告请求快速预审工作。

专利快速预审的服务内容包括备案服务和预审服务。对专利快速预审备案主体要求包括登记注册地、经营领域、知识产权管理和信用方面的要求，备案流程包括备案申报、申请受理、复审与备案、备案主体主动书面申请取消备案资格等环节。专利快速备案流程如图4-4所示。

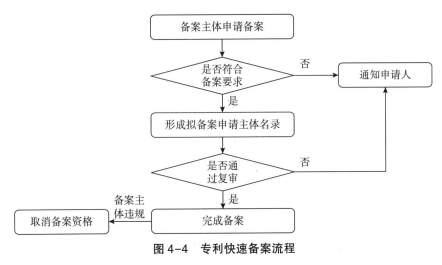

图 4-4 专利快速备案流程

对预审申请的要求包括申请材料和申请提交方面的要求。预审流程包括申请受理初审、案件分配、案件分配的协商转案、案件初审、案件初审结论、案件实审、案件互检、案件裁决、预审合格后处置、正式申请文件打标、不予受理的特殊类型专利申请、专利提交、快速审查通道等环节。专利快速预审流程如图4-5所示。

3. 专利快速维权服务

《知识产权保护中心服务规范 第3部分：专利快速维权服务》（T/TJFM 001.3—2023）规定了保护中心开展专利快速维权服务的要求、流程等内容，适用于保护中心开展专利快速维权服务。

专利快速维权服务的内容包括调解知识产权纠纷和维权援助。标准中明确了调解知识产权纠纷服务的职责、人员要求、调解范围、受理方式和调节流程等。调解知识产权纠纷的流程包括提交材料、案件受理、调查、调解、调解结果、案卷管理和回访等，流程如图4-6所示。

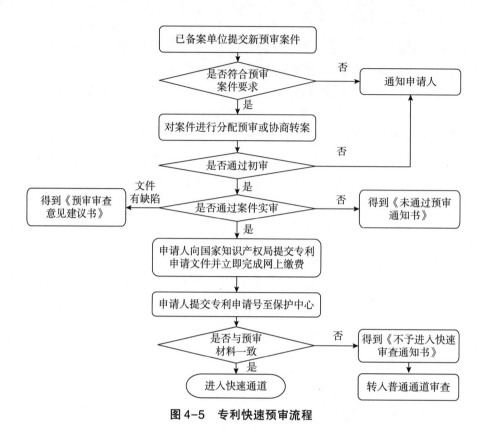

图 4-5 专利快速预审流程

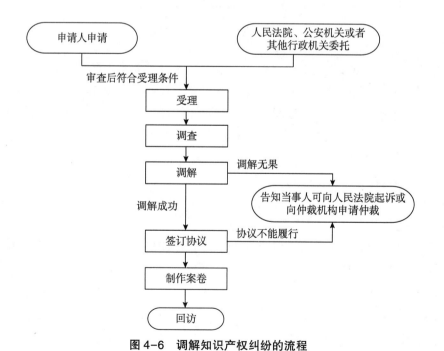

图 4-6 调解知识产权纠纷的流程

标准中也明确了维权援助服务的申请条件、所需材料和具体办理流程。

4. 专利保护协作服务

《知识产权保护中心服务规范 第4部分：专利保护协作服务》（T/TJFM 001.4—2023）规定了保护中心开展专利执法协作、联合惩戒、司法衔接等服务的要求，适用于保护中心开展专利保护协作服务。

支持执法协作的工作内容包括配合知识产权局加强与公安、市场监管、版权、海关等相关部门的执法协作，强化优势产业的知识产权保护信息沟通、数据共享、风险研判和办案协作等机制，配合开展惩戒执法行动，协同打击知识产权侵权假冒行为。联合惩戒知识产权失信行为的惩戒对象是知识产权领域失信行为的主体实施者，应建立知识产权"黑名单"，加强信息共享，采取取消进入保护中心快速预审的资格、失信情况记入市场主体公示系统及联合奖惩监管系统等联合惩戒措施。推进与司法衔接包括侵权纠纷调解后的司法确认和履行监督等工作。

5. 专利导航业务服务

《知识产权保护中心服务规范 第5部分：专利导航业务服务》（T/TJFM 001.5—2023）规定了保护中心开展专利导航业务的服务内容，包括区域规划类专利导航、产业规划类专利导航、企业经营类专利导航的工作内容和基本要求、项目实施的具体要求，适用于保护中心开展专利导航业务相关工作。

专利导航业务服务可参照国家标准《专利导航指南 第1部分：总则》（GB/T 39551.1—2020）关于专利导航项目实施的规定。

6. 专利预审业务指导服务

《知识产权保护中心服务规范 第6部分：专利预审业务指导服务》（T/TJFM 001.6—2023）规定了保护中心开展专利预审业务指导工作，特别是会审、业务指导、检索互助等服务的要求，适用于保护中心业务指导体系工作组在内部开展业务指导工作。专利预审业务指导服务包括构建保护中心、部门两级业务指导体系，具体分为会审、业务指导组和检索互助组，标准分别从机构设置、服务职责、服务要求等方面进行了详细规定。

7. 预审审查质量管理服务

《知识产权保护中心服务规范 第7部分：预审审查质量管理服务》（T/TJFM 001.7—2023）规定了保护中心对专利预审服务工作的质量管理，包括质量管理的目标、职责及保障措施等内容，适用于保护中心对专利预审服务的质量管理工作。

预审审查质量管理服务的内容涉及管理部门设置及职责、质量保障及管理措施、质量检查及考核等。审查质量管理工作分为保护中心和预审部门两个层次。保护中心质量管理工作职责包括政策制定、质量监控、业务指导和效能评价4个方面；预审部门质量管理工作职责包括保障部门质量、负责部门业务指导、全面掌握情况、执行质量监控、给予实务指导，对部门内部审查员进行效能评价等。标准对保护中心和预审部门管理内容作出了规定。质量保障及管理措施包括质量检查、质量反馈、质量改进。

质量检查及考核包括实体质量和程序方面的检查与考核。

4.3.3 知识产权保护中心专利预审相关地方标准概况

专利预审是国家级知识产权保护中心的重点工作之一，为了更好地开展专利预审工作，许多保护中心陆续制定了与专利预审相关的标准规范。截至 2023 年底，已经形成了 9 项地方标准。

1.《备案主体专利申请预审服务与管理规范》（DB3212/T 1143—2023）

该标准由泰州市知识产权保护中心起草，由泰州市市场监督管理局于 2023 年 12 月 25 日发布并正式实施。

2.《专利复审请求预审规范》（DB3201/T 1154—2023）

该标准由南京市知识产权保护中心联合相关单位共同起草，由南京市市场监督管理局于 2023 年 7 月 10 日发布，2023 年 7 月 12 日正式实施。

3.《专利快速预审服务规范》（DB4107/T 503—2022）

该标准由新乡市知识产权保护中心联合相关单位共同起草，由新乡市市场监督管理局于 2022 年 12 月 16 日发布，2023 年 1 月 15 日正式实施。

4.《专利申请快速预审服务规范》（DB4107/T 502—2022）

该标准由新乡市知识产权保护中心联合相关单位共同起草，由新乡市市场监督管理局于 2022 年 12 月 16 日发布，2023 年 1 月 15 日正式实施。

5.《专利申请预审规范》（DB2101/T 0058—2022）

该标准由沈阳市市场监管事务服务中心和沈阳市知识产权保护中心等单位共同起草，由沈阳市市场监督管理局于 2022 年 11 月 25 日发布，2022 年 12 月 25 日正式实施。

6.《专利预审申请规范》（DB3302/T 1133—2022）

该标准由中国（宁波）知识产权保护中心、宁波市甬江知识产权研究院、宁波市标准化研究院等单位共同起草，由宁波市市场监督管理局于 2022 年 9 月 29 日发布，2022 年 10 月 29 日正式实施。

7.《专利预审服务规范》（DB23/T 3608—2023）

该标准由黑龙江省知识产权保护中心起草，由黑龙江省市场监督管理局于 2023 年 8 月 28 日发布，2023 年 9 月 27 日正式实施。

8.《专利预审申请规范》（DB15/T 3235—2023）

该标准由内蒙古自治区知识产权保护中心起草，由内蒙古自治区市场监督管理局于 2023 年 11 月 30 日发布，2023 年 12 月 30 日正式实施。

9.《专利申请预审规范》（DB32/T 4157—2021）

该标准由南京市知识产权保护中心、苏州市知识产权保护中心和江苏省知识产权保护中心等单位共同起草，由江苏省市场监督管理局于 2021 年 12 月 9 日发布，2022 年 1 月 9 日正式实施。

4.4　纠纷处理类重点标准介绍

4.4.1　团体标准《知识产权纠纷调解管理规范》介绍

4.4.1.1　标准概况与制订背景

团体标准《知识产权纠纷调解管理规范》（T/PPAC 301—2019）于2019年12月6日发布并正式实施。标准由北京市知识产权局、中国专利保护协会提出，由中国专利保护协会归口并发布。标准由中国专利保护协会、中知（北京）认证有限公司起草。

人民调解是中国特色的诉讼外调解方式，具有平等自愿、方便快捷、经济便利、灵活高效等特点。随着知识产权强国战略的推进和与知识产权有关的标准化工作的不断强化，知识产权纠纷人民调解成为知识产权团体标准建设的工作重点之一。制订相关标准，规范知识产权纠纷调解规则、流程和运行机制，有助于解决相关当事人与人民调解组织对知识产权纠纷调解工作存在的困惑。

在现行法规中，《中华人民共和国人民调解法》作为人民调解工作的基础性法规，主要规定的是民间纠纷的一般性人民调解原则，并没有对知识产权纠纷人民调解工作的专业化调解程序和管理方法进行明确的说明。各人民调解组织在处置知识产权相关纠纷调解的工作中，也认识到知识产权纠纷人民调解工作的复杂性、行业性和专业性。制订知识产权纠纷人民调解工作流程管理标准，有助于规范地开展知识产权纠纷人民调解工作。

为了更好地落实中共中央办公厅、国务院办公厅《关于完善矛盾纠纷多元化解机制的意见》（中办发〔2015〕60号）和国务院《关于印发"十三五"国家知识产权保护和运用规划的通知》（国发〔2016〕86号）要求，加强知识产权纠纷人民调解组织建设，推动人民调解与司法等其他知识产权保护途径形成有机互补、相互衔接的知识产权纠纷多元化解机制，积极构建知识产权保护体系，引导各人民调解组织在知识产权纠纷人民调解工作方面的规范化管理制度，增强知识产权纠纷解决能力，提升人民调解工作效率，缓解司法、行政机关的压力，保障专利权人、其他利益相关方和社会公众的知识产权维权效果和效率，特制订该标准。

4.4.1.2　标准主要内容

该标准规定了知识产权纠纷调解的基本原则、受理、策划、实施、卷宗管理，适用于人民调解委员会依知识产权纠纷相关当事人申请进行调解的，或者经相关当事人同意进行调解的知识产权纠纷。受人民法院、公安机关、知识产权行政机关等委托进行调解的，可以参照该标准执行。

该标准中所述的知识产权纠纷是指与知识产权相关的合同纠纷、权属和侵权纠纷以及与其有关的竞争纠纷等。人民调解委员会是指依法设立的开展知识产权纠纷调解的群众性组织。

知识产权纠纷调解原则包括合法、自愿、公正、诚信、公益、保密和透明。

标准对知识产权纠纷调解受理的范围、方式和结果进行了规定。人民调解委员会受理的知识产权纠纷包括知识产权相关的合同纠纷、知识产权权属纠纷、知识产权侵权纠纷、与知识产权有关的竞争纠纷和其他知识产权纠纷，同时人民调解委员会可以根据自身的实际情况，确定可以受理以及不予受理的知识产权纠纷范围，并列举了不予受理的知识产权纠纷情况。人民调解委员会可以依知识产权纠纷相关当事人申请，或者依人民法院、公安机关、知识产权行政机关的委托进行调解；也可以主动进行调解，并引导相关当事人申请人民调解。相关当事人向人民调解委员会申请进行调解的，可以书面申请调解，也可以口头申请调解。相关当事人可以委托他人、律师或者基层法律服务工作者进行代理。相关当事人申请调解纠纷，在受理范围内且符合受理方式要求的，人民调解委员会应当在申请后5个工作日内予以受理，并通知相关当事人。一方当事人单独提出调解申请的，受理时间可适当延长。

知识产权纠纷调解的策划过程包括成立调解组、告知、调查诊断和制订计划等环节。根据知识产权纠纷调解的需要，由人民调解委员会选定人民调解员组成调解组，负责个案的调解工作，调解组成员人数一般为一至三人，并应指定其中一人作为调解组组长。调解中，调解组应当以口头或者书面形式告知相关当事人有关人民调解的性质、原则、程序、效力、相关当事人在调解活动中享有的权利和承担的义务等事项，并形成记录。调解组应当对知识产权纠纷相关当事人进行背景调查和资料搜集，了解其诉讼动机和相关事项，并分析纠纷性质、各方诉求、复杂程度、涉及的法律法规等，梳理纠纷的调解思路。调解组组长应当根据纠纷的具体情况，考虑人民调解员的知识产权专业知识、法律知识、相关领域的技术知识和工作经验，及知识产权纠纷的调解经验等，合理确定调解组成员的任务分工。调解组应当根据纠纷的调解思路和具体情况，制订调解工作计划，并报人民调解委员会备案。

知识产权纠纷调解的实施包括分析问题、制定方案、实施调解、调解结案和跟踪回访等内容。调解组应在首次沟通后，对调解卷宗进行分析，确定相关当事人主要分歧及关键问题，寻找调解突破口。在此基础上，调解组初步对纠纷进行事实认定、责任判定，并进一步调整调解方案。调解方案应至少包括：要解决的纠纷类型与性质，调解的过程、措施和方法，调解过程的管理要求，相关当事人可能接受的和解条件等。调解的实施包括开展说服疏导工作，促使相关当事人互谅互让，消除隔阂，引导、帮助相关当事人协商解决问题等。经调解达成调解协议的，调解组应当协助相关当事人签订调解协议或口头记录，调解组应当自受理之日起1个月内调解完毕。相关当事人达成调解协议的，调解组应当制作调解协议书，进行完整调解笔录并结案，同时引导相关当事人向人民法院申请司法确认。相关当事人调解不成的，调解组可以结案，通知纠纷相关当事人并进行完整记录。人民调解委员会在调解协议生效后 30 日内，应当指派专人对调解协议的履行情况进行回访，督促相关当事人履行约定的义务，并填写人民调解回访记录。

人民调解委员会调解纠纷应当制作调解卷宗。调解卷宗通常一案一卷，对于纠纷调解过程简单或者达成口头调解协议的，也可多案一卷，并定期集中组卷归档。人民调解委员会应当确定档案的标识、查阅、保密、处置等管理要求，指定专人负责调解卷宗的统一管理。

4.4.2　地方标准《电子商务领域知识产权侵权咨询服务规范》介绍

4.4.2.1　标准概况

地方标准《电子商务领域知识产权侵权咨询服务规范》（DB33/T 2364—2021）发布于 2021 年 9 月 22 日，正式实施于 2021 年 10 月 22 日。标准提出单位和归口单位是浙江省市场监督管理局，主管部门是浙江省市场监督管理局。标准由浙江省知识产权研究与服务中心（国家知识产权局专利局杭州代办处）、浙江省标准化研究院和北京反侵权假冒联盟等单位共同起草。

4.4.2.2　标准主要内容

该标准规定了电子商务领域知识产权侵权咨询服务的服务提供者、服务内容、服务管理、服务实施、服务评价与改进的要求，适用于电子商务领域知识产权侵权咨询服务的管理、实施、评价与改进。

标准从组织、场所、设施、人员配置、职业培训和业务管理等方面对提供知识产权侵权咨询服务的机构提出了明确要求，以保证服务提供者具有相关的能力来保障服务质量。机构服务人员应至少包括与提供的业务范围相适应、专业能力相匹配的专业技术人员、质量控制人员和流程管理人员，来满足不同知识产权类型、相关技术领域的侵权咨询服务需求。

知识产权侵权咨询服务的服务内容包括面向知识产权权利人的服务、面向平台内经营者或其他电子商务经营者的服务、面向电子商务平台经营者的服务和面向行政机关司法机关的服务。

面向知识产权权利人的服务内容包括：检索并筛查可能侵害其知识产权的潜在侵权行为，如有必要，为其提供知识产权稳定性分析等服务，并提供解决处理建议；基于其提供的指定知识产权信息、指定的商品或服务，按委托人要求进行知识产权侵权分析；协助其准备权利受到侵害的初步证据材料，并向电子商务平台经营者发出通知，或者向其提供是否需要向有关主管部门投诉或者向法院起诉的建议；根据电子商务平台经营者转送的不存在侵权行为的声明，向其提供是否需要向有关主管部门投诉或者向法院起诉的建议。

面向平台内经营者或其他电子商务经营者的服务内容包括：基于其销售的商品或提供的服务，按委托人要求提供指定地区的风险排查，分析知识产权侵权风险，并提供相应应对策略；基于其提供的指定知识产权信息及其销售的商品或提供的服务，按委托人要求分析知识产权侵权风险，并提供相应应对策略；根据权利人或其利害关系人发出的侵害知识产权初步证据的通知，协助其对该初步证据进行分析并进行必要的检索，并为其提供不存在侵权行为的声明材料；根据电子商务平台经营者转送的通知，协助其提供包括但不限于书面申诉理由、不构成侵权的证明材料和不存在侵权行为的声明。

面向电子商务平台经营者的服务内容包括：根据权利人或其利害关系人发出的侵害知识产权初步证据的通知，为电子商务平台经营者提供知识产权侵权判定咨询服务；根据电子商务平台内经营者提供的不存在侵权行为声明，为电子商务平台经营者提供知识产权侵权判定咨询服务；当电子商务平台经营者收到行政机关或司法机关的法律文书时，为其提供应对策略。

面向行政及司法机关的服务内容包括：接受行政机关委托，对电子商务领域的知识产权纠纷案件的处理，提供知识产权侵权咨询意见；接受司法机关委托，对电子商务领域的知识产权诉讼案件，提供技术鉴定或技术调查服务；接受行政及司法机关委托，对电子商务领域的知识产权纠纷进行调解；接受行政及司法机关委托，开展电子商务领域知识产权保护普法宣传活动。

对知识产权侵权咨询服务的管理针对咨询服务的特点，在信息管理、流程管理、服务沟通、服务质量和档案管理等方面提出了具体要求，保证了咨询服务的质量。在信息管理方面，要求服务提供者提供真实、准确、完整的服务信息，并在信息变更时及时告知委托人；服务提供者应向委托人说明信息收集的目的、方式、范围、用途，在委托人同意的前提下收集、利用委托人信息，并将所有委托人信息归档管理，并应建立保密制度。在服务流程管理方面，要求服务提供者建立侵权咨询流程管理机制，包括建立业务流程、建立利益冲突排查机制、建立回避制度、针对业务流程建立档案、建立业务时限管理、跟踪和监控业务处理并明确业务终止的规则和程序。在服务沟通管理方面，要求服务提供者提供便捷、畅通的沟通渠道以及建立侵权咨询沟通管理机制。在服务质量管理方面，要求服务提供者建立服务质量控制和反馈体系，配备质量控制人员，建立质量提升机制。此外，服务提供者还应建立档案管理制度。

在知识产权侵权咨询服务的实施部分，根据咨询服务的流程，对接洽咨询、协议订立、启动、实施和成果交付等环节提出了明确的要求。服务管理包括服务评价和服务改进，标准中也给出了相关规范。

4.5　维权援助类和知识产权鉴定类重点标准介绍

4.5.1　地方标准《知识产权维权援助工作规范》介绍

4.5.1.1　标准概况与制订背景

地方标准《知识产权维权援助工作规范》（DB44/T 2362—2022）发布并正式实施于 2022 年 4 月 20 日。标准由广东省市场监督管理局（知识产权局）提出并组织实施，归口单位是广东省知识产权服务标准化技术委员会，由广东省知识产权保护中心起草。

知识产权维权援助机构是面向社会公众提供知识产权公益服务的专业机构。自国家知识产权局在全国范围内开展知识产权维权援助工作以来，经过十多年的探索与创新实践，知识产权维权援助机构已经成为知识产权公共服务的重要力量。目前广东省建立了省、市、县三级知识产权维权援助体系，并在全省各战略性产业集群和重点高新技术开发区逐步建立了知识产权维权援助机制，推动知识产权维权援助"一体化"、"一张网"、"一站式"建设。

由于各地区经济科技发展的不平衡，导致在知识产权维权援助工作具体开展层面上存在较大差异。不断完善广东省知识产权维权援助体系与制度建设，制订科学、统一的知识产权维权援助工作标准，从内容、流程、模式、手段等各个层面进行规范化指引，是广东知识产权维权援助工作能否取得更深层次突破的关键环节。①

该标准的建立，可推动形成协同工作机制，让各知识产权维权援助服务机构在横向、纵向层面建立配合、联动及咨询指导机制，共享知识产权技术及法律信息、合作专家及机构等完成援助工作所需的必要资源，提升服务效率和服务质量，对构建统一、高效、科学的维权援助工作机制和完善维权援助工作体系建设具有重要意义。

4.5.1.2　标准主要内容

该标准规定了知识产权维权援助工作的原则、内容、服务提供者、流程、评价与改进要求，适用于开展知识产权维权援助工作的机构。

知识产权维权援助的原则包括公益原则、公平原则、保密原则、请求原则和回避原则。

知识产权维权援助的工作内容包括普通咨询和专项援助。普通咨询包括知识产权

---

① 本标准编制工作组. 广东省地方标准《知识产权维权援助工作规范》编制说明［EB/OL］.（2022-02-28）［2024-05-06］. http://amr.gd.gov.cn/hdjlpt/yjzj/api/attachments/view/f3ed0005372d3798d1872383d16e6403.

法律法规咨询、知识产权法律状态查询、知识产权纠纷解决方式建议、知识产权服务机构推介和其他与知识产权有关的普通信息咨询等内容。专项援助包含侵权判定咨询、纠纷调解、展会维权、电商维权、海外维权和专业市场维权等内容。

服务提供者应满足具有独立民事行为能力、财务能力、场所与软硬件设施、服务人员、内部管理制度、外部资源合作机制和沟通渠道等基本要求。服务人员应具备法律法规、办公软件、语言组织与表达能力、统筹和协调能力、沟通能力、应急事务分析处理能力等通用能力，以及各类知识产权信息的检索分析、知识产权行政及司法判例的学习使用、知识产权纠纷处理等专项业务能力。服务提供者还应制订培训计划，并采取多种方式，定期对服务人员进行培训。

知识产权维权援助的申请包括普通咨询和专项援助。申请人提出知识产权普通咨询申请应通过电话、面访等途径，申请时应提供基本信息及咨询内容等。申请人提出知识产权专项援助申请的，应提交书面形式材料，提供的材料包括维权援助申请书、申请人合法有效身份证明、知识产权权利证明、援助事项和事由的证明文件以及其他材料等。受理知识产权维权援助包括基本身份、材料完整和知识产权法律状态有效等方面的条件。服务提供者收到知识产权维权援助申请，一般应在3个工作日内作出是否受理的决定，并通知申请人。

知识产权维权援助的实施包括对普通咨询和专项援助的实施，以及在完成时限、跟踪监督和归档等方面的规定等内容。服务提供者对申请人提出的普通咨询，一般以口头或电子邮件等形式进行答复，并进行登记。

专项援助包括侵权判定咨询、纠纷调解、展会维权、电商维权、海外维权和专业市场维权等方面的维权援助工作。

侵权判定咨询的服务提供者应查阅相关法律法规，对涉案的知识产权进行检索分析，根据掌握的证据材料，理清事实和法律问题，确定具体技术领域。在此基础上服务提供者可选定2名及以上相关技术领域专家，并对拟选用专家个人基本情况进行审核；专家通过确定分析判定所依据的原则、法律法规条款、司法解释条款，检索涉案知识产权相关信息，核对证据材料，对涉案知识产权及涉嫌侵权客体进行对比分析，提出侵权判定分析意见；服务提供者整合专家意见，并将分析过程整理成侵权判定咨询意见书。

纠纷调解的服务提供者接到调解申请后，应及时指派调解员，调解员应全面了解熟悉案情，查阅相关法律法规政策，检索涉案知识产权相关信息，为调解案件做好准备。调解实施的调解员应征得双方同意后及时开展调解工作，调解方式包括现场调解、电话调解、书面调解以及网络调解等。调解结束时服务提供者应告知当事人调解结果，当事人经调解达成协议的，应制作调解协议书。

展会维权的服务提供者应审核投诉人提交的相关材料。接受投诉后，应协助展会主办方通知被投诉人，告知其举证和抗辩途径；调查取证，查阅、复制与案件有关的文件，询问当事人；确定侵权判定所依据的原则、法律法规条款、司法解释条款等；对涉案权利和被控涉嫌侵权客体进行对比分析，提出侵权判定意见；若侵权确认，则要求被投诉人采取遮盖或者撤展等措施。

电商维权的服务提供者应核查投诉方或申诉方材料的完整性、真实性及材料内容的关联性。服务提供者可通过确定分析判定所依据的原则、法律法规条款、司法解释条款，对涉案知识产权及涉嫌侵权客体进行对比分析，对被控涉嫌侵权客体是否构成侵权或申诉抗辩理由是否成立进行判断等方式进行分析判定。通过电子商务平台投诉或申诉的案件，服务提供者应在商务平台要求的时间内出具侵权判定咨询意见书。

海外维权服务提供者接受申请后，应研究案件情况，分析案件的技术领域和涉及的国家与地区等，并依据案情实际对案件进行分类。一般将案件分为普通纠纷和重大/疑难纠纷。服务提供者依据案件分类，选定专家；对普通纠纷，选定 2 名专家提供指导；对重大/疑难纠纷，选定 3 名及以上专家提供指导。服务提供者组织专家进行分析研判，包括海外知识产权风险分析、侵权判定分析、诉讼策略、临时措施应对等。服务提供者根据申请人的申请事项以及专家分析研判结果出具海外维权指导意见书。

专业市场维权的服务提供者根据专业市场的特点，完善知识产权纠纷多元化解决机制，并协助各相关部门开展相关工作。

标准对普通咨询和专项援助的完成时限进行了规定，同时要求服务提供者应对维权援助工作开展的过程和成果质量进行跟踪、监督。维权援助工作完成后，服务提供者应及时整理维权援助过程中产生的各类文件并进行归档。标准还明确了服务提供者之间的共享与协作机制，以及服务评价和改进要求。

4.5.2　知识产权鉴定系列团体标准介绍

4.5.2.1　标准概况与制订背景

知识产权鉴定系列团体标准包括《知识产权鉴定管理规范》（T/CIPS 001—2022）、《专利鉴定规范》（T/CIPS 002—2022）和《商标鉴定规范》（T/CIPS 003—2022）发布于 2022 年 7 月 28 日，正式实施于 2022 年 9 月 1 日。标准由中国知识产权研究会提出、归口并起草发布。

为落实《知识产权强国建设纲要（2021—2035 年）》关于建立完善知识产权侵权纠纷检验鉴定工作体系的工作要求，按照《"十四五"国家知识产权保护和运用规划》关于加强知识产权鉴定机构专业化、规范化建设的工作部署，充分发挥知识产权鉴定在知识产权司法审判、行政执法等活动中的技术支撑作用，满足知识产权鉴定由行政管理向行业管理转变的需求，为知识产权鉴定机构日常鉴定活动提供参照和指引，[①] 特制订该系列标准。

---

① 中国知识产权研究会知识产权鉴定专业委员会. 知识产权鉴定规范编制说明［EB/OL］.（2022-04-08）［2024-05-06］. https://acad-upload.scimall.org.cn/cnips/text/2022/04/08/15/ASBHMYY.pdf.

4.5.2.2　标准主要内容

1.《知识产权鉴定管理规范》主要内容

该标准规定了知识产权鉴定的对象内容、知识产权鉴定机构、从业人员、业务管理、鉴定实施、服务评价与改进的要求，适用于开展知识产权鉴定活动的机构及参与知识产权鉴定活动的人员。知识产权鉴定是指鉴定人就知识产权纠纷中涉及的专门性问题进行鉴别和判断，并提供鉴定意见的活动，知识产权鉴定通常包括专利鉴定、商标鉴定、商业秘密鉴定、版权鉴定、集成电路布图设计鉴定、植物新品种鉴定、技术合同鉴定等。

开展知识产权鉴定的原则包括合法合规、中立客观公正和委托原则等。

从事知识产权鉴定工作的机构应满足下列要求：应具有独立的服务场所与设施，应具有独立的法人主体，招聘有 3 名以上开展知识产权鉴定工作的鉴定人，应定期对其机构的鉴定人和工作人员进行职业培训，应明确公示其鉴定业务范围，同时其法人代表及负责人应没有受过刑事处罚。

标准对鉴定人、工作人员和鉴定组等人员提出了具体要求。知识产权鉴定机构应确保所聘鉴定人具备相关资质并具有与所从事的知识产权鉴定服务相应的职业道德、资格、专业技能和从业能力等。知识产权鉴定机构工作人员应遵守知识产权鉴定职业道德和要求，没有违法犯罪记录，并定期接受知识产权鉴定相关培训。鉴定组应由至少两名鉴定人组成，具体由具备专业技术领域及知识产权法律方面知识的鉴定人组成，或由具备专业技术领域知识的鉴定人和具备知识产权法律知识的鉴定人共同组成，同时应遵守相关回避规定。

资源管理包括文档管理、保密管理和沟通管理。知识产权鉴定机构应建立业务文书管理制度、档案管理制度和鉴定材料管理制度等。保密管理包括建立保密制度并委托信息保密。建立保密管理制度应明确涉密人员，明确可能造成知识产权流失的设备、涉密信息和涉密区域等。鉴定过程获取的与鉴定相关的信息应做好保密管理，包括采取保护委托人信息安全、可能发生信息泄露丢失时立即补救、不应非法向他人提供委托人信息以及签署保密协议等措施。沟通管理包括提供便捷畅通的沟通渠道、建立沟通管理机制以及对沟通服务过程进行记录并归档等。

鉴定程序包括委托和受理、鉴定实施、形成鉴定意见、鉴定报告、出具鉴定意见书和后期服务等。受理环节包括确定鉴定事项、签订鉴定委托协议的相关要求，标准中同时列举了不应受理业务委托的相关情况。鉴定实施过程首先要遵守和采用专业领域的技术标准、技术规范和技术方法作为鉴定依据；为查明相关事实，可委托第三方机构进行检测；标准规定要在现场提取鉴定材料；标准中也规定了应终止鉴定的相关情形。知识产权鉴定机构应根据鉴定事项组织鉴定组在规定时间内就鉴定材料、方法、过程等进行讨论，形成鉴定意见。鉴定报告包括知识产权鉴定意见书、过程文档、检索/检测报告、引用文件等，鉴定意见书应在对鉴定程序和鉴定意见进行复核后出具。对知识产权鉴定的后期服务包括鉴定作证、补充鉴定和补正等。

2.《专利鉴定规范》主要内容

该标准适用于专利鉴定的管理、实施与评价，在《知识产权鉴定管理规范》相关基本要求基础上，进一步规定了发明和实用新型专利鉴定实施和外观设计专利鉴定实施的相关要求。对发明和实用新型专利的鉴定，应形成项目实施方案，实施过程包括技术特征分解、现有技术相应技术特征提取、被鉴定物相应技术特征提取、技术特征比对等环节，每个环节均包括输入、过程控制和输出的有关要求。

3.《商标鉴定规范》主要内容

该标准适用于商标鉴定的管理、实施与评价，在《知识产权鉴定管理规范》相关基本要求基础上，进一步规定了商标鉴定实施的相关要求。商标鉴定具体分为商品/服务同一性比对和商标同一性比对，分别包括输入、过程控制和输出的有关要求。

4.5.3 地方标准《知识产权侵权纠纷技术检验鉴定工作规范》介绍

4.5.3.1 标准概况与制订背景

地方标准《知识产权侵权纠纷技术检验鉴定工作规范》（DB4403/T 263—2022）发布于 2022 年 9 月 22 日，正式实施于 2022 年 10 月 1 日。标准提出单位、归口单位和发布单位是深圳市市场监督管理局。标准由深圳市标准技术研究院、中国（深圳）知识产权保护中心和深圳市深标知识产权促进中心等单位共同起草。

知识产权侵权纠纷技术检验鉴定是指市场化机构和检验鉴定人接受委托，根据技术专家对本领域公知技术及相关专业技术的了解，运用科学技术或者专门知识，对侵权纠纷所涉及的知识产权专门性问题进行鉴别和分析判断并提出鉴定意见的活动。

近年来，知识产权侵权纠纷案件量逐年攀升，严重扰乱了市场秩序，保护知识产权受到企业及国家的高度重视。对此，国务院发布了一系列文件，如《关于印发"十四五"国家知识产权保护和运用规划的通知》（国发〔2021〕20 号）、《关于新形势下加强打击侵犯知识产权和制售假冒伪劣商品工作的意见》（国发〔2017〕14 号），对知识产权侵权打击制度建设、工作目标等提出了意见，全面开展打击侵权假冒行为。企业也通过诉讼方式来保护自己的知识产权。然而由于知识产权侵权纠纷争议点往往涉及面广、专业性强，纠纷处理者通常无法用一般的常识作出判断，在这种背景下，知识产权鉴定和检验得以大量被运用。有赖于知识产权检验鉴定机构以及专家的协助，纠纷处理者可以参考鉴定意见和检验结论作出判断。也正因为如此，实践中，知识产权的鉴定意见和检验结果在知识产权纠纷处理中，往往对案件的事实认定起着关键性作用，关乎当事人纠纷的胜负。

作为知识产权纠纷处理中极其重要的证据种类，知识产权检验结果和鉴定意见一直是各方争议的焦点，其程序和结果的公正、合法对推动纠纷的顺利解决，保护知识产权营商环境至关重要。然而，我国知识产权侵权纠纷处理中关于检验和鉴定的制度和规范在起步和发展上都较滞后，是一个比较年轻的领域，没有相关行业标准，法律法规也较欠缺。实践中，针对同一个案子，各机构在检验鉴定方法、检验鉴定程序上并没有统一的做法，而是"各自为阵"，检验鉴定质量难以保证。[①] 该标准的制订对规范深圳知识产权侵权检验鉴定工作、提高检验鉴定质量、促进深圳知识产权检验鉴定市场的良性竞争具有重要意义。

4.5.3.2 标准主要内容

本标准规定了知识产权侵权纠纷技术检验鉴定工作的基本原则、总体要求、工作内容、工作流程、意见书出具要求、异议处理、检验鉴定材料和档案管理的要求，适用于知识产权侵权纠纷技术检验鉴定工作。

开展知识产权侵权纠纷技术检验鉴定工作的基本原则包括公正合法性、中立性、保密性和科学性。

开展知识产权侵权纠纷技术检验鉴定工作的总体要求包括检验鉴定机构、检验鉴定人员、收费要求、时限要求等。标准规定了非市场化和市场化检验鉴定机构开展知识产权侵权纠纷检验鉴定应具备的条件以及对检验鉴定人员的要求。在鉴定人员方面，非市场化机构聘用的专家应具备知识产权相关专业知识及经验，宜具有高级技术职称，标准中对专家的权利义务进行了规定；市场化机构聘用的检验鉴定人应具备知识产权相关专业知识及经验，宜具有高级技术职称，标准中也对鉴定人的权利义务进行了规定；标准对检验鉴定人助理和辅助专家也提出了要求。收费要求和时限要求包括对非市场化机构和市场化机构的相关要求。

工作内容按提供服务的检验鉴定机构类型，可分为非市场化机构提供的侵权判定技术咨询内容和市场化机构提供的技术检验鉴定内容两类。非市场化机构提供知识产权侵权判定技术咨询服务的内容包括专利侵权判定技术咨询、商标侵权判定技术咨询和著作权侵权判定技术咨询。市场化机构技术检验鉴定内容包括专利类、商标类、著作权/版权类、商业秘密类、技术合同类、集成电路布图设计类和其他类的检验鉴定内容。例如专利类检验鉴定内容包括：被控侵权产品或方法技术特征与涉案专利技术特征是否相同或等同，被控侵权产品或方法的技术方案是否为现有技术，被控侵权产品的外观设计是否与涉案外观设计专利相同或者近似，被控侵权产品的外观设计是否为现有设计，发明专利、实用新型专利是否具备新颖性、创造性，发明专利、实用新型专利说明书是否充分公开技术方案等。

非市场化机构侵权判定技术咨询工作流程包含委托、受理、侵权判定技术咨询实施、得出侵权判定技术咨询意见等环节，具体如图4-7所示。

---

① 本标准编制组. 深圳市地方标准知识产权侵权纠纷检验鉴定工作规范编制说明 [EB/OL]. (2021-05-24) [2024-05-06]. https://www.sist.org.cn/xwzx/tzgg/202105/P020210524433420153859.doc.

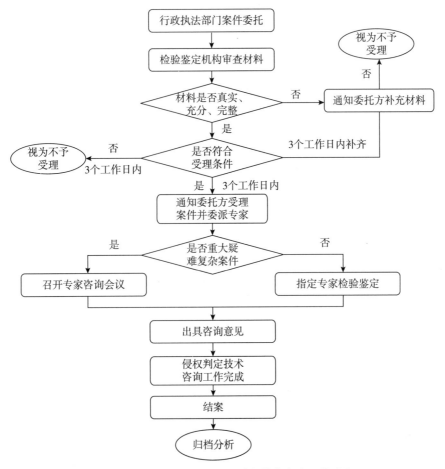

图 4-7　非市场化机构侵权判定技术咨询工作流程

市场化机构知识产权侵权纠纷技术检验鉴定流程包括业务受理、检验鉴定组组建、方案制定、检验鉴定实施及得出检验鉴定意见等环节。其中，业务受理又包括前期咨询沟通、业务申请审查、业务受理等环节；检验鉴定实施包括相关调查、现场勘验、检测和检验鉴定的终止等环节。具体如图 4-8 所示。

意见书出具包括一般要求、意见书撰写、意见书审核、意见书出具和意见书补正等内容。意见书撰写包括非市场化机构侵权判定技术咨询意见书的内容和示例，市场化机构技术检验鉴定意见书的内容、格式和示例等内容。标准中还对意见书的审核过程、意见书的出具份数及盖章、意见书需要补正的情形及补正工作等作出了规定。

异议处理规定了对检验鉴定意见有异议时的处理要求。书面异议答复部分对异议提出时限及答复周期等作出了规定；现场质证部分对检验鉴定人出席现场质证时的要求作出了规定；补充检验鉴定部分列举了可申请补充检验鉴定的情形及补充检验鉴定要求；重新检验鉴定部分列举了可申请重新检验鉴定的情形以及重新检验鉴定要求。

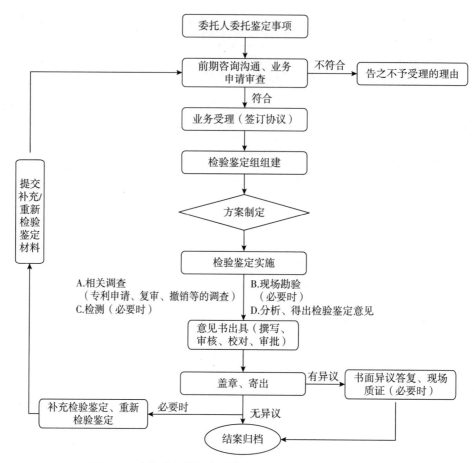

图 4-8　市场化机构知识产权侵权纠纷技术检验鉴定流程

　　检验鉴定材料管理规定了检验鉴定材料的管理及流转应符合行业标准《实验室样品管理指南》（SN/T 3509）的规定。检验鉴定完成后，检验鉴定机构应按与委托人约定的方式退还或销毁检验鉴定样品。标准对检验鉴定档案分别从档案内容、电子档案管理、档案的查阅及借调、管理期限等方面作出了管理规定。

第五章

知识产权运用相关标准介绍与解读

5.1 知识产权运用类标准总体概况

知识产权运用基于知识产权的价值实现，提升知识产权运用能力与效率，直接关系经济、产业和区域发展的水平与竞争力，乃至国家的核心竞争力。近年来，我国正在大力推动知识产权的运用与转化，2023年10月，国务院办公厅印发了《专利转化运用专项行动方案（2023—2025年）》（国办发〔2023〕37号），提出了"到2025年，推动一批高价值专利实现产业化。高校和科研机构专利产业化率明显提高，全国涉及专利的技术合同成交额达到8000亿元"[①] 的发展目标。

知识产权运用类标准包括与知识产权转化运用相关的标准规范，具体可以细分为分级评价、价值评估和交易运营等3类。本书收录了知识产权运用类标准共计56项，涉及国家标准2项、行业标准1项、地方标准13项、团体标准29项和企业标准11项。知识产权运用类标准的制订和实施，是规范知识产权运营服务、健全知识产权价值评估机制、促进知识产权金融探索、大力推动专利产业化、加快创新成果向现实生产力转化的重要工作组成部分。

分级评价类标准包括与专利信用、专利质量、专利密集型产品等评价和等级划分的相关地方标准和团体标准。价值评估类标准包括国家标准《专利评估指引》以及专利、商标、版权等知识产权价值评估评价的相关行业标准、地方标准、团体标准和企业标准。交易运营类标准包括国家标准《技术产权交易服务流程规范》以及专利池管理、专利交易转化、知识产权运营、运营平台管理、质押贷款服务与管理规范等相关的地方标准、团体标准和企业标准。知识产权运用类标准清单如表5-1所示。

[①] 国务院办公厅. 国务院办公厅关于印发《专利转化运用专项行动方案（2023—2025年）》的通知［EB/OL］.（2023-10-19）［2024-05-06］. https://www.gov.cn/gongbao/2023/issue_10806/202311/content_6913817. html.

表 5-1　知识产权运用类标准清单

序号	标 准 名 称	标 准 号
分级评价类		
1	专利质量评价技术规范	DB1304/T 433—2023
2	专利质量评价技术规范	DB34/T 2877—2017
3	企业知识产权综合运用能力等级划分与评价	T/PDZJ 001—2023
4	企业知识产权信用评价标准	T/CFIE 002—2023
5	知识产权信用风险分类管理规范	T/FSZSCQ 8—2022
6	知识产权信用等级评价标准	T/IPIF 0002—2022
7	企业知识产权信用评价　指标体系	T/STBZ 15—2022
8	企业知识产权信用等级评价　评定规范	T/STBZ 16—2022
9	企业专利密集型产品评价方法	T/PPAC 402—2022
10	知识产权工作评价规范　专利新秀榜企业	T/FSIPA 2—2021
11	知识产权工作评价规范　专利富豪榜企业	T/FSIPA 1—2021
价值评估类		
12	专利评估指引	GB/T 42748—2023
13	电力专利价值评估规范	DL/T 2138—2020
14	专利价值评估技术规范	DB1304/T 432—2023
15	数据知识产权价值评估指南	DB3301/T 0427—2023
16	高价值专利价值评估规范	DB32/T 4585—2023
17	专利价值评价规范	DB37/T 4455—2021
18	专利价值评估技术规范	DB34/T 3582—2020
19	专利价值度评估规范	T/FSPAA 001—2023
20	知识产权价值预估规范	T/CIPR 002—2023
21	数据知识产权市场化定价指南	T/KCH 004—2023
22	知识产权市场化定价和交易体系指南	T/KCH 007—2022
23	知识产权评估规范	T/SDAS 277—2021
24	知识产权价值评估规范	T/CDIP 001—2021
25	中国专利的价值评估指标体系	T/CAMETA 10005—2021
26	商标价值评价工作规范	T/GDTA 002—2021
27	企业专利价值评判规范	T/KCH 003—2020
28	文化艺术品资产评估知识产权保护指导意见	Q/110105SYPG015—2021
29	知识产权评估工作规范	Q/GRDS001—2020
30	知识产权价值评估方法	Q/YXJTLGKF002—2020
31	知识产权价值评估方法	Q/YXJTZXZX001—2020
32	商标专利版权等无形资产评估标准	Q/WT001—2019

序号	标 准 名 称	标 准 号
33	商标权及商标价值评价认证办法	Q/ZBGY—PJ001—2020
交易运营类		
34	技术产权交易服务流程规范	GB/T 35559—2017
35	数据知识产权交易指南	DB3301/T 0403—2023
36	知识产权运营公共服务平台管理规范	DB3301/T 0377—2022
37	知识产权投融资管理规范	T/IPIF 0025—2023
38	知识产权跨境交易服务规范	T/JATS 001—2022
39	知识产权交易服务流程规范	T/SDAS 740—2023
40	会展行业知识产权运营服务规范	T/CCPITCSC 114—2022
41	"臻享春城"商标授权使用及认定管理规范	T/YGIIA 027—2023
42	专利池收费管理要求	T/ZPP 038—2022
43	专利池管理规范	T/ZPP 039—2022
44	知识产权（专利）拍卖规程	T/CAA 002—2020
45	消费电子领域知识产权许可机制指南	T/CVIA 91—2021
46	"YC"商标授权使用认定及管理准则	T/YNPP 0001—2018
47	知识产权运营平台基础功能与数据库建设规范	Q/420111ZBZG001—2021
48	知识产权（商标）证券化业务标准	Q/RYTGF0032020—2020
49	专利技术交易服务	Q/S—SQLD001—2016
50	知识产权质押融资贷款风险补偿管理规范	DB4420/T 15—2022
51	知识产权质押贷款管理规范	DB5106/T 12—2020
52	知识产权质押评估技术规范	DB44/T 1747—2015
53	知识产权质押贷款服务规范	DB32/T 1381—2009
54	数据知识产权质押服务规程	T/ZS 0270—2022
55	韶山农商银行知识产权质押规范	Q/SSRCB003—2020
56	韶山农商银行商标权质押规范	Q/SSRCB002—2020

5.2 分级评价类重点标准介绍

5.2.1 地方标准《专利质量评价技术规范》介绍

5.2.1.1 标准概况与制订背景

《专利质量评价技术规范》（DB34/T 2877—2017）发布于2017年6月30日，正式实施于 2017 年 7 月 30 日。标准归口单位是安徽省知识产权局。标准由合肥汇众知识产权管理有限公司、中国科学技术大学、合肥工业大学等单位共同起草。

随着专利数据的积累，专利质量的要求日益凸显。专利授权量逐年增加，虽然专利的数量可观，但高质量的专利占比不高，低质量的专利会阻碍创新，可能引发其他诸多问题。专利质量评价缺乏标准化规范，各创新主体及其相关管理部门采用的专利质量评价规范和方式方法不尽相同，导致各方利益难以协调。为了科技创新和社会经济的健康发展，有必要对专利质量进行合理的规范和科学的评价。如何对存量专利分级评价，对增量专利质量提升有着经验反馈和统筹优化的意义。

5.2.1.2 标准主要内容

该标准规定了专利质量评价技术规范的术语和定义、评价指标体系建立的基本原则、专利质量评价指标体系、专利质量评价方法以及专利质量评价目的及应用，适用于发明和实用新型专利的价值评估、技术评价、法律效力评鉴。

评价指标体系建立的基本原则包括系统性原则、科学合理性原则、客观性原则、适应性原则、可操作和可量化原则以及动态时效性原则。

专利质量评价指标体系由基础指标和附加指标构成。基础指标应能够反映专利的权利要求布局设置水平、专利的保护范围、技术适用范围、确权滞后情况和技术方案描述的详尽全面程度，具体指标包括权项布局度、主权范围度、技术综合度、确权滞后度和详尽全面度等。附加指标应能够从技术原创性水平、技术基础程度、经济效益水平、重要程度和运用程度等至少其中一个方面反映专利的法律保护水平、技术水平和经济水平，具体指标包括技术原创度、技术被引度、专利族大小、专利维持度和专利应用度等。

专利质量评价应根据专利类型、专利技术所属的技术领域分别进行评价。标准中根据实际评价目的，从法律、技术、经济方面，给出了专利质量评价的模型，具体如公式 5-1 所示。

$$Q = \sum_{i=1}^{n} Q_i \times W_i \qquad \text{公式 5-1}$$

式中：

Q 为专利质量评价得分；

Q_i 为第 i 个专利质量评价指标得分；

W_i 为第 i 个专利质量评价指标的权重。

以上评价指标权重应根据重要程度赋予，使用的赋值方法有德尔菲法、层次分析法、主成分分析法、变异系数法、熵值法等。评价前应结合实际目的选择适应的方法进行权重赋值。

专利质量评价指标的获取可采用对比法，判断每项指标在同类型、同技术领域、同评价基准日前提下所处的水平，给予相应的评价结果。标准附录中给出了具体专利质量评价指标体系构成、每项指标的获取方法和分值分配。实际评价中可根据具体情况增减指标。

专利质量评价结果可以用于事前专利价值评估、事后专利价值评估、专利技术评价、专利法律效力评鉴、宏观区域统计评价等，标准中给出了用于不同目的评价时可选择的指标建议。

5.2.2　团体标准《企业知识产权信用评价标准》介绍

5.2.2.1　标准概况与制订背景

《企业知识产权信用评价标准》（T/CFIE 002—2023）发布并正式实施于 2023 年 7月 15 日。标准由中国工业经济联合会提出并归口，由中国工业经济联合会、北京道成咨询有限责任公司、国务院国资委研究中心等单位共同起草。

信用制度建设能够有效约束企业和个人行为，有利于形成良好的社会信用环境。随着知识经济蓬勃发展，知识产权领域主要活动由传统的静态产权公示嬗变为动态的知识产权交易、许可。而企业作为最具活力的市场主体，对其知识产权进行信用公正审查和评估，能有效激发企业创新能力、打击部分企业侵权行为。2022 年 1 月，国家知识产权局发布的《国家知识产权局知识产权信用管理规定》明确指出，要推动形成相关行业信用评价制度和规范，推动开展信用评价，明确评价指标、评价体系、信息采集规范等，对信用主体实施分级分类管理。由此可见，建立健全知识产权领域信用管理机制，规范和指导知识产权信用评价工作，可以促进知识产权高质量发展。知识产权信用概念的提出，不仅能为政府端开展信用活动提供指引，也能为企业端融资、交易提供可信凭证，适用范围广泛。[①]

该标准是填补知识产权信用评价标准空缺的一次重要尝试。标准的制订有利于推进知识产权保护和社会信用体系建设，建立健全知识产权领域信用管理机制和评价标准，指导企业知识产权信用评价工作，促进知识产权高质量发展。[②]

5.2.2.2　标准主要内容

该标准规定了企业知识产权信用的评价主体、评价业务、评价监督等内容，适用于信用服务机构开展企业知识产权信用评价活动。知识产权信用评价是指在知识产权创造、运用、保护、管理和服务等过程中，对权利人及其相关行为主体执行国家相关法律、法规、规章及政策，履行社会责任，信守社会承诺及经济给付意愿、能力和表现进行综合分析和评价的活动。信用服务机构是指依照《公司法》等有关法律法规，

---

① 北京市中策律师事务所. 新规速递　中国工业经济联合会发布《企业知识产权信用评价标准》及《企业知识产权信用评价标准简介》［EB/OL］.（2023-11-07）［2024-05-06］. http://www.zhongcelaw.com/zhongcedongtai/xingyezixun/2023/1107/2214.html.

② 湖南 24 小时. 企业知识产权信用评价：以标准赋能企业新发展［EB/OL］.（2023-10-09）［2024-05-06］. https://baijiahao.baidu.com/s?id=1779261051171284173&wfr=spider&for=pc.

经国家行政登记管理机关批准设立，主要从事企业及个人信用采集、整理、保存、加工、评级和认证，以及企业信用调查、收集并提供各类信用报告、信用担保（不含融资性担保）等相关信用服务业务的各类信用机构。

信用服务机构是企业知识产权信用评价的评价主体，应满足有符合任职资格条件的知识产权信用评价人员至少 7 名以上及其他条件。标准中同时对信用评价人员应具备的条件、权利和职责等进行了规定。

信用服务机构开展评价业务应按照信用评价基本原则、评价程序及评价报告规范，由知识产权信用评价人员通过现场调研或其他方式合法采集、验证受评对象知识产权信用信息，通过科学分析方法，结合标准中给出的评价要素指标，客观反映受评对象的知识产权信用状况，并划分信用等级。在信用评价过程中，信用服务机构应遵照的基本原则包括合规性、客观性、独立性、审慎性、前瞻性和保密性等。信用评价程序包括申请评价、签订合同、评价准备、信息获取与核验、报告撰写、报告评议、报告提供、异议处理、资料存档及数据库管理等阶段，标准同时给出了各阶段工作的具体内容。具体评价流程如图 5-1 所示。

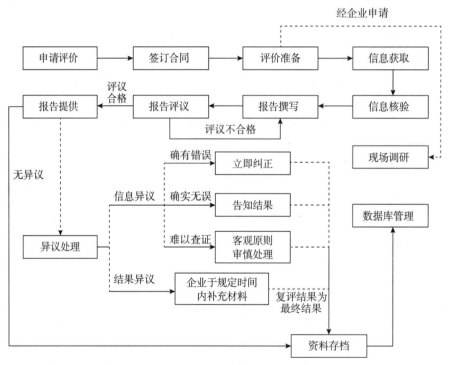

图 5-1　企业知识产权信用评价流程①

信用服务机构出具的评价报告应语言简练、内容一致、避免歧义，不出现对评价结果有重要影响的实质性疏漏。报告由首页、正文、评价结论、重要说明等部分组成。

---

① 　虚线表示异议处理根据异议实际情况看是否需要报告提供等资料，不一定发生的流程步骤。

标准要求在评价过程中设置监督程序，对评价指标设置、标准推广与执行、标准实施收益等方面实时监控，可以更有针对性地进行调整。

该标准中规定的企业知识产权信用评价要素指标分为信用基本情况、信用保障能力、信用行为记录三部分。所列要素指标占总指标权重比最低不宜低于70%，各指标权重由信用服务机构根据评价模型，结合企业特点等因素自行调整。具体要素指标、评价内容和计分方法如表5-2所示。

表5-2　企业知识产权信用评价要素指标、评价内容和计分方法

一级指标	二级指标	评价内容	计分方法	
信用基本情况（总计10分）	基本要求	设立知识产权管理机构（知识产权专员应不少于2人）或聘用知识产权律师	3分	25%
		近三年技术研发人员平均占比、研发投入平均占比	10分	
		制定企业知识产权战略和实施情况（具有知识产权文化建设氛围，建立完善的知识产权制度体系，企业把知识产权战略融入企业经营管理总体战略之中）	5分	
	管理水平	获得企业知识产权管理体系认证证书	5分	
		获得ISO 56005创新管理体系认证证书，或为国家知识产权优势、示范企业的	10分	
		建立知识产权预警机制及应对方案	2分	
	社会责任	推动建立行业知识产权维权协作机制，参与行业知识产权纠纷处置	3分	
		参与行业协会、创新组织、产业知识产权联盟等与知识产权相关的社会团体	2分	
信用保障能力（总计30分）	创造能力	截至上一年底有效发明专利拥有量	5分	40%
		截至上一年底实用新型专利、外观设计专利、商标、版权、计算机软件著作权、植物新品种、集成电路布图设计等其他知识产权拥有量	5分	
		累计向国外申请知识产权数量〔（通过《专利合作条约》（PCT）提交的专利国际申请量、商标（商标国际注册马德里体系）和外观设计（工业品外观设计国际注册海牙体系）申请数量）〕	10分	
	运用能力	近三年知识产权成果转移转化规模（经国家知识产权局登记或备案生效的知识产权转让、许可合同数额）	10分	
		近三年专利开放许可规模、知识产权质押融资数额（经国家知识产权局登记）、加入专利池的专利数量、专利融入标准情况	15分	
		截至上一年底高价值发明专利拥有量	15分	

续表

一级指标	二级指标	评 价 内 容		计分方法	
信用保障能力（总计30分）	保护能力	近三年有效处理国内外知识产权纠纷获得赔偿或避免损失	10分	40%	
		截至上一年底商业秘密体系的建设（是否建立商业秘密产生、定密、存管、使用、防范和救济的全流程体系、商业秘密内部与外部管理体系的实施情况等）	5分		
信用行为记录（总计60分）	良好记录	企业获得的国家级知识产权工作奖励［（纳入评价范围为企业近五年获得的国家级知识产权奖励。国家级知识产权奖励包括中国专利奖、中国商标金奖、世界知识产权组织版权金奖（中国）和国家技术发明奖）］	+10分/项	企业初始分均为满分60分。根据记录增减	
		企业获得的省级知识产权工作奖励（纳入评价范围为企业近三年获得的省级知识产权奖励。省级知识产权奖励是指省级政府设立的知识产权奖励，不含省级政府下属部门或单位颁发的奖项）	+6分/项		
		省级以上业务行政主管部门出具的知识产权信用优良记录证明文件	+4分		
		县级以上业务行政主管部门出具的知识产权信用优良记录证明文件	+2分		
	不良记录	不以保护创新为目的的非正常专利申请行为（并未及时纠正、主动消除后果）	-10分/项		
		恶意商标注册申请行为	-10分/项		
		违反法律、行政法规从事专利、商标代理并受到国家知识产权局行政处罚的行为	-10分/项		
		提交虚假材料或隐瞒重要事实申请知识产权行政确认的行为	-10分/项		
		知识产权领域适用信用承诺被认定承诺不实或未履行承诺的行为	-10分/项		
		对作出的知识产权领域行政处罚、行政裁决、司法判决等，有履行能力但拒不履行、逃避执行的行为	-10分/项		
		其他被列入知识产权领域公共信用信息具体条目且应被认定为失信的行为	-10分/项		
		承担专利、商标、地理标志、集成电路布图设计相关工作及代理监管工作的部门、单位依据作出的行政处罚、行政裁决和行政确认等具有法律效力的文书认定失信行为的	-10分/项		
		被司法、行政机关认定实施知识产权侵权、不正当竞争、垄断、违反保密义务或竞业禁止义务的行为（根据侵权数额、主观故意、行业特征等因素酌定裁量）	-10分		
		知识产权行政主管部门对受评对象作出信用修复的证明	+10分	（仅抵扣对应减分项）	

该标准中根据计算得到的信用评价得分，判定企业知识产权信用等级，信用等级共分为 AAA、AA、A 等三级，对应的分值范围如表 5-3 所示。

表 5-3　企业知识产权信用等级划分表

符号	计分范围	信用提示	释　　义
AAA	≥80	信用优秀	企业知识产权信用优秀，知识产权管理较完备，信用指标处于中上等水平
AA	60~<80	信用良好	企业知识产权信用良好，各项信用指标处于中等水平
A	<60	信用一般	企业知识产权信用一般，各项指标处于偏低水平

5.2.3　团体标准《企业专利密集型产品评价方法》介绍

5.2.3.1　标准概况与制订背景

《企业专利密集型产品评价方法》（T/PPAC 402—2022）发布并实施于 2022 年 8 月 29 日。标准由中国专利保护协会发布，由中国专利保护协会和中知（北京）认证有限公司共同起草。

《知识产权强国建设纲要（2021—2035 年）》和《"十四五"国家知识产权保护和运用规划》作出了培育专利密集型产业、探索开展专利密集型产品认定工作的决策部署。2019 年，国家统计局发布了《知识产权（专利）密集型产业统计分类（2019）》（国家统计局令第 25 号），分类规定的知识产权（专利）密集型产业是指发明专利密集度、规模达到规定的标准，依靠知识产权参与市场竞争，符合创新发展导向的产业集合，具体范围包括信息通信技术制造业，信息通信技术服务业，新装备制造业，新材料制造业，医药医疗产业，环保产业，研发、设计和技术服务业七大类。该分类体系还建立了与《国民经济行业分类》（GB/T 4754—2017）的对应关系，共对应国民经济行业小类 188 个[①]。

2022 年，《国家知识产权局办公室关于组织开展专利产品备案工作的通知》（国知办函运字〔2022〕985 号）提出："专利产品备案是一项促进专利密集型产业发展的基础性工作。按照'统一平台、统一标准、统一认定'的原则，采取专利产品备案和专利密集型产品认定'两步走'的方式，备案认定一批知识产权竞争力较强的专利密集型产品。"[②] 2023 年，《国家知识产权局办公室关于开展专利密集型产品认定工作的通知》（国知办函运字〔2023〕584 号）进一步提出在专利产品备案基础上，自 2023 年起启动并逐年开展专利密集型产品认定工作。文件中对专利密集型产品的认定工作中，采用了本节所述的团体标准作为评价基准。换言之，《企业专利密集型产品评价方法》（T/PPAC 402—2022）是开展专利密集型产品认定工作的重要依据。建设国家专利密集型产品备案认定试点平台，探索推进专利产品备案和专利密集型产品认定工作，对于促进高

① 国家统计局. 知识产权（专利）密集型产业统计分类（2019）［EB/OL］.（2019-04-01）［2024-05-06］. https://www.gov.cn/gongbao/content/2019/content_5419213.htm.
② 国家知识产权局办公室. 国家知识产权局办公室关于组织开展专利产品备案工作的通知［EB/OL］.（2022-11-23）［2024-05-06］. https://www.cnipa.gov.cn/art/2022/11/23/art_75_180485.html.

价值专利培育、推动专利向产品端和产业端转化、加快培育专利密集型产业具有重要的现实意义。① 2023 年，中国专利保护协会共认定 2384 项专利密集型产品并进行公示。②

推动专利转化运用，充分挖掘专利价值，大力发展专利密集型产业，是推动高质量发展的一项战略任务。《专利转化运用专项行动方案（2023—2025 年）》作出"大力推进专利产业化，加快专利价值实现"工作部署，在此基础上开展一系列关于培育推广专利密集型产品的举措。其中提出，力争到 2025 年备案认定的专利密集型产品产值超万亿元。③

5.2.3.2　标准主要内容

该标准规定了企业专利密集型产品的评价指标、评价指标的获取方法、评价指标基准值的获取方法、评价流程及要求，适用于企业专利密集型产品的评价，其他组织可参照该标准评价专利密集型产品。

专利密集型产品是指《知识产权（专利）密集型产业统计分类》中的行业所产出的主要依靠专利参与市场竞争并具有较强市场竞争优势的产品。

该标准将评价对象设置为产品单元，企业可根据相应产品特点，对产品单元进行划分和设定。该标准仅考虑专利的使用情况。专利的使用包括自有专利的使用，以及经专利权人同意的专利实施许可的使用。产品所使用的专利包括：用于保护该产品本身或制造该产品的方法的发明专利，或者是用于保护该产品本身的实用新型专利，或者是用于保护该产品整体或者局部外观设计的外观设计专利，且上述专利对该产品的市场价值有直接贡献；以及用于保护该产品生产过程中必须使用的核心零部件本身或制造该核心零部件的方法的发明专利，或者是用于保护该核心零部件本身的实用新型专利，或者是用于保护该核心零部件的整体或者局部外观设计的外观设计专利，且上述专利对该产品技术升级和提升市场规模发挥了关键作用。

企业专利密集型产品的评价指标包括获奖情况、无效情况、核心专利数量、知识产权累计投入占比、年度销售收入、单件核心专利年度销售收入和年度销售净利率 7 个指标。其中，获奖情况是指产品单元中使用的任一项专利获得省部级及以上科学技术奖、省级及以上专利奖；无效情况是指产品单元中使用的任一项专利经专利权无效宣告程序，国务院专利行政部门审查宣告专利权维持；核心专利数量是指产品单元所使用的法律状态为有效的核心专利数量，用于评价产品单元的核心创造能力；知识产权累计投入占比是指产品单元的累计知识产权成本占产品单元年度总成本的比例，用于评价产品单元知识产权投入强度；年度销售收入是指年度内产品单元的销售收入，

①　华进知识产权. 一文解析"专利密集型产品"的定义及标准［EB/OL］.（2022-08-30）［2024-05-06］. https://m.163.com/dy/article/HG1UOCLK0538D1QQ.html.

②　中国专利保护协会. 2023 年度专利密集型产品认定结果公示［EB/OL］.（2024-01-11）［2024-05-06］. http://www.ppac.org.cn/news/detail-4-508.html.

③　国家知识产权局. 着眼重点领域　撬动万亿产值——《专利转化运用专项行动方案（2023—2025 年）》系列解读⑤［EB/OL］.（2024-01-19）［2024-05-06］. https://www.cnipa.gov.cn/art/2024/1/19/art_3299_189888.html.

用于评价产品单元的产出效益；单件核心专利年度销售收入是指产品单元的年度销售收入与产品单元所使用的核心专利数量的比值，用于评价单件专利的产品单元的产出效益；年度销售净利率是指产品单元年度净利润与产品单元年度销售收入的比值，用于评价产品单元的获利能力。

标准中同时给出了评价指标和评价指标基准值的获取方法，包括其统计内容和计算公式等。标准规定，企业专利密集型产品的评价应同时满足评价对象属于《知识产权（专利）密集型产业统计分类》所列的行业、评价对象使用至少一项法律状态为有效的专利、评价对象属于企业主营业务产品等前置条件。

企业专利密集型产品的评价流程包括获取产品单元评价指标的测算值、根据产品单元测算值计算评价指标的基准值、将选定的评价对象产品单元测算值与基准值比较并判定评价结果等。

对评价结果判定属于企业专利密集型产品的情形包括：产品单元年度销售收入、年度销售净利率均不低于基准值，获奖情况、无效情况满足其一，产品单元年度销售收入、年度销售净利率、知识产权累计投入占比均不低于基准值，产品单元年度销售收入、年度销售净利率、核心专利数量、单件核心专利年度销售收入均不低于基准值等。

评价报告主要包括产品单元的基本信息、企业专利密集型产品评价信息以及人员日期信息等。标准附录中给出了评价报告的示例。

5.3 价值评估类重点标准介绍

5.3.1 国家标准《专利评估指引》介绍

5.3.1.1 标准概况与制订背景

《专利评估指引》（GB/T 42748—2023）发布于 2023 年 8 月 6 日，正式实施于 2023 年 9 月 1 日。标准由国家知识产权局提出，全国知识管理标准化技术委员会归口。标准由国家知识产权局、中国人民银行和国家金融监督管理总局共同起草。

专利评估是在特定目的和场景下对专利资产价值的评定和估算，为专利的经营管理、许可转让、作价入股、质押融资等市场活动提供参考和支持。制定科学、系统和可操作的专利评估指引，有利于引导各相关方把握专利的制度特点和运用规律，关注专利的法律价值、技术价值、经济价值等特征，实现评估指标更全面、评估方法更科学、评估结果更准确的目标，将推动完善专利评估机制，规范专利评估活动，为专利资产管理和运用提供有力支撑，促进创新资源有序流动和高效配置。[1] 2012 年，国家知识产权局组织

---

[1] 国家知识产权局. 专家解读｜专利评估是专利高质量发展的基础和关键 [EB/OL]. (2023-08-31) [2024-05-06]. https://finance.sina.com.cn/wm/2023-08-31/doc-imzkcazt6768109.shtml.

编写了《专利价值分析指标体系操作手册》，书中创造性地提出并定义了表征专利自身价值大小的度量单位——专利价值度（PVD），构建了专利价值分析指标体系，从法律、技术、经济3个层面对专利进行定性与定量分析，该体系在业内产生了较大影响。形成健全的专利评估体系，是促进专利转化运用的重要基础和前提。近年来，党中央、国务院在现代化经济体系建设、完善社会主义市场经济体制等有关重大文件中，对研究建立用于知识产权评估的专利价值分析标准、积极发展专利评估服务等作出了一系列重要部署。该标准的制定是落实党中央、国务院决策部署的具体举措。

当前我国高校和科研院所呈现研发经费投入高、专利产出数量多的同时，一定程度上存在专利运营管理水平不高、转化实施收益低的现象。破解当前高校和科研院所专利管理问题，应在专利价值分析的基础上构建科学的分级分类管理模式，核心问题是需要明确按何种标准进行分级分类管理。如何合理地进行专利价值分析和评估，如何建立一套明晰的、可操作的标准为高校和科研院所提供引导，以确保科学专利分级和管理，该标准对于专利的分级分类评价、管理有很好的指导作用。①

2023年10月，国务院办公厅印发《专利转化运用专项行动方案（2023—2025年）》，把"大力推进专利产业化，加快专利价值实现"作为重要任务进行部署，将"梳理盘活高校和科研机构存量专利"作为首要任务，对激励高校和科研机构专利转化、提高专利产业化率提出明确要求。该标准对高校和科研机构存量专利的梳理有一定的指引价值。②

5.3.1.2 标准主要内容

该标准提供的是一种发明专利、实用新型专利评估的基础性方法工具。通过构建一套可扩展、可操作的专利价值分析评估指标体系，对专利的法律价值、技术价值和经济价值进行综合分析，得到专利价值度，为专利的经营管理、许可转让、作价入股、质押融资等市场活动提供参考和支持。

1. 总体原则

专利评估应体现科学性、系统性、操作性和扩展性的原则。

2. 适用主体和场景

该标准适用于企业、高校、科研组织、金融机构、评估机构等主体在多个场景下的专利评估，适用的场景包括许可转让类场景、金融类场景、财务报告类场景、侵权救济类场景、管理类场景和其他类型场景。

3. 专利价值分析评估指标体系

该标准中的专利价值分析评估的3级指标体系。

---

① 国家知识产权局. 专家解读 |《专利评估指引》对高校和科研院所专利分级分类管理具有积极作用［EB/OL］.（2023-08-31）［2024-05-06］. https://finance.sina.com.cn/wm/2023-08-31/doc-imzkcazt6768101.shtml.

② 国家知识产权局.《高校和科研机构存量专利盘活工作方案》解读［EB/OL］.（2024-02-05）［2024-05-06］. https://www.gov.cn/zhengce/202402/content_6930437.htm.

一级指标包括法律价值、技术价值和经济价值 3 项指标；

二级指标是与 3 项一级指标相对应的指标，包括但不限于标准中给出的 14 项指标；

三级指标包括 27 项核心指标，以及若干项扩展指标。

核心指标和扩展指标根据指标项的普适性及与专利价值的相关性予以区分。核心指标是对专利价值有重要影响的必要性指标；扩展指标为可选指标，根据被评专利所属技术领域、应用场景等选择使用。核心指标包括 19 项定量指标和 8 项定性指标，定量指标通过专利相关的量化指标进行测算，定性指标通过专家经验进行评价。

除 3 级指标体系外，还可设立附加项。设立附加项主要基于专利价值度对收益法等评估方法的相关参数具有双向调节作用，并突出核心技术专利布局和专利转化运用的导向。附加项主要包括专利是否为关键核心技术攻关等重大创新成果，是否为标准必要专利等对产业具有控制力的专利，以及是否获得国家级科技或专利奖项等指标。

标准附录 A 的指标示例中给出了二级和三级指标项的说明，指标体系的整体架构如图 5-2 所示。

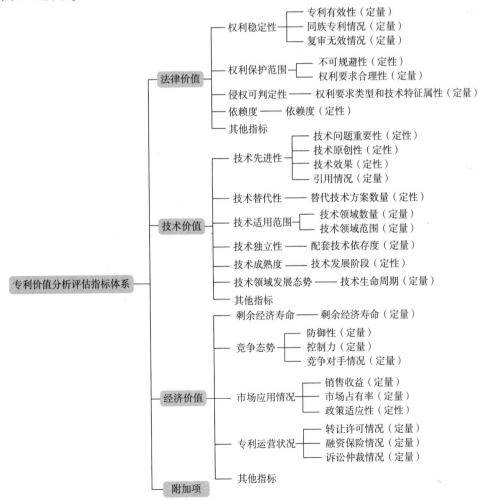

图 5-2　专利价值分析评估指标体系架构

4. 专利价值度的计算

专利价值度获取可按照以下步骤进行：

（1）针对具体应用场景，确定指标体系中的指标构成；

（2）针对具体应用场景，确定指标体系中各指标的权重；

（3）根据赋值标准，确定各指标的赋值；

（4）根据指标体系中各指标的赋值及其权重计算专利法律价值度、技术价值度和经济价值度的基础分，根据附加项的赋值计算附加分，基础分和附加分加权求和后的总分为专利价值度。

一般情况下，已授权专利的价值度不应为0。

专利价值度的计算如公式5-2、公式5-3和公式5-4所示。

$$PVD = PVD_{\text{B}} + PVD_{\text{E}} \qquad\qquad 公式5-2$$

式中：PVD 为专利价值度，取值范围为（0，120），归一化取值范围为（0，1.2）；PVD_{B} 为专利价值度的基础分，取值范围为（0，100）；PVD_{E} 为专利价值度的附加分，取值范围为（0，20）。

$$PVD_{\text{B}} = \alpha \times LVD + \beta \times TVD + \gamma \times EVD \qquad\qquad 公式5-3$$

式中：α 为法律价值度的权重，取值范围为（0，1）；LVD 为法律价值度，取值范围为（0，100）；β 为技术价值度的权重，取值范围为（0，1）；TVD 为技术价值度，取值范围为（0，100）；γ 为经济价值度的权重，取值范围为（0，1）；EVD 为经济价值度，取值范围为（0，100）。

$$\alpha + \beta + \gamma = 1 \qquad\qquad 公式5-4$$

根据以上公式计算的专利价值度，当评估方法为收益法时，许可费率（或分成率）与专利价值度之间存在正相关关系，许可费率（分成率）计算如公式5-5所示。

$$F = F_{\min} + \frac{(F_{\max} - F_{\min})}{(PVD_{\max} - PVD_{\min})} \times (PVD - PVD_{\min}) \qquad\qquad 公式5-5$$

式中：F 为评估对象的许可费率（或分成率）；$F_{\min}$ 为同领域许可费率（或分成率）的下限；$F_{\max}$ 为同领域许可费率（或分成率）的上限；$PVD_{\max}$ 为同领域专利价值度的上限；$PVD_{\min}$ 为同领域专利价值度的下限。

当评估方法为市场法时，评估对象的专利评估值计算如公式5-6和公式5-7所示。

$$V = \frac{\sum_{i=1}^{N} V_i \times f_i}{N} \qquad\qquad 公式 5-6$$

式中：V 为评估对象的专利评估值；N 为可比交易案例的数量；V_i 为可比交易案例 i 的专利价格；f_i 为市场法调节系数。

$$f_i = PVD \div PVD_i \qquad\qquad 公式 5-7$$

式中：PVD_i 为可比交易案例 i 的专利价值度。

评估对象的专利价值比率计算如公式 5-8 和公式 5-9 所示。

$$VR = \frac{\sum_{i=1}^{N} VR_i \times f_i}{N} \qquad\qquad 公式 5-8$$

式中：VR 为评估对象的专利价值比率；VR_i 为可比交易案例 i 的专利价值比率。

$$f_i = PVD \div PVD_i \qquad\qquad 公式 5-9$$

5. 指标权重的确定

计算专利价值度时，确定指标权重的方法包括专家经验判断法和层次分析法、德尔菲法、主成分分析法、熵值法等数学方法。

以层次分析法为例，专利价值分析评估中，针对构建完成的指示体系，可利用层次分析法，确定各级指标的权重，具体过程如下：

（1）建立层次结构模型，将决策的目标、考虑的因素（决策准则）和决策对象按它们之间的相互关系分成最高层、中间层和最低层，绘制层次结构图；

（2）构造判断表，通过 3 个量化值（实践中可根据需要进一步细分为更多层级）描述指标间的相互重要程度；

（3）根据指标标度，进行各指标之间的两两对比，按照重要程度进行 1~3 分值量化，从而构建重要性关系判断表。

层次分析法模型包括 3 个层次，第一层为专利价值，第二层为 3 个一级指标：法律价值、技术价值和经济价值，第三层为 14 个二级指标。根据专家经验，为各指标间的相互重要程度赋值，表征同一层次中的各指标两两之间的重要性差异。

5.3.1.3 《专利评估指引》与资产评估准则相关准则的比较

目前，在我国资产评估准则中有 3 项准则与专利资产评估相关，分别是《资产评估执业准则——知识产权》（中评协〔2023〕14 号）、《专利资产评估指导意见》（中评协〔2017〕49 号）和《资产评估执业准则——无形资产》（中评协〔2017〕37 号），形成了中国特色专利价值评估准则体系，为资产评估机构执业提供了科学依据。为方便表述，以上3项准则统称为"专利评估准则"。

《专利评估指引》与以上专利评估准则相比较，在评估主体、评估对象、适用场景、操作要求、评估方法和披露要求等方面具有以下异同点。

1. 评估主体、对象和适用场景

（1）《专利评估指引》

《专利评估指引》适用于企业、高校、科研组织、金融机构和评估机构等各类主体，评估对象包括发明专利和实用新型专利，适用的场景包括许可转让、金融、财务报告、侵权救济和管理等。

（2）专利评估准则

专利评估准则适用于资产评估机构及其资产评估专业人员开展专利权资产评估业务。评估对象是指专利资产权益，包括专利所有权和专利使用权。其中，专利使用权是指专利实施许可权，具体包括专利权独占许可、独家许可、普通许可和其他许可形式。专利资产既可以是单项专利资产，也可以是专利资产组合。根据专利评估的目的不同，专利评估准则适用的场景包括转让、许可使用、出资、质押融资、诉讼、仲裁、司法执行财产处置、财务报告等。

2. 操作要求

（1）《专利评估指引》

根据《专利评估指引》，在专利价值分析评估前，应梳理专利的类型、所属技术领域、专利申请人或者专利权人及其变更情况、专利所处的审批阶段、年费缴纳情况、专利权的终止、专利权的恢复、专利权的质押，是否涉及法律诉讼或者处于复审、宣告无效等法律状态相关情况，分析专利权利要求书所记载的技术方案与其实施企业所生产产品的对应性，做好前期准备。

专利组合在专利价值分析评估时，应作为整体，进行系统全面考虑，包括单件专利特别是核心专利对整体的贡献、核心专利与其他专利的协同价值、专利组合策略产生的价值。

（2）专利评估准则

根据专利评估准则，在执行专利资产评估业务时，应当明确评估对象、评估目的、评估基准日、评估范围、价值类型和资产评估报告使用人。

评估机构执行专利资产评估业务，具有以下要求：

①应当对专利及其实施情况进行调查，包括必要的现场调查、市场调查，并收集相关信息、资料等；

②应当尽可能获取与专利资产相关的财务数据及专利实施企业经审计的财务报表，对专利资产的相关财务数据进行分析；

③应当分析专利权利要求书、专利说明书及其附图的内容、专利权利要求书所记载的专利技术产品与其实施企业所生产产品的对应性对专利资产价值的影响；

④应当对影响专利资产价值的法律因素进行分析，通常包括专利资产的权利属性及权利限制、专利类别、专利的法律状态、专利剩余法定保护期限、专利的保护范围等；

⑤应当对影响专利资产价值的技术因素进行分析，通常包括替代性、先进性、创新性、成熟度、实用性、防御性、垄断性等；

⑥对影响专利资产价值的经济因素进行分析时，通常包括专利资产的取得成本、获利状况、许可费、类似资产的交易价格、市场应用情况、市场规模情况、市场占有率、竞争情况等；

⑦当专利资产与其他资产共同发挥作用时，资产评估专业人员应当分析专利资产的作用，确定该专利资产的价值；

⑧执行专利资产评估业务，应当关注经营条件等对专利资产作用和价值的影响；

⑨执行专利资产法律诉讼评估业务，应当关注相关案情基本情况、经过质证的资料以及专利权的历史诉讼情况。

资产评估专业人员执行专利资产评估业务，还应当：

①关注专利所有权与使用权的差异、专利使用权的具体形式、以往许可和转让的情况对专利资产价值的影响；

②关注发明、实用新型、外观设计的审批条件、审批程序、保护范围、保护期限、审批阶段的差异对专利资产价值的影响；

③专利所处审批阶段，专利是否涉及法律诉讼或者处于复审、宣告无效状态，以及专利有效性维持情况对专利资产价值的影响。

3. 评估方法

（1）《专利评估指引》

根据《专利评估指引》，专利价值度作为调节系数或参数，可应用于收益法、成本法、市场法等基本评估方法及其衍生方法。具体使用时，应考虑分析专利价值分析评估指标与资产评估因素的关联关系，合理选择所需指标和因素，避免重复计算。

在不同的应用场景下，专利价值分析评估指标选取和权重确定，需要进行适应性调整，在关注权利稳定性、剩余经济寿命等共性指标的基础上，根据具体情况应用场景相应确定其他指标。标准中以示例的方式，对多个场景下的操作流程和关注重点进行了推荐性列举。

（2）专利评估准则

根据专利评估准则，确定专利资产价值的评估方法包括市场法、收益法和成本法3种基本方法及其衍生方法。执行专利资产评估业务，应当根据评估目的、评估对象、价值类型、资料收集等情况，分析上述3种基本方法的适用性，选择评估方法。

采用收益法进行专利资产评估时，应当收集专利产品的相关收入、成本、费用等数据，应当确定预期收益，应当合理确定专利资产收益期限，应当合理确定折现率。

采用市场法进行专利资产评估时，应当收集足够的可比交易案例，并对专利资产与可比交易案例之间的各种差异因素进行分析、比较和调整。

采用成本法进行专利资产评估时，应当合理确定专利资产的重置成本，应当合理确定贬值。

4. 披露要求

《专利评估指引》并没有给出资产评估报告应披露的内容。

根据专利评估准则，编制专利资产评估报告应当反映专利资产的特点，通常包括：评估对象的详细情况，专利资产的技术状况和实施状况，对影响专利资产价值的法律因素、技术因素、经济因素的分析过程，专利的实施经营条件，使用的评估假设和限制条件，专利权许可、转让、诉讼、无效请求及质押情况，评估方法的选取及其理由，评估方法中的运算和逻辑推理方式，各重要参数的来源、分析、比较与测算过程，对测算结果进行分析并形成评估结论的过程以及其他必要信息。对于以许可使用、质押融资、诉讼、仲裁、财产处置等为目的的专利资产评估报告，还应当根据场景不同，对特定内容进行披露。

5.3.2　地方标准《高价值专利价值评估规范》介绍

5.3.2.1　标准概况与制订背景

《高价值专利价值评估规范》（DB32/T 4585—2023）发布于 2023 年 10 月 24 日，正式实施于 2023 年 11 月 24 日。标准由江苏省知识管理标准化技术委员会提出并归口，由农业农村部南京农业机械化研究所和江苏省发明协会共同起草。

高价值专利培育有利于引导创新主体和市场主体更加注重专利质量和效益，聚焦核心关键技术领域，促进专利转化运用，进一步加强海外专利布局，从而提升经济竞争力。该标准的制订，对于高价值专利培育和价值评估有着重要的实践指引作用。

5.3.2.2　标准主要内容

该标准规定了高价值专利价值评估的基本原则、基本要求、评估指标体系、评估方法等内容，适用于各类高价值专利的价值评估。

高价值专利价值评估工作应遵循客观性、科学性、实践性和时效性等基本原则。

开展高价值专利价值评估的基本要求包括：评估工作实施前，评估组织应根据评估目的，基于专利技术所属的行业状况、技术发展生命周期，确立评估指标体系和评估方法；评估人员应包括与评估专利相关的管理人员、技术人员和市场人员；评估组织应为有健全知识产权管理工作体系的企事业单位或第三方机构；评估组织和评估人员应对评估活动中获取的信息承担保密义务。

高价值专利价值评估指标体系包括技术价值（T）、法律价值（L）和市场价值（M）3 个维度。其中，技术价值评估指标包括技术先进性、技术适应性、技术成熟度、配套技术依存度、可替代性、研发投入强度、被引数等；法律价值评估指标包括文本质量、权利稳定性、可规避性、依赖性、侵权可判定性、侵权诉讼和无效宣告、剩余保护期、海外申请与确权等；市场价值评估指标包括运用成效、市场规模、市场占有率、市场竞争力、标准化程度、政策适应性、行业影响力等。标准附录中给出了上述指标的具体说明。评估指标的数据获取包括待评估专利的专利权人提供的信息、国家/地方知识产权局公开发布的信息和权威机构公开发布的社会公共资源数据等。

高价值专利价值综合得分的计算方法如公式5-10所示。

$$P = \alpha \times T + \beta \times L + \gamma \times M \qquad \text{公式 5-10}$$

式中：P为高价值专利的综合得分，T为技术价值的得分，L为法律价值的得分，M为市场价值的得分，α为技术价值的权重，β为法律价值的权重，γ为市场价值的权重。其中α、β、γ的取值范围为（0.25，0.5），且$\alpha+\beta+\gamma=1$。

高价值专利单项价值的得分为评估各单项价值各项指标的得分综合，以技术价值为例，计算方法如公式5-11所示。

$$T = \sum_{i=0}^{n} X_i \qquad \text{公式 5-11}$$

式中：T为技术价值的得分，X_i为评估指标的得分，n为评估指标的数量。其中，X_i的取值范围为（10，30），T的满分值为100。

评估结果由评估组织进行分析和解读，并将其应用到高价值专利的管理、培育、运营等实际工作中，促进高价值专利的价值实现，推动创新发展。同时，根据评估结果，对高价值专利价值评估的指标、方法等进行改进。

5.4 交易运营类重点标准介绍

5.4.1 国家标准《技术产权交易服务流程规范》介绍

5.4.1.1 标准概况与制订背景

《技术产权交易服务流程规范》（GB/T 35559—2017）发布于2017年12月29日，实施于2018年7月1日。标准由全国服务标准化技术委员会提出并归口。标准由常州产权交易所、中国标准化研究院、常州市标准计量技术情报研究所等单位共同起草。

技术产权是指科技成果和相关的知识产权、科技企业产权和以科技成果投资等形成的产权。技术产权交易是指法人、具有民事行为能力的自然人和其他经济组织，对其拥有的科技成果、专利技术、专有技术以及通过科技成果投资等形成的产权在不同交易主体之间的转移和让渡。技术产权交易的目的是构建技术与资本的桥梁，促进科技成果的产业化进程，推动社会经济的发展。技术产权交易的内容包括科技成果转让、科技成果合作开发、科技成果委托开发、科技成果实施许可、科技成果技术入股、企业股权（产权）转让、企业增资扩股、专利技术、专有技术以及技术产权的其他合法交易等。

近年来，我国技术合同成交总额不断攀升，技术交易市场展现出了巨大的活力，对经济的支撑作用不断凸显。加强技术产权交易服务流程规范有利于技术交易的有序进行，促进经济的高质量发展。

5.4.1.2 标准主要内容

该标准提供了技术产权交易服务流程的基本原则、服务流程的具体要求，适用于在技术产权交易机构场内公开进行的技术产权交易活动。

技术产权交易服务的基本原则包括公开性、公平性和公正性。

技术产权交易服务流程主要包括受理转让申请、发布转让信息、登记受让意向、组织交易签约、结算交易资金、出具交易凭证、项目材料归档等，技术产权交易服务流程如图 5-3 所示。根据交易标的物的不同流程可以适当调整。

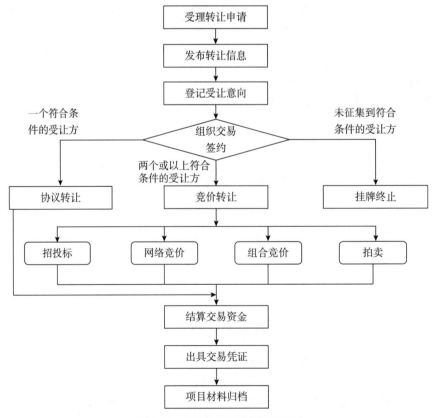

图 5-3 技术产权交易服务流程

技术产权交易机构受理转让申请的流程包括协助委托代理、材料接收、核实与审查、委托合同签订。接收交易委托的，应与委托人签订书面委托合同，条款包括但不限于委托人、技术产权交易机构的姓名或者名称、住所、转让标的、交易方式、服务费及支付的方式、期限、违约责任及其双方约定的其他事项。

标准规定了技术产权交易机构发布转让信息的期限及媒介、信息发布内容、咨询与调查的规定以及特殊情况的处理等。其中，信息发布内容包括转让标的基本情况、交易条件、受让方资格条件、交易方式的选择、交易保证金的设置、资金结算方式、须披露的重大事项等。

登记受让意向的流程包括登记受让申请、审核受让申请材料、会同转让方确认受让资格和缴纳交易保证金等。组织交易签约流程包括选择交易方式和签订交易合同。技术产权转让信息公告期满，只产生一个符合条件的意向受让方的，按挂牌价与买方报价孰高原则直接签约；产生两个及以上符合条件的意向受让方的，按照转让方选择的竞价方式公开竞价，包括招投标、网络竞价、组合竞价、拍卖以及其他竞价方式。标准也规定了交易双方签订产权交易合同后，结算交易资金的程序，以及支付交易服务费后，交易凭证出具的要求。交易结束后，技术产权交易机构应对项目材料进行归档。

5.4.2 团体标准《知识产权（专利）拍卖规程》介绍

5.4.2.1 标准概况与制订背景

《知识产权（专利）拍卖规程》（T/CAA 002—2020）发布于 2020 年 6 月 18 日，正式实施于 2020 年 10 月 1 日。标准由全国拍卖标准化技术委员会归口，由中国科学院知识产权运营管理中心、佳联国际拍卖有限公司、点拍科技有限公司等单位共同起草。

近 20 年来，知识资本的市场份额比重剧增，知识产权市场的发展面临很大的困难，主要表现为回报性的不确定性、交易成本高、知识产权中仅有部分知识能转化产生效益。专利转化多数为私下交易，买卖双方都难以获得一个清晰的比较数据，所以对买方卖方来说，都缺乏评估专利价值的权威方法。而专利拍卖，则是通过市场竞价交易的方式来实现专利权的转移，以公开透明、竞价的方式取代一对一的转让方式，买方能更直接地评估是否要竞价某项专利，卖方也能清晰了解专利资产转化的价值。[①] 知识产权（专利）拍卖相关标准的制定，为更好实践这一方式提供了规范性和实操性指南。

5.4.2.2 标准主要内容

该标准确定了知识产权（专利）拍卖的基本原则，规定了其主要程序与基本要求，

---

① 广东科泰科技咨询. 专利拍卖有什么优势？[EB/OL]. (2021-09-07) [2024-05-06]. https://www.zhihu.com/question/484977579/answer/2107271955.

适用于法律状态为公开或授权的专利拍卖活动，所述专利是在国家知识产权局受理申请的专利。

知识产权（专利）拍卖遵循公开、公平、公正、诚实信用的基本原则，同时应遵循拍卖成本必要原则和标的变现价值最大化原则。

知识产权（专利）拍卖的主要程序包括：拍卖标的征集、拍卖标的确权、拍卖人对确权项尽职调查、委托人报价、保留价确认、提交拍卖文件、展示招商、发布拍卖公告、竞买登记、选择拍卖方式、举行拍卖会、拍卖结算、权属变更和保管拍卖档案等。

拍卖标的征集环节。拍卖人可对拍卖标的进行产业分类，可按技术领域、应用领域、技术领域和应用领域结合国民经济行业分类、战略性新兴产业分类、知识产权重点支持产业目录进行分类。

拍卖标的确权环节。专利权人应提供拍卖标的的有效证明文件，包括但不限于《专利证书》《专利登记簿副本》；确权项包括但不限于专利权属、是否共同申请、是否失效/转让/许可/质押、专利有效期、是否职务发明、是否被引证、同族专利情况等；专利权人须对标的的转让、许可、质押、共有权利情况作出充分披露，披露不充分而产生的相应法律和经济责任，由专利权人承担。

保留价确认环节。拍卖人应组织市场调研、专利说明会、价值评估等，在拍卖开始前，基于委托人报价和拍卖人估价，委托人应确定拍卖标的保留价并向拍卖人提供保留价确认文件。

拍卖文件的提交环节。委托人应与拍卖人签订《委托拍卖合同》并提供拍卖文件；拍卖文件包括证明拍卖标的是委托人所有或者委托人可依法处置的文件、专利证书复印件、专利公开或授权文件复印件、专利确权报告；涉及共有权人的，除证明所有专利权人都同意，还应明确权利共有比例。

展示招商环节。拍卖人应先期对拍卖标的进行需求匹配，可重点展示拍卖标的用途、解决的技术问题、达到的有益效果、关键技术方案，发明人作技术说明及技术背景解释；发明人可接受咨询，介绍专利背景及研究方向等；拍卖方式包括媒体推介，路演、洽谈、招商会，与产业联盟、行业协会、第三方服务运营机构合作等。

拍卖公告环节。拍卖人应根据拍卖标的的情况确定公告日期和内容，并在新闻媒体上发布；拍卖公告应客观、真实，包括参与竞买资格条件、参与竞买应办理手续等；竞买登记环节包括签署《竞买协议》、资格审查并签署《知情协议》等；拍卖方式根据不同标的情况，选择与之相适应的增价、降价或增价降价交替。

拍卖会分现场拍卖和网络拍卖。拍卖结算时买受人应向拍卖人支付拍卖成交价款和拍卖佣金。权属变更时应及时签署《专利权转让合同》、《专利权转让证明》和《专利代理委托书》，提供《提交回执》、《手续合格通知书》和《专利登记簿副本》等。拍卖人应对拍卖档案资料进行保管。

标准附录中提供了委托拍卖合同（包括委托拍卖标的清单）、拍卖成交确认书、拍卖笔录、专利权转让合同、专利权转让证明示例等资料。

5.4.3　地方标准《数据知识产权交易指南》介绍

5.4.3.1　标准概况与制订背景

《数据知识产权交易指南》（DB3301/T 0403—2023）发布于 2023 年 4 月 25 日，正式实施于 2023 年 5 月 25 日。标准由杭州市市场监督管理局提出、归口并组织实施。标准由浙知交（杭州）知识产权运营有限公司、杭州市标准化研究院（杭州标准化国际交流中心）、杭州云象网络技术有限公司等单位共同起草。

数据知识产权是指对依法收集、经过一定算法加工、具有实用价值和智力成果属性的数据进行登记申请的单位或个人享有的合法权益。该定义来源于地方标准 DB3301/T 0427—2023。

数字经济时代，数据成为继劳动力、资本、土地、技术之外最先进、最活跃的新生产要素。2022 年 12 月 19 日，《中共中央　国务院关于构建数据基础制度　更好发挥数据要素作用的意见》发布，要求建立保障权益、合规使用的数据产权制度。2021 年 9 月，中共中央、国务院印发《知识产权强国建设纲要（2021—2035 年）》，对"研究构建数据知识产权保护规则"作出了部署要求。2021 年 10 月，国务院印发《"十四五"国家知识产权保护和运用规划》，在完善知识产权保护政策体系中设置数据知识产权保护工程专栏，提出构建数据知识产权保护规则，深入开展研究数据的产权属性，完善保护政策，探索建立分级分类的数据保护模式，推动建立数据知识产权保护行业规范，加强数据生产、流通、利用、共享过程中的知识产权保护等工作任务。

2022 年 11 月 17 日，国家知识产权局办公室印发《国家知识产权局办公室关于确定数据知识产权工作试点地方的通知》（国知办函规字〔2022〕990 号），确定北京市、上海市、江苏省、浙江省、福建省、山东省、广东省、深圳市 8 个地方入选数据知识产权工作试点地方，工作任务主要是在研究数据知识产权规则、探索数据知识产权登记方式、稳妥推进保护数据知识产权、促进数据知识产权流通使用等方面积极开展实践探索。2023 年 12 月 21 日，国家知识产权局又新增了天津市、河北省、山西省、安徽省、河南省、湖北省、湖南省、贵州省、陕西省 9 个地方共同作为 2024 年数据知识产权试点地方。

浙江省作为数据知识产权工作试点地方，在建立健全数据知识产权登记管理体系、加强数据知识产权保护和运用方面做了大量探索工作。为充分挖掘数据知识产权潜在的经济和社会价值，促进数据知识产权的供需对接和交易流通，保障数据知识产权交易的有序进行，杭州市制定并发布了首个《数据知识产权交易指南》地方标准。该标准的制定对加快培育数据要素市场化发展，加速解决数据知识产权"确权难、价值评

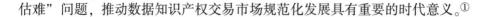

估难"问题,推动数据知识产权交易市场规范化发展具有重要的时代意义。①

5.4.3.2 标准主要内容

该标准提供了数据知识产权交易的基本原则、交易标的、交易相关方、交易方式、评价和改进等建议,有利于数据知识产权交易的合规性和规范性。

数据知识产权交易的基本原则包括尊重产权、公正合理、便利高效、开放包容和安全保密。

该标准对作为交易标的的数据知识产权提出了基本要求。拟出让的数据知识产权应遵守国家法律法规,且是不涉及法律法规明确禁止交易的数据和受法律法规保护的隐私信息。拟出让的数据知识产权应取得数据公共存证登记平台登记文件,出让方拟交易的数据知识产权及其相关权利应权属关系明确,保证拟出让的数据知识产权依法可以出让。数据的采集、脱敏、存证、存储和数据安全宜符合 GB/T 37932 和 GB/T 37973 的规定,数据质量宜符合 GB/T 36073 和 GB/T 36344 的规定。涉及个人信息的数据知识产权宜符合 GB/T 35273 的规定。

数据知识产权交易标的出让目的一般可分为转移转化和投融资等。交易标的价值评估宜根据出让目的,采用收益法、市场法或成本法。出让方、受让方可委托咨询服务提供方开展价值评估,宜对价值评估结论进行综合分析,确定交易标的价值。其中,收益法是指通过将未来预期能产生的收益以体现其风险水平的折现率进行折现,来确定交易标的价值的评估方法;市场法是指参照市场上相同或相似数据知识产权的交易价格,来确定被评估的交易标的价值的方法;成本法是指通过计算重置具有类似或相同服务功能的数据知识产权所要付出的成本,来确定被评估的交易标的价值的评估方法。

交易的相关方包括出让方、受让方、咨询服务提供方和交易平台运营方。出让方应对交易标的的数据来源进行合规性分析;受让方应具备交易风险识别能力和承受能力;交易平台运营方应建有数据知识产权交易数字化管理系统和相应交易支付体系,系统建设、交易平台网络安全等级保护、数据管理能力应符合相关规定;交易平台应与数据公共存证登记平台实现互联互通。

数据知识产权交易方式可分为平台交易和直接交易,平台交易包括挂牌交易和定向交易,平台交易流程包括交易申请、交易信息发布、受让意向登记、交易签约、交易结算、出具交易凭证和办理变更登记等环节。直接交易流程包括交易签约、交易资金结算和办理存证变更登记等环节。

标准中对数据知识产权交易的评价与改进也作了相应规定。

---

① 杭州发改发布. 首个《数据知识产权交易指南》地方标准来了! [EB/OL]. (2023-04-27) [2024-05-06]. https://www.sohu.com/a/670896536_121106832.

5.4.4　地方标准《知识产权质押贷款管理规范》介绍

5.4.4.1　标准概况与制订背景

《知识产权质押贷款管理规范》（DB5106/T 12—2020）发布于 2020 年 12 月 18 日，正式实施于 2021 年 1 月 1 日。标准由德阳市市场监督管理局提出并归口，由德阳市市场监督管理局、德阳市财政局、中国人民银行德阳市中心支行共同起草。

2019 年 8 月 6 日，中国银保监会、国家知识产权局和国家版权局联合发布《关于进一步加强知识产权质押融资工作的通知》（银保监发〔2019〕34 号），促进银行保险机构加大对知识产权运用的支持力度，扩大知识产权质押融资。随着知识产权质押融资普惠力度的不断加大，2023 年全国专利商标质押融资登记金额达 8539.9 亿元，同比增长 75.4%。[①] 质押登记项目 4.2 万笔，同比增长 49.2%。质押金额 1000 万元以下的普惠贷款惠及中小微企业 2.6 万家，同比增长 44%。[②] 知识产权质押融资成为企业盘活无形资产、筑造市场优势、增强创新发展动能的重要措施。

5.4.4.2　标准主要内容

该标准确立了知识产权质押贷款工作的总体原则，并规定了工作流程、基本要求、贷款、贴费和贴息、风险分担及监督与改进，适用于德阳市内的专利权和商标权质押贷款工作。

开展知识产权质押贷款、促进知识产权价值实现的总体原则包括公平公正、诚实信用和高效便民。

该标准规定了知识产权质押贷款中对质押贷款、借款人、合作银行和合作保险（或担保）机构的基本要求。知识产权质押贷款内容包括：专利权人以国家知识产权局依法授予的有效发明专利、实用新型专利和外观设计专利，通过专利权质押获得银行贷款并按期偿还贷款本息的活动；专利权独占实施许可的被许可人在许可人（权利人）同意的情况下，通过专利权质押获得银行贷款并按期偿还贷款本息的活动；权利人以符合注册商标专用权质押登记要求的注册商标，通过注册商标专用权质押获得银行贷款并按期偿还贷款本息的活动；注册商标专用权实施许可的被许可人在许可人（权利人）同意的情况下，通过注册商标专用质押获得银行贷款并按期偿还贷款本息的活动。

该标准中知识产权质押贷款的工作流程如图 5-4 所示。

---

① 经济日报. 2023 年全国专利商标质押融资同比增长 75.4%——知识产权专利转化运用加速推进［EB/OL］.（2024-01-05）［2024-05-06］. https://www.gov.cn/lianbo/bumen/202401/content_6924386.htm.

② 国务院新闻办. 国务院新闻办发布会介绍 2023 年知识产权工作进展情况［EB/OL］.（2024-01-16）［2024-05-06］. https://www.gov.cn/zhengce/202401/content_6926365.htm?ddtab=true.

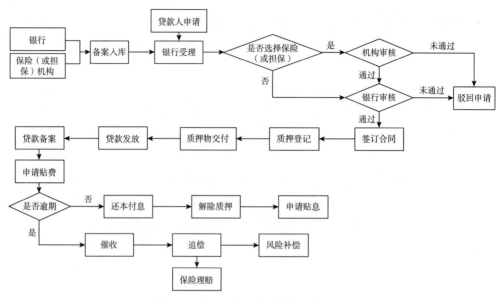

图5-4 知识产权质押贷款工作流程

知识产权质押贷款流程包括借款人申请、合作银行审核、选择办理保险（或担保）、贷款合同签订、质押登记、质押物交付、贷款发放、贷款备案、贷款利息支付和本金归还、质押解除等环节。其中，合作银行审核包括形式审查、尽职调查和知识产权价值评估。贴费和贴息可依据德阳市当地相关政策申请，经审核符合条件的给予贴费或贴息。风险分担包括催收、追偿、保险理赔和风险补偿，后面两项同样可依据德阳市当地政策进行。

监督与改进包括建立备案入库服务机构动态调整机制、熔断机制和信用监管机制等。

第六章

知识产权服务相关标准介绍与解读

6.1 知识产权服务类标准总体概况

知识产权服务类标准包括知识产权服务工作中与管理、技术规范以及服务评价等相关的标准规范，可分为代理服务、导航评议、公共服务、信息咨询和综合服务等5类。本书收录了知识产权服务类相关标准共计133项，涉及国家标准9项、国家标准计划1项、地方标准40项、团体标准40项和企业标准43项。知识产权服务类标准的制订和实施，对于提升知识产权服务行业标准化水平、促进知识产权服务业态发展具有重要意义。

代理服务类标准包括国家标准《专利代理机构服务规范》，专利和商标等代理服务规范的其他类型标准以及代理机构和代理服务的等级划分、信用评价、职业技能、业务流程、实务操作与管理等相关标准。导航评议类标准包括系列国家标准《专利导航指南》，国家标准《知识产权分析评议服务 服务规范》以及其他与专利导航和评议相关的技术规范性标准。公共服务类标准包括与知识产权公共服务相关的技术指南、服务规范、网点建设与运行等标准。信息咨询类标准包括信息咨询和相应具体服务业务的服务规范性标准。综合服务类标准包括贯标服务、托管服务、人才服务、培训服务、咨询服务、开发服务及相关具体业务工作的技术规范、评价评估、服务品牌创建和服务标准化等相关标准。知识产权服务类标准清单如表6-1所示。

表6-1 知识产权服务类标准清单

序号	标 准 名 称	标 准 号
代理服务类		
1	专利代理机构服务规范	GB/T 34833—2017
2	专利申请代理服务规范	DB14/T 2950—2023
3	专利代理机构专利申请预审服务与管理规范	DB3212/T 1144—2023

序号	标 准 名 称	标 准 号
4	专利代理机构信用综合评价指南	DB31/T 1444—2023
5	专利代理机构等级划分与评价规范	DB43/T 2846—2023
6	知识产权代理服务规范	DB3704/T 0018—2023
7	商标注册申请代理服务规范	DB14/T 2951—2023
8	知识产权领域 代理机构信用分级监管规范	DB34/T 4065—2021
9	商标代理服务规范	DB3402/T 10—2020
10	专利申请代理服务规范	DB3310/T 48—2018
11	专利侵权诉讼代理服务规范	DB3310/T 54—2018
12	专利代理机构服务规范	DB22/T 2239—2015
13	专利代理机构等级评定规范	DB11/T 1182—2015
14	商标代理服务规范	DB32/T 2823—2015
15	商标代理服务规范	DB44/T 1579—2015
16	专利代理流程管理师职业技能等级培训与考核规范	T/CIPSA 001—2023
17	知识产权代理服务规范	T/CASME 522—2023
18	商标代理机构信用评价	T/CSTBA 002—2023
19	商标代理工作管理规范	T/IMTBA 001—2023
20	商标代理行业标准规范	T/JXSSBPPXH 001—2023
21	专利代理受评机构技术能力评价规范	T/ZS 0332—2022
22	知识产权信用分级监管 代理机构	T/STBZ 14—2022
23	商标代理行业管理规范	T/HNSSBPPXH 0002—2022
24	专利代理机构分级评定准则	T/FSZSCQ 1—2021
25	商标代理从业人员执业管理规范	T/GDTA 003—2021
26	阿拉善盟商标代理工作规则	T/SPH 001—2021
27	专利代理服务商务往来文件规范	T/BJPAA 002—2019
28	商标代理工作规则	T/YNTM 001—2019
29	专利代理人执业能力评价规范	T/BJPAA 001—2017
30	商标注册成功再收服务费服务标准	Q/ZYSW—TMR—2021
31	商标代理服务通用要求	Q/ZLGK—003—2023
32	国内专利代理服务规范	Q/340200+FYSPA+00001—2020
33	知识产权（专利）代理服务规范	Q/CNPAT00001—2018
34	专利代理管理云系统	Q/KCZL 003—2017
35	纵横知识产权文件管理制度	Q/211500ZH002—2016
36	纵横知识产权财务制度及岗位职责	Q/211500ZH017—2016

续表

序号	标 准 名 称	标 准 号
37	知识产权代理服务　咨询业务　通用要求	Q/KXIPG0400—2016
38	知识产权代理服务　专利代理　通用要求	Q/KXIPG0100—2016
39	知识产权代理服务　质量管理	Q/KXIPG0820—2016
40	知识产权代理服务　销售管理　通用要求	Q/KXIPG0840—2016
41	知识产权代理服务　系统与信息安全	Q/KXIPG0810—2016
42	知识产权代理服务　维持续展业务　通用要求	Q/KXIPG0500—2016
43	知识产权代理服务　商标代理　通用要求	Q/KXIPG0200—2016
44	知识产权代理服务　人力资源管理　通用要求	Q/KXIPG0860—2016
45	知识产权代理服务　客户服务管理	Q/KXIPG0870—2016
46	知识产权代理服务　法律代理　通用要求	Q/KXIPG0300—2016
47	知识产权代理服务　采购管理	Q/KXIPG0850—2016
48	知识产权代理服务　财务管理	Q/KXIPG0830—2016
49	商标注册申请代理服务流程规范	Q/Q/QZXS3938—2016—2016
50	商标代理服务通用要求	Q/FYQYBZ20—2016
51	商标查询代理服务流程	Q/Q/QZXC3938—2016—2016
导航评议类		
52	专利导航指南　第1部分：总则	GB/T 39551.1—2020
53	专利导航指南　第2部分：区域规划	GB/T 39551.2—2020
54	专利导航指南　第3部分：产业规划	GB/T 39551.3—2020
55	专利导航指南　第4部分：企业经营	GB/T 39551.4—2020
56	专利导航指南　第5部分：研发活动	GB/T 39551.5—2020
57	专利导航指南　第6部分：人才管理	GB/T 39551.6—2020
58	专利导航指南　第7部分：服务要求	GB/T 39551.7—2020
59	知识产权分析评议服务　服务规范	GB/T 37286—2019
60	专利导航指南　第6部分：标准运用	20202981—T—463
61	知识产权评议技术导则	DB31/T 1169—2019
62	数字化时代专利导航工作指南	DB44/T 2431—2023
63	重大经济科技活动知识产权分析评议技术规范	T/JSKJZX 001—2022
64	专利导航分析规程　企业技术研发类	Q/CQZC002—2019
65	专利导航分析规程　创新创业类	Q/CQZC003—2019
公共服务类		
66	知识产权信息公共服务网点服务规范	DB2102/T 0091—2023
67	知识产权信息公共服务技术指南	DB13/T 5734—2023

序号	标 准 名 称	标 准 号
68	知识产权工作站建设服务规范	DB3201/T 1146—2023
69	知识产权综合服务分中心运行规范 第1部分：总则	DB43/T 2437.1—2022
70	知识产权综合服务分中心运行规范 第2部分：建设要求	DB43/T 2437.2—2022
71	知识产权综合服务分中心运行规范 第3部分：管理要求	DB43/T 2437.3—2022
72	知识产权综合服务分中心运行规范 第4部分：服务要求	DB43/T 2437.4—2022
73	知识产权综合服务分中心运行规范 第5部分：评价要求	DB43/T 2437.5—2022
74	知识产权信息公共服务网点服务规范	DB3402/T 29—2022
75	知识产权"一件事"集成服务规范	DB3301/T 0345—2021
76	知识产权服务园建设与运行规范	DB3310/T 57—2019
77	知识产权公共服务规范	T/CIPSA 0005—2023
78	知识产权信息公共服务工作指南	T/ZQBJXH 024—2022
79	企业知识产权申报咨询服务标准	Q/320412KCZSCQ001—2020
信息咨询类		
80	专利信息咨询服务规程	DB6101/T 3178—2023
81	专利信息检索服务规范	DB41/T 2475—2023
82	专利文献汉英翻译规范	DB4201/T 673—2023
83	知识产权咨询服务规范	DB23/T 2927—2021
84	专利信息检索服务规范	DB22/T 2504—2016
85	武汉市企业专利分析报告规范	DB4201/T 497—2016
86	专利挖掘服务规范	T/SDAS 733—2023
87	知识产权信息咨询服务系统技术规范	T/CASME 1051—2023
88	知识产权咨询服务规范	T/FSIPA 6—2021
89	知识产权咨询服务规范	T/HEBQIA 092—2022
90	知识产权咨询服务规范	T/NSCYJJ 9—2022
91	知识产权咨询服务规范	T/UNP 17—2022
92	知识产权咨询服务规范	Q/AHJZ003—2020
93	知识产权咨询服务规范	Q/340203AHHP0001S—2019
94	知识产权信息检索服务规范	Q/370705LC004—2019
95	知识产权咨询服务规范	Q/SYPC003—2017
96	纵横知识产权信息检索规定	Q/211500ZH005—2016
97	专利信息智能化搜索及实时推送系统标准	Q/257091HLRH001—2016
综合服务类		
98	知识产权人才培训及能力素质要求	DB23/T 3609—2023

序号	标 准 名 称	标 准 号
99	知识产权托管服务规范	DB14/T 2487—2022
100	知识产权服务机构 对接评估业务服务规范	DB14/T 2486—2022
101	知识产权服务机构 对接金融业务服务规范	DB14/T 2485—2022
102	知识产权中介机构服务规范	DB3311/T 131—2020
103	知识产权人才培训及能力素质要求	DB37/T 4293—2020
104	知识产权服务规范 一般要求	DB44/T 1424—2014
105	知识产权服务机构等级评定规范	T/UNP 41—2023
106	专利信息分析师职业技能等级培训与考核规范	T/CIPSA 0002—2022
107	知识产权培训服务规范	T/FSIPA 7—2021
108	知识产权机构咨询服务规范	T/ZS 0384—2022
109	知识产权服务机构等级评定规范	T/CIPSA 0001—2022
110	商标规划师职业技能等级培训与考核规范	T/CIPSA 0003—2022
111	企业知识产权管理体系贯标服务规范	T/ZS 0443—2022
112	文化知识产权服务商业模式分类	T/CGCC 56—2021
113	知识产权优质专业服务商评价准则	T/MSA 002—2021
114	专利年费期限监管服务流程标准	T/KCH 001—2020
115	知识产权尽职调查服务规范	T/SZS 4014—2020
116	知识产权管理体系贯彻实施指南	T/SZS 4013—2020
117	知识产权服务品牌创建指南	T/SZS 4012—2020
118	企业知识产权管理体系贯标服务与评价规范	T/DGAS 012—2020
119	知识产权服务机构标准化规范	T/JSXZIP 002—2018
120	四川省知识产权管理体系贯标服务规范	T/STMA 002—2018
121	知识产权服务众包管理规范	T/OVMA 007—2017
122	知识产权服务质量评估	Q/JHZZC0001—2021
123	知识产权服务	Q/LZKJ001—2021
124	专利客户对接服务规范	Q/340200+FYS+00002—2020
125	知识产权托管服务	Q/SQLD002—2019
126	企业专利开发咨询服务标准	Q/320412JCKJE002—2020
127	企业知识产权咨询服务通用标准	Q/RZSX002—2018
128	企业知识产权服务通用标准	Q/ZCSB00001—2018
129	知识产权服务规范	Q/JSHQTG1001—2019
130	企业知识产权咨询服务 通用标准	Q/ZLGK—004—2023
131	知识产权服务	Q/AHHS001—2018

序号	标 准 名 称	标 准 号
132	企业专利开发服务标准	Q/320412JCE001—2018
133	知识产权托管服务	Q/SQLD002—2019

6.2 代理服务类重点标准介绍

6.2.1 国家标准《专利代理机构服务规范》介绍

6.2.1.1 标准概况和制订背景

国家标准《专利代理机构服务规范》（GB/T 34833—2017）发布于 2017 年 11 月 1 日，正式实施于 2018 年 1 月 1 日。标准归口和执行单位是全国知识管理标准化技术委员会，主管部门是国家知识产权局。标准由国家知识产权局、中华全国专利代理人协会、江苏省知识产权局等单位共同起草。

专利代理服务作为知识产权服务业的重要组成，贯穿知识产权创造、运用、保护和管理各个环节，专利代理服务质量决定专利产出的质量。

随着我国知识产权事业快速发展，专利代理行业规模不断壮大，服务能力不断提升，为知识产权制度的有效运转发挥着重要作用。但是专利代理服务与我国经济科技发展的需要还存在一定差距，服务流程和质量有待进一步规范和提高。制订该标准可通过规范专利代理服务行为实现专利代理服务过程程序化，服务质量目标化，对于提高专利代理机构管理能力、提升专利代理服务质量、规范专利代理服务市场秩序具有重要规范作用。[①]

6.2.1.2 标准主要内容

该标准规定了专利代理机构的服务总则，以及管理要求、人力资源管理、机构信息管理、业务管理、服务要求、服务评价与改进等经营活动中 6 个方面管理要素，适用于专利代理机构服务的管理，也可用于外部组织对专利代理机构服务的评价或认证。

标准的总则体现了对代理机构管理和服务的原则性要求。"服务科技创新"是专利代理服务的根本任务，"依法诚信执业"是对专利代理机构的基本要求，"规范机构管

---

① 晏如. 国家知识产权局实施《专利代理机构服务规范》［EB/OL］.（2018-03-21）［2024-05-06］. http://www.iprchn.com/cipnews/news_content.aspx?newsId=106703.

理"是保证专利代理质量、提升服务水平的重要保证。

1. 管理要求

对专利代理机构的管理要求包括应建立健全管理制度，明确管理职责，完善决策、执行和监督机制，保障专利代理机构合法、有序运行等。专利代理机构应召集股东会或合伙人会议，对机构重大事务进行讨论，并有会议记录。以上要求是专利代理机构合法经营、正常运营的基础，而建立股东会或合伙人会议制度，有利于对机构的重大事务进行集体决策，避免事后出现纠纷。

2. 人力资源管理

人力资源管理是专利代理机构赖以良好运作的保障。标准给出了人员聘用、人员管理和人员离职等规范。专利代理机构应具有聘用、解聘专利代理师、流程管理人员和客服人员等从业人员的制度。人员管理方面应通过建立制度、签订协议等方式明确从业人员的任务、责任，对人员实习、人员培训和人员考核应建立相应制度。对离职人员应建立离职制度，妥善办理人员离职事务，确保机构和人员的合法权益，维持机构运行良好。专利代理工作具有延续性强、为客户保守秘密的职业特殊性，只有做好专利代理师、流程管理人员以及客服人员等从业人员的管理工作，才能保证专利代理机构业务正常流转，维护客户的权益。

3. 机构信息管理

机构信息管理要求专利代理机构明示营业执照、专利代理机构注册证、专利代理师等信息，信息发生变化时履行变更和告知义务，这是证明专利代理机构合法合规运营，接受行政主管部门、社会公众监督的重要内容。信息公开透明既是诚信体系建设的基本要求，也是保障专利代理机构合法权益的对外主张。

4. 业务管理

业务管理是保证机构业务良好运行的重要部分，专利代理机构应在档案管理、流程管理、保密管理、质量管理以及印章和电子系统权限管理等方面建立相应制度。按照规范中的具体要求做好相关业务管理工作，将极大地帮助专利代理机构为客户提供更优质的服务。

5. 服务要求

专利代理机构为客户提供服务时需遵循的相应规范都是保障客户利益的基本要求。而对于服务关系建立、变更与终止的规范则从程序上保障了双方的利益。专利代理机构提供服务应遵循法律法规、在委托权限内代理、保密、利益冲突排查和职业风险控制等方面的原则。专利代理机构在开展专利代理业务中应做到根据委托人提供的素材建立案卷，根据业务种类和业务目标的不同研究业务素材，收集材料、起草撰写或翻译审校业务文件，按时限提交业务文件并完成归档，做好后续时限监控等。在业务办理过程中，还应保持与委托人沟通，按规定参加相关法律活动。专利代理机构提供服务时，应明示代理师信息、收费标准、服务流程、注意事项等，并及时向委托人告知或送达相关信息及材料。专利代理机构和委托人应通过合同约

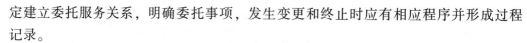

定建立委托服务关系，明确委托事项，发生变更和终止时应有相应程序并形成过程记录。

6. 服务评价与改进

服务评价与改进部分规定，专利代理机构应建立委托人满意度评价制度、投诉处理制度和自我评价制度等。专利代理机构还应完善服务质量管理，提出改进服务管理的措施，持续提升服务质量。

以上 6 个方面是专利代理机构规范运行的基础保障，缺一不可，相互支撑。

6.2.2 地方标准《专利代理机构信用综合评价指南》介绍

6.2.2.1 标准概况和制订背景

地方标准《专利代理机构信用综合评价指南》（DB31/T 1444—2023）发布于 2023 年 11 月 21 日，正式实施于 2024 年 3 月 1 日。标准归口单位是上海市商务信用标准化技术委员会，主管部门是上海市市场监督管理局。标准由上海市质量和标准化研究院、上海市知识产权局、上海市知识产权服务行业协会等单位共同起草。

党的十八大以来，社会信用体系建设被提升到了关系国家治理体系和治理能力现代化的高度。中共中央、国务院印发的《知识产权强国建设纲要（2021—2035 年）》，国务院印发的《"十四五"知识产权保护和运用规划》，要求加强专利代理分级分类信用监管，促进专利代理机构诚信执业，维护专利代理行业秩序。另外，国家知识产权局先后出台了《关于开展知识产权系统社会信用体系建设工作若干事项的通知》（国知发管字〔2016〕3 号）、《专利领域严重失信联合惩戒对象名单管理办法（试行）》和《专利代理信用评价管理办法（试行）》（国知发运字〔2023〕10 号），并联合国家发展和改革委员会、中国人民银行等制定《关于对知识产权（专利）领域严重失信主体开展联合惩戒的合作备忘录》（发改财金〔2018〕1702 号）。2021 年，国家知识产权局深入推进知识产权代理行业"蓝天"专项整治行动，陆续印发《关于深入开展"蓝天"专项整治行动的通知》（国知发运函字〔2021〕32 号），《落实 2021 年"蓝天"行动实施方案》，《关于进一步严厉打击非正常专利申请代理行为的通知》（国知发运函字〔2021〕178 号）等政策文件，重拳打击违法违规代理行为。实践表明，专利代理机构仍存在较多问题，有待建立相关评价指南，提高监管效率。

上海市高度重视知识产权信用建设，尤其是专利代理机构的信用建设。完善的知识产权信用体系是供需有效衔接的重要保障，是资源优化配置的坚实基础，是良好营商环境的重要组成部分，对支撑我国创新发展战略实施、保护市场主体创新具有重要意义。在国家和地方层面的专利代理机构监管过程中，传统监管方式的成本较高、效果有待提升的问题仍然存在，通过信用赋能提升监管效能的需要相当迫切。为进一步建立健全知识产权信用体系，支持政府监管、项目评选、资金资助等各类场景应用。

上海市知识产权局组建了工作组，研究制订该标准。①

6.2.2.2　标准主要内容

该标准给出了专利代理机构信用的评价原则、信用信息、评价方法及评价流程等内容，适用于对上海市专利代理机构开展信用评价活动。

专利代理机构信用评价应遵循评价实施公平、公正、公开，评价方法和过程保证一致性和透明度，遵守利益冲突回避等原则。

评价专利代理机构的信用信息包括守信信息、资信信息和执业信息。守信信息包括资质信息、关联信息、行政监管、司法信息和其他守信情况的信息；资信信息包括财务能力、荣誉奖励和其他资信信息；执业信息包括市场规模、业务能力和其他执业信息。

对专利代理机构的评价采取定量分析法，针对该标准附录中设定的专利代理机构信用评价指标，采用指标得分累计加分法计算综合得分。专利代理机构的信用等级可分为 A、B、C、D 四个等级，其中：

A 等级代表机构诚实守信情况很好，评价期内无失信行为，资信情况很好，执业实力很好，综合信用风险很小；

B 等级代表机构诚实守信情况良好，评价期内无失信行为或轻微失信，资信情况良好，执业实力良好，综合信用风险较小；

C 等级代表机构诚实守信情况一般，评价期内有较多失信信息，资信情况存在一定风险，执业实力一般，综合信用风险较大；

D 等级代表机构诚实守信情况较差，评价期内存在严重失信，资信情况存在较大风险，执业实力较差，综合信用风险很大。

开展评价时，评价主体应确定并公开各等级的分值范围，公布的等级分值范围应避免频繁变更。等级分值可采用百分制或千分制。

该标准的评价对象为取得执业许可满 1 年的专利代理机构。评价主体采集评价信息可通过公共信用信息或有关权威渠道，可自主采集专利代理机构的市场信用信息或者由专利代理机构自行提交信息。评价实施中评价主体应出具评价报告，提出信用等级，评价指标选取和评价方法应符合该标准有关规定。标准中还对评价结果的异议处理和结果发布进行了规定。

---

① 本标准起草工作组. 上海市地方标准《专利代理机构信用综合评价指南》编制说明［EB/OL］.（2023-12-01）［2024-05-06］. http://scjgj. sh. gov. cn/cmsres/08/08d0d674810648d8ba807737d7f953ce/29bb50092c899ec5b61a64db605283f9. rar.

6.2.3 团体标准《专利代理服务商务往来文件规范》介绍

6.2.3.1 标准概况和制订背景

团体标准《专利代理服务商务往来文件规范》（T/BJPAA 002—2019）发布于2019年2月15日，正式实施于2019年3月1日。标准由北京市专利代理师协会发布，由北京三友知识产权代理有限公司、北京三聚阳光知识产权代理有限公司、北京康信知识产权代理有限责任公司等单位共同起草。

专利代理服务商务往来文件是专利代理服务的重要组成部分，能够为专利代理工作的开展提供必要的支持。专利代理服务商务往来文件的标准化具有非常重要的现实意义，一方面国家积极推进知识产权服务标准体系建设，包含该标准的专利代理服务系列标准是知识产权标准体系的重要组成部分；另一方面专利代理行业对专利代理服务商务往来文件标准需求愈加显著。

该标准的制订将有效规范专利代理工作流程中重要法律节点涉及的与客户的往来文件，借以提升专利代理机构的服务标准化程度，促进行业规范化发展，进而提升整体专利代理行业的服务水平，同时也为后续相关行业标准或国家标准的出台提供参考。①

6.2.3.2 标准主要内容

该标准规定了专利代理服务流程中商务往来文件的内容要求，适用于国内专利申请、无效宣告、著录事项变更代理服务及相关工作。该标准给出了专利代理协议、保密协议、专利申请信息表、技术交底书模板和商务函等商务文件的基本条款和应明确的内容，附录有相应示范文本。

1. 专利代理协议

委托方和专利代理机构应签订书面专利代理协议，应明确以下内容：

（1）当事人双方名称、地址、联系方式、开户行信息，专利代理机构代码；

（2）委托事项及具体内容；

（3）当事人双方的权利和义务；

（4）保密条款；

（5）费用及支付方式；

（6）合同履行期限；

（7）违约责任；

（8）争议解决方式；

（9）合同的生效和终止；

---

① 本标准起草小组.《专利代理服务商务往来文件》（征求意见稿）北京市专利代理人协会团体标准编制说明［EB/OL］.（2017-09-13）［2024-05-06］. http://www.bjpaa.org/uploads/soft/170913/1-1F913141307.pdf.

（10）合同签订份数；

（11）合同的签章。

2. 保密协议

专利代理协议中约定另行签订保密协议的，委托方和专利代理机构应签订保密协议，应明确以下内容：

（1）当事人双方名称、地址、联系方式，专利代理机构代码；

（2）当事人双方的权利和义务；

（3）保密的范围和时限；

（4）违约责任；

（5）争议的解决方式；

（6）协议的生效和终止；

（7）协议签订份数；

（8）协议的签章。

3. 专利申请信息表

专利申请信息表应设置包括以下内容的条标题：

（1）发明创造初拟名称及申请类型；

（2）所有发明人姓名，第一发明人姓名、国籍、身份证件号码；

（3）申请人姓名/名称、地址、身份证件号码/统一社会信用代码；

（4）联系人姓名、通讯地址、电话、邮箱等；

（5）是否同时提出提前公开声明或实质审查请求。

4. 技术交底书模板

技术交底书模板由基本信息和内容信息组成。技术交底书模板基本信息应包括但不限于发明创造的名称、预计申请类型、技术负责人联系方式等的条标题。技术交底书模板内容信息应设置包括以下内容的条标题：

（1）本发明创造相关技术背景及与本发明最相似的实现方案；

（2）本发明创造的详细技术方案及关键技术点；

（3）本发明创造的拟保护点；

（4）本发明创造的替代方案；

（5）附图及其他技术资料。

技术交底书模板条标题下应设置相应条标题的详细解释或填写说明。

5. 商务函

商务函应一事一函，多个事项不应出现在同一个商务函中。商务函用语应礼貌得体，语言表述应简洁清晰，不应使用易产生歧义的语句。

商务函应包括以下内容：

（1）标题；

（2）基本信息；

（3）正文；

（4）附件；

（5）后续处理事项；

（6）联系方式。

标题应明确发送本商务函的目的，格式宜为"具体事项（或官方文件名称）+转达/确认/报告+函"的形式。

6.3　导航评议类重点标准介绍

6.3.1　系列国家标准《专利导航指南》介绍

6.3.1.1　系列标准概况与制订背景

系列国家标准"专利导航指南"共包括：

《专利导航指南　第1部分：总则》（GB/T 39551.1—2020）；

《专利导航指南　第2部分：区域规划》（GB/T 39551.2—2020）；

《专利导航指南　第3部分：产业规划》（GB/T 39551.3—2020）；

《专利导航指南　第4部分：企业经营》（GB/T 39551.4—2020）；

《专利导航指南　第5部分：研发活动》（GB/T 39551.5—2020）；

《专利导航指南　第6部分：人才管理》（GB/T 39551.6—2020）；

《专利导航指南　第7部分：服务要求》（GB/T 39551.7—2020）。

该系列标准发布于2020年11月9日，正式实施于2021年6月1日。标准由全国知识管理标准化技术委员会归口并执行，主管部门是国家知识产权局，由国家知识产权局负责起草。

专利导航是在宏观决策、产业规划、企业经营和创新活动中，以专利数据为核心深度融合各类数据资源，全景式分析区域发展定位、产业竞争格局、企业经营决策和技术创新方向，服务创新资源有效配置，提高决策精准度和科学性的新型专利信息应用模式。

专利导航于2012年由国家知识产权局首次提出后，经全国范围的试点探索，逐步由面向产业、企业、区域引导创新决策延伸到知识产权分析评议、区域布局等工作，应用愈加广泛，工具不断完善，成果持续丰富。

2018年，"按产业领域加强专利导航"纳入重新组建后的国家知识产权局的主要职责。2020年国务院办公厅将"以产业数据、专利数据为基础的新型产业专利导航决策机制"认定为第三批支持创新改革举措，要求国家知识产权局与国家发展和改革委员会、科学技术部共同指导推广。为深入贯彻党中央、国务院的决策部署，国家知识产权局积极履行工作职责，对多年来专利导航系列工作成果进行了总结和凝练，制定了《专利导航指南》（GB/T 39551—2020）系列国家标准。

专利导航是在我国深化创新驱动发展中，基于产业发展和技术创新的需求，在充分运用专利信息资源方面总结出的一系列新理念、新机制、新方法和新模式，有助于提升知识产权治理能力，加快技术、人才、数据等要素市场化配置，更好地服务于各级政府创新决策和市场主体创新活动，加快构建现代产业体系，支撑高质量发展。制定并实施专利导航指南，对于规范和引导专利导航服务、培育和拓展专利导航深度应用场景、推动和加强专利导航成果落地实施具有重要意义。①

该系列标准用于组织开展和具体实施专利导航项目，应用主体可根据实际需求选择适用的专项专利导航指南，按照服务要求开展专利导航工作。

6.3.1.2　系列标准主要内容

1. 系列标准的组成及逻辑关系

《专利导航指南》系列标准包括总则、5个专项指南和服务要求等共计7个部分。标准内容框架如图6-1所示。

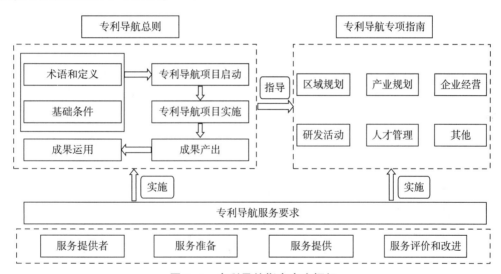

图6-1　专利导航指南内容框架

总则提供了专利导航的通用指导；各专项指南针对特定的应用场景，提供了各具体类别专利导航的通用指导；区域规划类专利导航、产业规划类专利导航、企业经营类专利导航分别对应支撑区域、产业、企业的创新发展决策，相关成果输出均可作为其他类别专利导航的前置输入和重要参考；研发活动类专利导航、人才管理类专利导

---

① 国家知识产权局.《专利导航指南》系列国家标准（GB/T 39551—2020）解读［EB/OL］.（2020-11-24）［2024-05-06］. https://www.cnipa.gov.cn/art/2020/11/24/art_66_155207.html?eqid=e7f02b91000257dc000000004648686a5.

航可单独实施，也可组合实施，并可被其他类别专利导航引用；服务要求是对服务主体开展专利导航工作作出的相应规定。

需要注意的是，各专项指南中如无特别说明之外，均已经包括了总则的相关规定，运用过程中需要与总则共同考虑使用。

2. 总则

总则提供了专利导航的通用指导，适用于专利导航的组织实施、专利导航的服务和培训。

（1）基础条件

开展专利导航的基础条件包括信息资源、人力资源。

信息资源应包括具备 WIPO 规定的 PCT 最低文献量专利数据资源及相应的检索工具，与专利导航需求密切相关的产业、科技、教育、经济、法律、政策、标准等信息资源，以及与专利导航需求密切相关的企业、高等学校和科研组织等信息资源。人力资源方面要求应由专业人员负责相关工作，包括项目管理人员、信息采集人员、数据处理人员、专利导航分析人员和质量控制人员，标准中对各类人员给出了具体要求。

（2）专利导航项目启动

专利导航项目启动包括确定项目负责人、分析需求、组建项目团队和制定实施方案等内容。

① 确定项目负责人

根据专利导航项目的目标、复杂程度、实施特点等因素，确定项目负责人。

② 分析需求

需求分析阶段可以资料调研、专家访谈、座谈研讨等方式收集项目需求素材，并对其进行甄别、提炼、分析，形成明确的专利导航项目需求分析报告。

③ 组建项目团队

项目负责人根据需求分析报告来确定各职能人员，必要时可聘请外部专家，同时明确项目团队组织模式和任务分工等。

④ 制定实施方案

实施方案包括项目进度计划、人员分工计划、成本管理计划、质量控制计划和风险控制计划等。

（3）专利导航项目实施

专利导航项目实施一般包含信息采集、数据处理、专利导航分析等流程。根据需要可重复进行信息采集、数据处理等工作。各阶段工作均包括输入、步骤与方法、输出与质量控制等环节。

信息采集环节应根据项目需求分析报告，开展有针对性的信息检索，采集相关信息。数据处理是将采集到的专利信息和非专利信息按照特定的格式进行数据整理，通过清洗、筛选、标引等方式对检索到的原始数据进行规范化处理，生成内容完整、形式规范的数据信息的过程。专利导航分析是基于规范的数据信息，挖掘数据关联关系，建立针对需求的专利导航分析模型，采用适当的分析方法，得出分析结论的过程。该系列标准各专项指南中分别给出了区域布局、产业规划、企业经营、研发活动和人才管理的专利导航分析模型，可结合需求灵活适用。专利导航项目实施的全流程如图6-2所示。

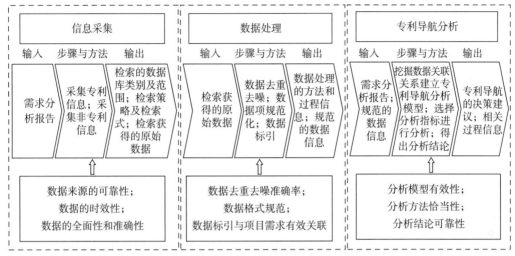

图6-2　专利导航项目实施全流程示意

注：专利导航分析如不能满足目标需求，应继续挖掘数据关联关系或回溯至信息采集。

（4）成果产出

专利导航项目成果产出是可支撑决策的分析结论，包括分析报告或数据集等形式。专利导航分析报告内容包括项目需求分析、信息采集范围及策略、数据处理过程与方法、专利导航分析模型和分析过程以及结论和建议。专利导航数据集包括规范的数据信息和专利导航分析中形成的其他相关数据信息。

成果产出质量应确保整体研究的系统性、分析方法的科学性和成果呈现的规范性。

（5）成果应用

专利导航成果应用的工作机制包括建立成果运用的相关规定和工作流程，确定责任部门、参与单位，以及制定成果运用的组织实施方案。

专利导航成果的运用方式一般包括：指导制定区域规划或产业规划在内的各类政策文件；嵌入企业经营全过程管理，在企业战略制定实施、投资并购、上市、技术创新、产品开发等活动中以内部文件或合同等形式予以固化；支撑制定人才管理、研发活动等活动的实施方案；专利导航全部或部分研究成果在一定范围内公开，例如通过召开专利导航发布会、开放专利导航数据库等方式向公众提供信息。

（6）绩效评价

绩效评价应由经济、产业或科技主管部门和/或企业管理者代表和/或专利导航成果需求方采取以关键绩效指标为核心的目标管理评价方法来进行。绩效评价内容包括采用程度、经济效益和社会效益等。

3．区域规划

该标准提供了区域规划类专利导航的通用指导，适用于区域规划类专利导航的组织实施、服务和培训。区域规划类专利导航分析可分为以区域布局为目标的专利导航分析和以区域创新质量评价为目标的专利导航分析，除总则相关的规定外，该标准对区域规划类专利导航的规定如表6-2所示。

表6-2　区域规划类专利导航的专门规定

导航类型	以区域布局为目标的专利导航	以区域创新质量评价为目标的专利导航
概述	以专利数据为基础，通过区域资源及其匹配关系分析，提出资源配置建议	以专利数据为基础，通过专利活动所表现的创新要素集聚、创新产出、创新效益等情况，以及专利活动与科技、企业、产业之间的匹配程度，综合评价区域创新质量
信息资源	区域环境信息、统计数据、法人及自然人创新及市场活动信息	区域环境信息、统计数据、法人及自然人创新及市场活动信息、专利引文数据
人力资源	专利导航分析人员应具有经济地理、产业经济等教育背景或从业经历，熟悉国家区域发展政策、产业政策、知识产权政策，具备相关产业领域情报搜集和研究分析能力	
信息采集	与区域布局密切相关的信息，包括区域以及区域内各行业专利申请数量或专利授权数量，区域内高等学校、科研组织及企业的研究与试验发展人力、财力等相关统计数据，区域内各行业产出相关统计数据	
数据处理	对采集的数据增加行业标识	对采集的数据增加行业及产业标识
专利导航分析	步骤与方法包括：计算区域的产业份额指标和产业盈利指标，对数据进行标准化处理，并赋权求和得到区域产业资源指数；计算区域的教育资源指标和科技资源指标，对数据进行赋权求和得到区域科教资源指数；计算区域的专利规模指标和产业专利密集度指标，对数据进行标准化处理，并赋权求和得到区域专利资源指数；对区域产业资源指数、区域科教资源指数以及区域专利资源指数进行静态匹配分析和动态协调分析，针对结果进行综合分析，得到产业资源—科教资源—专利资源综合匹配分析结果；根据分析结果，用静态匹配分析法评价产业发展与区域资源聚集的相互关系，识别支撑该区域产业发展所需的区域资源规模、资源结构、资源布局模式等，并结合产业空间布局现状提出区域资源配置的相关建议。输出是以区域布局为目标的专利导航分析报告，可包括区域资源分析、区域资源匹配关系分析、产业类型识别、区域资源配置建议等，以及以专利为核心的产业发展资源配置导向目录	步骤与方法包括：对表征创新要素集聚、创新产出和创新效益的指标进行标准化处理，并赋权求和得到相应指数，对这些指数进行标准化处理，并赋权求和得到区域创新竞争力指数；对表征专利产出与研发经费和人员投入匹配程度、专利活动与企业创新主体作用发挥匹配程度和专利产出情况与产业发展战略匹配程度的指标进行标准化处理，并赋权求和得到相应指数。对这些指数进行标准化处理，并赋权求和得到区域创新匹配度指数；将区域创新竞争力指数与区域创新匹配度指数相乘，得到区域创新质量评价指数。输出是以区域创新质量评价为目标的专利导航分析报告，可包括区域创新竞争力分析、区域创新匹配度分析、区域创新质量评价分析和区域创新发展政策建议等
成果产出	可根据需要制作专利导航图谱，以可视化形式展现分析成果及其关联信息	

4. 产业规划

该标准提供了产业规划类专利导航的通用指导，适用于产业规划类专利导航的组织实施、服务和培训。产业规划类专利导航分析包括产业发展方向分析、区域的产业发展定位分析和区域的产业发展路径导航分析。除总则相关的规定外，该标准对产业规划类专利导航的规定如表 6-3 所示。

表 6-3 产业规划类专利导航的专门规定

导航类型	产业发展方向分析	区域的产业发展定位分析	区域的产业发展路径导航分析
概述	用于判断全球产业发展态势和方向	用于判断该区域的产业在全球和我国产业链中的定位	用于为该区域的产业发展提供具体路径指引
信息资源	产业环境信息、统计数据、法人及自然人创新活动及市场活动信息		
人力资源	产业分析人员应近 3 年连续在相关产业领域或经济管理领域从业，具备相关产业领域情报搜集和研究分析能力，掌握产业分析研究方法		
专利导航项目启动	需求分析报告应明确该区域的产业发展决策支撑所需信息的维度及其颗粒度		
信息采集	信息采集的质量控制应确保产业链结构及产业技术分解的合理性。信息采集输出的产业基本情况分析报告可包括产业整体态势，产业规划类专利导航所面向区域的产业发展现状、面临问题的初步判断等		
专利导航分析：输入	信息采集和数据处理输出内容	需求分析报告、信息采集、数据处理和产业发展方向分析报告输出内容	信息采集、数据处理、产业发展方向分析报告和区域的产业发展定位分析报告输出内容
专利导航分析：步骤与方法	分析全球产业发展与专利布局的互动关系；寻找全球产业链中具有较强专利控制力的各类主体，可对专利数据与各类主体市场活动数据进行关联分析；通过分析全球范围内具有较强专利控制力主体的相关活动，判断产业发展方向	分析该区域的产业发展历史和现状；通过将该区域的产业情况与全球及我国的产业发展总体情况进行对比，判断该区域产业的定位	基于产业发展方向和该区域的产业发展定位，提出该区域产业结构优化的目标；围绕产业结构优化的目标，发现、发掘该区域内具有较强实力或较大发展潜力的企业或其他创新主体，作为支持和培育对象；发现、发掘其他区域具有带动性或填补性的企业或其他创新主体，作为引进或合作对象；围绕产业结构优化的目标，发现、发掘该区域内具有较强实力或较大发展潜力的创新人才或人才团队，作为支持和培养对象；发现、发掘其他区域具有引领性或填补性的创新人才或人才团队，作为引进或合作对象；围绕产业结构优化的目标，从强化优势、跟踪赶超、填补空白、规避风险等角度分析技术发展的突破口和路径；发现、发掘其他区域对该区域的产业发展必不可少的技术及其所有者，作为技术引进、获得许可或未来协同创新的合作对象；围绕产业结构优化的目标，结合该区域的产业专利布局结构，提出专利布局及专利运营的主要目标及路径

专利导航分析：输出	分析报告包括但不限于：产业结构调整、产品开发、技术研发等最新发展方向	分析报告包括但不限于：该区域的产业发展在产业结构、产业分工，以及企业技术、人才、专利等方面的优势和风险	区域的产业发展路径建议包括但不限于：该区域的产业结构优化目标，企业（高等学校、科研组织）培育及引进路径，人才培养及引进路径，技术创新及引进路径，专利布局及专利运营路径
质量控制	产业发展方向分析过程逻辑严谨、维度多样；产业发展方向判断的合理性，可引入外部专家进行论证	分析过程采用多维度方法，避免以简单的数量排名进行判断，分析结论得到该区域的产业主管部门或产业专家的原则认可	为该区域的产业发展提出合适的目标选择及针对性路径建议，路径建议基于该区域的资源禀赋及产业发展实际，能够被落地实施
成果产出	可根据需要制作专利导航图谱，以可视化形式展现分析成果及其关联信息		

5. 企业经营

该标准提供了企业经营类专利导航的通用指导，适用于企业经营类专利导航的组织实施、服务和培训。企业经营类专利导航分析根据目标不同可包括投资并购对象遴选、投资并购对象评估、企业上市准备、技术合作开发、技术引进、企业产品开发等类型。除总则相关的规定外，该标准对企业经营类专利导航的规定如表6-4和表6-5所示。

表6-4　企业经营类专利导航的专门规定（一）

导航类型	投资并购对象遴选	投资并购对象评估	企业上市准备
概述	以专利数据为基础，通过评价拟投资并购技术领域内技术拥有者的情况，从技术创新的角度为投资并购提供遴选目标对象的建议	以专利数据为基础，通过评价投资并购对象的技术创新实力和专利侵权风险，为投资并购决策提供建议	以专利数据为基础，通过系统分析企业的专利及相关技术创新情况，评价创新实力，排查市场风险，为企业上市提供建议
人力资源	/	具备3年以上专利权利稳定性和专利侵权风险分析的实务经验	
专利导航分析：步骤与方法	确定检索的技术领域和地域范围、检索、处理数据，筛选较高水平的专利申请人，检索具有较高水平的企业信息，确定投资对象	检索投资并购对象的背景信息，检索投资并购对象及其主要竞争对手的信息，筛选投资并购对象的主营产品或技术对应专利或专利申请，评价投资并购对象技术先进性和技术可替代性，评价投资并购对象专利技术方案的侵权风险	收集企业背景信息，检索企业及其竞争对手的专利信息、相关技术领域的专利信息，核查企业专利情况，分析合同中专利相关内容，分析研发人员入职前专利情况，评价企业专利情况，评价企业技术先进性和技术可替代性，评价企业专利的侵权风险，制定风险应对策略

专利导航分析：输出	投资并购所属行业的基本情况，以可视化形式展示遴选企业的基本情况，专利导航数据集	投资并购对象背景信息、专利信息、创新实力及风险，专利导航数据集	企业背景信息、专利信息、创新实力、风险分析及应对策略建议，专利导航数据集

表6-5　企业经营类专利导航的专门规定（二）

导航类型	技术合作开发	技术引进	企业产品开发
概述	以专利数据为基础，通过与企业、高等学校及科研组织等相关信息的关联分析，提出技术合作主题、遴选技术合作对象等建议	以专利数据为基础，通过与产业、市场等信息的关联分析，提出待引进技术的持有人、可引进的具体技术、引进策略、风险防范等建议	以专利数据为基础，通过与产业、市场、政策等信息的关联分析，提出企业产品开发方向、技术研发路径及风险规避等建议
人力资源	项目管理人员、信息采集人员、数控处理人员、专利导航分析人员、质量控制人员	还宜具备3年以上专利权利稳定性和专利侵权风险分析的实务经验	
专利导航分析：步骤与方法	进行技术分解并检索专利，分析较强专利控制力主体的活动，对各技术主题进行分析，筛选较高技术水平的专利申请人，收集申请人的背景信息，确定技术合作开发对象	进行技术分解并检索专利，寻找企业需引进的技术主题，筛选满足技术引进需求的专利，提出可供选择的专利，收集专利持有人相关信息，提出技术引进方式的建议	收集企业所在行业的政策环境、市场环境及需求，收集企业背景信息；进行技术分解并检索专利，提出企业可重点开发的产品（或产品组合）建议，制定所需技术的获取策略，提供风险预警机规避建议，获取所需技术，提出技术成果的专利布局方案
专利导航分析：输出	可合作开发技术主题的选择与论证、技术合作开发对象基本情况，专利导航数据集	拟引进技术主题的选择与论证、拟引进技术基础持有人的基本情况，专利导航数据集	行业环境、建议企业重点开发的产品（或产品组合）及其开发策略，专利导航数据集
质量控制	技术主题的选择符合企业发展实际，合作开发对象的选择具有可操作性	拟引进技术主题的选择符合企业发展实际，拟引进技术及持有人的选择具有可操作性	企业重点开发产品（或产品组合）的建议符合企业发展实际，企业重点开发产品（或产品组合）技术开发策略具有可操作性

6. 研发活动

该标准提供了研发活动类专利导航的通用指导，适用于研发活动类专利导航的组织实施、服务和培训。研发活动类专利导航项目实施包括评价研发立项的专利导航项目和辅助研发过程的专利导航项目。除总则相关的规定外，该标准对研发活动类专利导航的规定如表6-6所示。

表 6-6　研发活动类专利导航的专门规定

导航类型	评价研发立项的专利导航项目	辅助研发过程的专利导航项目
概述	研发立项前，以专利数据为基础，对研发立项的必要性和可行性等进行评价，防范潜在风险	研发过程中，以专利数据为基础，对在研项目的技术研发情况及其技术竞争环境进行综合分析，提出风险规避及技术方案优化的建议
信息资源	产业环境信息、统计数据、法人及自然人创新及市场活动信息	
人力资源	技术人员应具备项目所属技术领域的教育背景，近 3 年连续在相关技术领域从业	
专利导航项目启动	拟研发立项项目或在研项目的情况，包括研发主体的项目背景、技术方案、研发基础、研发人员组成、竞争情况、项目规划，以及经专家论证的技术先进性、技术前景、存在问题等素材	
专利导航分析	步骤与方法包括评价项目的产业发展环境，评价项目的技术发展态势，评价项目技术壁垒，评价研发主体的市场竞争实力，评价研发主体的技术储备及技术竞争实力，评估立项风险并提出必要性和可行性结论，提出优化建议 输出包括拟研发立项项目的基本情况、研发立项必要性、可行性分析过程及结论	步骤与方法包括评价项目当前的产业发展环境，评价项目的技术发展态势，评价项目相关技术方案的专利风险，为项目提供技术路线或技术方案的优化建议，并为可能涉及专利风险的技术方案提供规避设计建议，制定专利布局策略 输出报告在研项目的基本情况、技术竞争情况、可能面临的风险，技术方案的优化或规避设计建议，专利布局策略

7. 人才管理

该标准提供了人才管理类专利导航的通用指导，适用于人才管理类专利导航的组织实施、服务和培训。人才管理类专利导航项目实施包括以人才遴选为目标的专利导航项目和以人才评价为目标的专利导航项目。除总则相关的规定外，该标准对人才管理类专利导航的规定如表 6-7 所示。

表 6-7　人才管理类专利导航的专门规定

导航类型	以人才遴选为目标的专利导航项目	以人才评价为目标的专利导航项目
概述	以专利数据为基础，挖掘能够适配目标需求的人才	以专利数据为基础，对人才信息的真实性、人才与需求的匹配性、人才创新能力、人才使用风险等进行评价
信息资源	专利引文数据库，行业信息	专利检索工具，与专利导航需求密切相关的产业、科技、教育、经济、法律、政策、标准、企业、高等学校和科研组织等信息资源，人才评价相关信息
人力资源	应具有人力资源管理的基础知识	具备 3 年以上专利权利稳定性分析或专利侵权风险分析的实务经验，具有人力资源管理的基础知识

续表

专利导航 项目启动	需求分析报告应明确人才的行业需求、岗位需求、专业技能需求、工作经验需求	需求分析报告应明确拟评价人才的对象和目标
信息采集	采集行业信息和专利引文信息；输出包括人才所属行业的基本情况分析报告和原始专利数据；质量控制包括对用人单位及所属行业情况分析的真实有效以及正确理解用人单位的实际需求	采集拟评价人才自主申报信息，专利信息，对人才的技术需求，拟签订人事合同的专利相关条款
专利导航分析	步骤与分析包括筛选较高技术水平专利，获取发明人信息，分析发明人专利情况，提出拟遴选人才名单。 输出的分析报告包括人才所属行业基本情况和拟遴选人才的基本情况	步骤与分析包括对拟评价人才专利进行真实性评价，拟评价人才的专利与对人才的技术需求的匹配程度，分析人才专利的权利稳定性或专利申请的授权前景，分析人才专利的技术先进性和技术可替代性，分析人才技术方案的侵权风险。 输出的分析报告包括拟评价人才信息的真实性、人才与需求的匹配性、人才创新能力、人才使用风险等

8. 服务要求

该标准提供了专利导航服务要求的通用指导，适用于提供专利导航服务以及对专利导航服务的评价和培训。

（1）服务提供者

对专利导航的服务提供者应具备的基本要求包括经营范围、服务场所与设施、管理制度、服务人员和培训等方面；服务条件方面应具备系列标准中对信息资源和人力资源的要求；人力资源方面应具备具有良好商务沟通能力和组织协调能力的商务联络人员；服务提供者还应建立质量管理体系。

（2）服务准备

服务提供者应了解服务需求方及相关方对专利导航的期望，包括对专利导航项目成果的期望，对成果运用的期望以及对服务提供者提供服务的期望。服务提供者应开展服务能力的评估，包括该标准关于服务提供者的规定，与服务需求方期望基本匹配的客观条件以及规避可能存在的利益冲突。

（3）服务提供

开展专利导航服务包括商务接洽、签订合同、项目启动、项目实施和成果产出等环节。商务接洽环节包括服务需求方提出要约邀请，服务提供者响应要约邀请并提供项目建议方案及证明材料，服务需求方对响应材料进行评价，达成合作意向等内容。签订合同内容包括合同双方的名称和住所、专利导航服务内容、质量要求和验收方法、服务提供的方式及地点、服务期限及合同期限、合同价款及支付方式、保密要求、知识产权归属、违约责任和争议解决等内容。项目启动、项目实施和成果产出可遵照系列标准中的有关规定。

（4）服务评价和改进

服务评价包括对服务质量、服务态度和服务时效的评价。其中，服务成果应满足系列标准对成果产出质量控制的规定。服务提供者应确定和选择改进机会，采取必要措施，以满足服务需求方需求和增强服务需求方满意度，包括改进服务、采取纠正措施、改进质量管理体系的绩效和有效性。

6.3.2 国家标准《知识产权分析评议服务 服务规范》介绍

6.3.2.1 标准概况和制订背景

国家标准《知识产权分析评议服务 服务规范》（GB/T 37286—2019）发布于2019年3月25日，正式实施于2019年10月1日。标准归口和执行单位是全国知识管理标准化技术委员会，主管部门是国家知识产权局。标准由国家知识产权局和中国标准化研究院共同起草。

知识产权分析评议是对知识产权相关信息情报进行综合研究，结合项目需求实施技术发展热点和趋势分析、知识产权保护方案科学性评估、知识产权风险判断、知识产权商业化运用方案合理性分析以及相关政策和计划项目可行性论证等行为，进而提出对策建议的活动。知识产权分析评议服务是由第三方机构提供的，以实施知识产权分析评议为核心的一系列活动与过程。

自2011年我国启动重大经济科技活动知识产权评议试点工作以来，已有越来越多的知识产权服务机构面向政府和企事业单位开展知识产权分析评议业务，特别是在推行重大经济科技活动知识产权评议试点工作的地区，市场对知识产权分析评议的需求日趋旺盛，有必要加强规范管理和方向引导。① 2013年，国家知识产权局发布的《关于加快提升知识产权服务机构分析评议能力的指导意见》也提出：要"制定知识产权分析评议服务标准和操作指南，引导知识产权服务机构开展规范化、标准化的分析评议"②。该标准的制订，有利于中国知识产权分析评议服务提升管理效能、优化服务质量、规范行业秩序，为建立高质量知识产权分析评议服务模式、实现其可持续发展提供有力保障。

6.3.2.2 标准主要内容

该标准规定了知识产权分析评议服务的服务内容、服务提供者、服务人员、服务管理、服务实施、服务评价与改进的要求，适用于知识产权分析评议服务的管理、实施与评价。

---

① 国家知识产权局. 知识产权分析评议服务示范机构培育工作启动 ［EB/OL］. （2013-05-10）［2024-05-06］. http://politics.people.com.cn/n/2013/0510/c70731-21442340.html.

② 国家知识产权局. 国家知识产权局关于加快提升知识产权服务机构分析评议能力的指导意见 ［EB/OL］. （2013-02-17）［2024-05-06］. https://www.cnipa.gov.cn/art/2013/2/17/art_424_45050.html.

1．服务内容

知识产权分析评议服务内容由法律相关知识产权分析评议、技术相关知识产权分析评议和商业相关知识产权分析评议构成。

法律相关知识产权分析评议主要包括知识产权权利状态查证、知识产权权属关系查证、知识产权法律风险分析、知识产权相关权利义务调查、目标市场知识产权法律环境调查、知识产权相关协议条款审查、知识产权稳定性评价、知识产权保护强度评价和其他内容。技术相关知识产权分析评议主要包括专利技术趋势分析、专利技术竞争热度分析、创新空间分析、创新启示分析、技术可替代性分析、技术核心度调查、技术创新度评价、技术成熟度评价和其他内容。商业相关知识产权分析评议主要包括产业知识产权竞争状况调查、知识产权关联度调查、目标对象知识产权策略及实力评价、知识产权资产审计与评估、知识产权经济效益调查和其他内容。

2．服务提供者

对分析评议服务提供者提出了应具备独立法人资格、经营范围、服务场所与设施、检索分析工具和信息来源、管理制度、专职服务人员和职业培训等基本要求。对服务提供者服务能力的要求包括应具备知识产权信息获取能力，技术、法律和商业等方面的分析能力，综合分析、评估、判断、论证与提出解决方案的能力，以及能检索相关知识产权信息。

3．服务人员

服务提供者应根据项目需求，组建满足服务要求、专业能力匹配的服务团队。服务团队应具备获取所需信息、实施知识产权分析调查研究、提出解决方案、交付成果的能力，团队应包括项目管理人员、信息采集人员、分析评议人员、商务联络人员、项目质量控制人员等，服务提供者可根据需要，聘用法律、技术和产业方面的外部专家，服务团队中专职服务人员占比应不小于70％。标准中对各类人员应具备的条件和能力也进行了规定。

4．服务管理

服务管理包括服务信息管理、顾客信息管理、服务沟通管理和服务质量管理4部分。

（1）服务信息管理

服务提供者向顾客提供的服务信息包括服务提供者名称、资质、经营范围、办公地点、联系人及联系方式、可提供的服务内容、形式、业务流程、费用标准及说明等。

（2）顾客信息管理

顾客信息包括获取的顾客单位或个人信息、顾客的知识产权信息、技术信息、商业信息等。服务提供者应建立顾客信息管理制度并管理顾客信息，收集顾客信息应向顾客说明并得到同意，还应保护顾客信息安全。

（3）服务沟通管理

服务提供者应为顾客提供便捷、畅通的沟通渠道，应建立沟通管理机制，应对沟通服务过程进行记录并归档。

（4）服务质量管理

服务提供者应建立服务质量控制体系，成果交付后还应主动收集顾客反馈，分析服务质量问题，形成改进方案并持续改进。

5. 服务实施

服务实施的工作流程如图 6-3 所示。

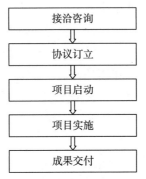

图 6-3　服务实施工作流程

（1）接洽咨询

服务提供者应归纳顾客需求，形成服务项目建议方案，方案应包括服务实施内容、服务团队组成、服务费用报价和项目执行计划等。

（2）协议订立

经顾客确认订立书面协议，协议内容包括服务内容、时间地点、费用及明细、服务变更手续等，协议应体现公平公正原则，服务提供者应履行告知义务。

（3）项目启动

项目启动包括服务团队组建、服务资源配备、初步背景调查和实施方案确定，标准中给出了各项工作的具体要求。

（4）项目实施

项目实施包括背景调查、内容确定、数据检索、数据处理、形成结论、对策建议和形成结果等工作，标准中给出了各项工作的具体要求。

（5）成果交付

服务提供者应对形成的成果进行内部评审，并根据顾客反馈进行调整优化，在此基础上完成项目验收、交付项目成果，并根据顾客要求提供延伸性服务。

6. 服务评价与改进

行业主管部门、第三方机构、顾客、服务提供者等服务评价的实施主体应提供全面系统的服务评价。服务提供者应根据评价结果等制定改进措施，不断提高服务水平。

6.3.3 地方标准《数字化时代专利导航工作指南》介绍

6.3.3.1 标准概况和制订背景

地方标准《数字化时代专利导航工作指南》（DB44/T 2431—2023）发布于2023年7月30日，正式实施于2023年11月30日。标准归口单位是广东省知识产权服务标准化技术委员会，主管部门是广东省市场监督管理局（知识产权局）。标准由广东省市场监督管理局（知识产权局）、广东专利代理协会和华南师范大学等单位共同起草。

为全面落实党中央、国务院关于加强专利导航工作的决策部署，2021年，广东省政府及相关部门印发《广东省知识产权保护和运用"十四五"规划》（粤府〔2021〕87号）、《广东省战略性产业集群中小企业知识产权保护与运用三年行动计划（2021—2023年）》，明确要求完善专利导航工作体系，推动战略性产业集群等重点产业专利导航和高价值专利培育布局。为总结省内专利导航工作的先进经验，更好指导创新主体开展专利导航，提升专利导航的效率，增强专利导航的效果，实现专利导航工作的规范化、标准化，更加有效地保护创新主体的创新成果，[①] 特制订该标准。

6.3.3.2 标准主要内容

1. 内容概述

数字化时代专利导航根据导航拟实现的目标，更多利用大数据和数字化工具，推动建立专利信息分析与产业运行决策深度融合、专利创造与研发创新能力高度匹配、专利布局对市场竞争地位保障有力、专利价值实现对企业效益支撑有效的工作机制，实现专利等数据综合运用对资源配置、科学决策有效支撑的新应用模式。该标准依据《专利导航指南》（GB/T 39551—2020）系列推荐性国家标准，借鉴国际通行的专利尽职调查方法，标准主要内容由专利导航应用场景、立项管理、调查分析、报告形成、质量控制、成果运用、绩效评价等组成。

专利导航应用分别针对研发创新、产业发展、市场布局等主要应用场景，具体应用场景如图6-4所示。

---

① 广东省市场监督管理局.《数字化时代专利导航工作指南（征求意见稿）》编制说明［EB/OL］.（2023-01-16）［2024-05-06］. https://yjzj.cloud.gd.gov.cn/hdjlpt/yjzj/api/attachments/view/87a7329552abc7448f1d1d39674a926f.

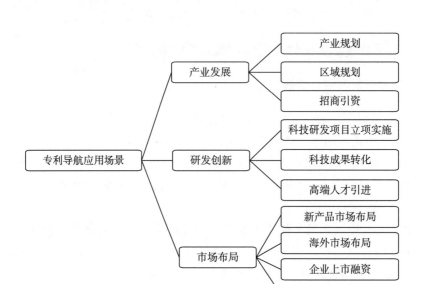

图6-4 专利导航应用场景框架

调查分析主要面向市场环境（产业发展）、政策动向、专利态势、科技情报等研究动向以及其他必要知识产权等数据，根据应用场景提出了信息采集、数据处理和分析模型的具体要求。质量控制部分对数据采集、分析、集成和建立模型提出了通用的要求，对报告形式进行了规范指导，相关成果输出可作为政府、企业、产业等决策参考。总体内容框架及逻辑关系如图6-5所示。

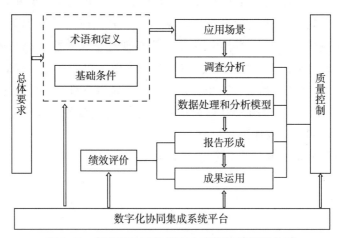

图6-5 专利导航工作指南内容框架及逻辑关系

2. 数字化协同集成系统平台

第十二章"数字化协同集成系统平台"部分是该标准的数字化特色的重要体现。

标准中提出了搭建数字化协同集成系统平台应遵循的原则和至少应具备的基础功能，包括数据可视化功能、数据分析功能、数据查询和调用功能、项目管理功能和业务协同功能等。

数字化协同集成系统平台的架构包括基础设施层、数据资源层、应用支撑层、用户/展示层等，具体系统架构如图 6-6 所示。

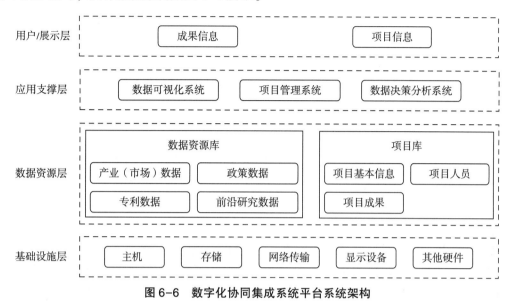

| 用户/展示层 | 成果信息　　　　项目信息 |

图 6-6　数字化协同集成系统平台系统架构

根据上述架构图，能看出该平台应用系统主要包括数据可视化系统、项目管理系统和数据决策分析系统，平台所涉及的数据资源主要包括产业（市场）数据、政策数据、专利数据和前沿研究数据等，以及项目相关数据如项目基本信息、项目人员和项目成果有关数据等。

数字化协同集成系统平台的应用主要涉及项目立项、项目协同处理和成果产出。项目立项过程中，通过平台可支持需求方与项目管理人员共同开展调研，讨论确定项目需求和目标，可根据项目需要，录入项目团队成员并为律师、数据处理师、技术专家、专利分析师和产业经济类专家等角色智能分配操作权限。在项目协同处理中，通过平台可针对研发创新、产业发展和市场布局等不同应用场景，协同各团队成员有序开展市场环境分析、产业态势分析、政策分析、法律环境分析、专利持续产出能力分析、创新主体分析、创新人才分析、专利信息分析、科技情报数据分析、知识产权稳定性分析、创新成果分析、知识产权资产盘点、知识产权优化布局、侵权风险排查与应对、商业秘密泄露风险排查等工作。通过平台可为不同需求主体提供包括产业发展决策支撑、地方政府招商引资、高端人才对口引进、科技研发项目立项、科技成果转移转化、企业经营决策支持等成果。

6.4　公共服务类重点标准介绍

6.4.1　地方标准《知识产权"一件事"集成服务规范》介绍

6.4.1.1　标准概况和制订背景

地方标准《知识产权"一件事"集成服务规范》（DB3301/T 0345—3450）于 2021 年 9 月 15 日发布，正式实施于 2021 年 10 月 15 日，由杭州市市场监督管理局提出并归口，由杭州高新技术产业开发区（滨江）市场监督管理局、杭州市市场监督管理局和浙江省知识产权研究与服务中心（国家知识产权局专利局杭州代办处）等共同起草。

知识产权"一件事"是指通过资源整合，优化知识产权创造、运用、保护、服务四大类业务，覆盖知识产权申请受理、许可备案、质押登记、纠纷调解、奖励资助、维权援助等集中办理的全链条式关联事项。通过集成服务可以把以往属于不同部门管理的专利、商标、著作权等知识产权事项整合起来，提高创新主体办理相关事项的效率。

近年来，浙江省市场监督管理局（知识产权局）为响应数字化改革，全面加强知识产权保护与创新发展，持续打造了全新数字化应用系统"浙江知识产权在线"。系统汇集"一窗口统办"、"一平台交易"、"一链条保护"、"一站式管理"和"一体化服务"五大应用场景，实现知识产权全链条保护闭环管理。企业或个人可全程线上办理知识产权业务。2019 年 6 月，杭州高新区在知识产权大厦建成了全国首个全门类、全链条、一站式知识产权综合服务中心，实现了知识产权事务的"一件事"办理，有效节省了企业办事成本。知识产权"一件事"集成服务模式的创新，有效利用了信息技术，实现了线上线下资源的整合，提高了知识产权公共服务效率，成为知识产权领域"最多跑一次"改革的实践样本。①

6.4.1.2　标准主要内容

该标准规定了知识产权"一件事"集成服务的基本要求，业务范围，人员、场地和设施要求，办理方式和评价及改进等内容，适用于知识产权"一件事"集成服务。

1. 基本要求

开展知识产权"一件事"集成服务的基本要求包括：应打造信息公示窗口，应具备提供知识产权服务的设备设施与人力资源，应形成"权界清晰、分工合理、权责一

---

① 本标准起草小组. 知识产权"一件事"集成服务规范-编制说明［EB/OL］.（2023-07-10）［2024-05-06］. https://www.doc88.com/p-61461200112851.html.

致、运转高效、法治保障"的知识产权体制机制，应建立知识产权工作联动机制、安全管理机制和知识产权申请质量监管机制等。信息公示窗口应公布事项清单和办事流程，提供知识产权政策法律、维权援助、奖励资助及运用保护等信息，链接信息检索入口、产业导航报告等资源。标准的附录中具体提供了知识产权"一件事"集成服务的事项清单和线下办理流程。

2. 业务范围

标准中将知识产权"一件事"集成服务的业务范围划分为知识产权创造、知识产权运用、知识产权保护和知识产权服务四类，对每一类服务均规定了具体要求和服务内容。

3. 人员、场地和设施要求

知识产权"一件事"集成服务的服务人员应包括接待人员和专业人员。标准对服务人员的接待礼仪、专业能力、服务原则、业务培训和监督考核等作了规定。同时，对办公场所应设置的窗口服务区、审批区、自助办理区等相关区域划分、配备设施和标识标牌等提出了具体要求。

4. 办理方式

办理方式包括线上办理和线下办理。

线上办理环节。线上平台应开设申请受理、许可备案、质押登记、维权援助和信息服务等办理模块并提供在线办事指南，同时平台应具备告知、导办、收件与受理、送达、投诉、评价、搜索等功能。平台的服务商应全面推广业务电子化办理，建立统一的咨询投诉举报监管系统，通过平台服务应做到依申请、快审核、减材料和"跑零次"。

线下办理要求应逐步推进与线上平台的集成融合，实行线上线下审核标准统一、业务流程一致、服务质量同质；应推行"一窗通办"，推进知识产权工作提质增效，提升知识产权公共服务能力；咨询窗口应梳理各项业务办理指南以及专项处理人员电话信息。通过线下服务应做到依申请、快审核、减材料和"最多跑一次"。标准中对线下办理业务的受理、审批和送达等业务流程作了具体规定。

5. 评价与改进

知识产权"一件事"集成服务应采用自我评价、用户评价、第三方机构评价等方式开展服务评价，同时应建立监督机制和优化改进机制。采用实地巡查和网上检查相结合方式进行定期或不定期检查。

6.4.2　团体标准《知识产权公共服务规范》介绍

6.4.2.1　标准概况和制订背景

团体标准《知识产权公共服务规范》（T/CIPSA 0005—2023）由首都知识产权服务业协会于2023年10月30日发布并正式实施。标准由北京市知识产权局、北京市知识产权公共服务中心、北京路浩知识产权集团有限公司和首都知识产权服务业协会起草。

知识产权公共服务是围绕知识产权创造、运用、保护、管理等主要环节，按照国家相关法律法规，为社会公众和创新主体提供符合规范性、便利性、精准性、普惠性服务的授益性行为。形成上下联动、运行规范、服务高效的新型知识产权公共服务体系，有利于为企业提供涉及知识产权全领域、全链条的基础性、公益性服务，提升企业知识产权能力和意识，从而优化营商环境，让创新成果更好地惠及大众，为健全知识产权综合管理体制提供强有力的支撑。该标准是全国首个综合性知识产权公共服务团体标准，标准的制订和实施为北京市知识产权公共服务工作规范有序开展提供指引，推动首都知识产权公共服务标准化、规范化建设走向新高度。[①]

6.4.2.2 标准主要内容

该标准规定了知识产权公共服务的术语和定义、基本原则、服务内容、服务保障、服务评价与改进等内容，适用于提供知识产权公共服务的行为。

开展知识产权公共服务工作应遵循规范性、便利性、精准性和普惠性的原则。该标准将知识产权创造—运用—保护—管理全链条的公共服务内容分为基础服务和特色服务两大类，并为各项公共服务的开展提供了指引。基础服务包括知识产权政策宣贯服务、知识产权风险防控服务、知识产权维权援助服务、快速预审及优先审查对接服务、知识产权申请引导服务、知识产权业务办理咨询服务、知识产权纠纷应对指导服务、知识产权信息查询检索服务、知识产权信息分析利用服务、知识产权基础知识培训服务、知识产权知识宣传服务、知识产权合规管理引导服务、知识产权金融服务、知识产权转让、许可服务、数据知识产权登记引导服务和电子存证指导服务等。标准中对各类基础服务的开展方式给出了指引。

特色服务包括但不限于重点产业服务、重点企业服务、数字经济领域服务和其他新领域新业态服务等。重点产业服务包括开展专利导航、数据库建设、高价值专利培育等工作。重点企业服务应选择区域内重点企业提供精准服务，为企业提供知识产权"点对点"服务。数字经济领域服务应针对数字技术创新主体迭代更新快、专业技术性强等特点，开展数字技术专项服务，包括提供数字技术保护客体、权利内容、保护范围界定、侵权判断原则和侵权法律后果等方面的指引。面向数字经济领域创新主体提供公共服务还应加强与电子商务平台企业的知识产权公共服务合作，引导数字经济领域创新主体加强知识产权风险防控以及提升信息化服务与线下精准服务的融合度。其他新领域新业态服务应根据存在新需求、新技术、新模式的发展特点，为相关社会公众和创新主体提供精准服务。

该标准针对服务人员、基础设施、服务资源、经费管理和建立服务管理机制等方面，提出了相应的指引，全方位保障知识产权公共服务事项开展。标准提出从专业水

---

① 本标准编制组.《知识产权公共服务工作规范》（征求意见稿）团体标准编制说明［EB/OL］.（2023-09-11）［2024-05-06］. https://capitalip.org/upload/file/202309/1694431951203422.docx.

平、服务态度、服务内容、服务质量和服务满意度等方面对服务进行评价，并提出了服务改进的措施。

6.5　信息咨询和综合服务类重点标准介绍

6.5.1　地方标准《专利信息咨询服务规程》介绍

6.5.1.1　标准概况和制订背景

地方标准《专利信息咨询服务规程》（DB6101/T 3178—2023）发布于 2023 年 12 月 20 日，正式实施于 2024 年 1 月 20 日。标准由西安市市场监督管理局（知识产权局）提出并归口，由陕西融盛知识产权平台有限公司、陕西省知识产权服务中心和西安市知识产权保护中心起草。

该标准是西安市专利信息咨询方面首个获批发布的地方标准，也是西北地区首个聚焦专利信息服务的地方标准。标准聚焦西安市专利信息咨询服务实际情况，在大量深入调研，广泛收集、整理并借鉴先进的专利信息分析经验与成果的基础上，结合西安市经济社会发展实际情况制订，该标准具有高度的可操作性和广泛的推广应用价值，为西安市专利信息咨询服务行业树立了统一的服务标准。该标准的实施，有助于规范西安市专利信息服务行业业务流程、完善专利信息标准化服务、提升专利信息服务形象和服务水平，为进一步培育和促进西安市知识产权服务业有序发展提供有力支撑。[①]

6.5.1.2　标准主要内容

该标准确立了专利信息咨询服务的程序，规定了基本要求、服务流程，描述了专利信息咨询服务的证实方法，适用于开展专利信息咨询服务工作。

开展专利信息咨询服务的基本要求包括对管理者代表、信息资源、人力资源项目管理人员、数据采集人员、数据处理人员、数据分析人员、产业专家或行业技术专家、服务实施过程等方面的具体要求。

开展专利信息咨询服务的流程包括项目准备、数据采集及处理、专利信息分析、撰写项目报告、项目交付与验收和跟踪服务等环节，具体如图 6-7 所示。

---

① 徐颖.［西安］首个专利信息咨询服务地方标准发布［EB/OL］.（2024-01-11）［2024-05-06］. http://www.shaanxi.gov.cn/xw/ldx/ds/202401/t20240111_2313662.html.

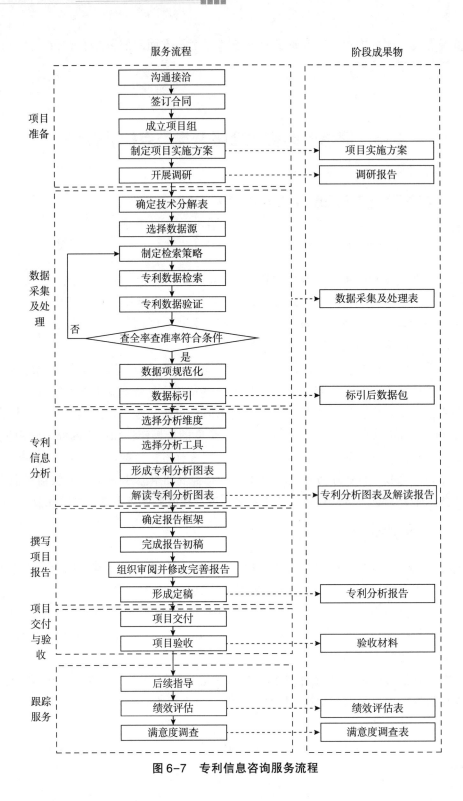

图6-7 专利信息咨询服务流程

该标准中给出了开展专利信息咨询服务的证实方法，包括：项目准备工作以项目实施方案、调研报告为证实，数据采集及处理工作以数据采集及处理表、标引后数据包为证实，专利信息分析以专利分析图表及解读报告为证实，撰写项目报告以专利分析报告为证实，项目交付与验收以验收材料为证实，跟踪服务以绩效评估表和满意度调查表为证实。

6.5.2　地方标准《知识产权托管服务规范》介绍

6.5.2.1　标准概况和制订背景

地方标准《知识产权托管服务规范》（DB14/T 2487—2022）发布于2022年7月21日，正式实施于2022年10月20日。标准由山西省知识产权局提出、组织实施和监督检查，归口部门为山西省知识产权标准化技术委员会。标准由山西云时代知识产权运营中心有限公司、国家知识产权局专利局太原代办处和山西省知识产权服务协会共同起草。

知识产权托管服务是指知识产权权利人及相关方将知识产权相关事务委托给专业服务机构代为管理的服务行为。该标准的发布通过规范知识产权托管服务，保护和管理企业知识产权，促进知识产权转化运用，对进一步提高企业自主创新能力与核心竞争力，助力全省建立多元化多层次的知识产权服务机制，推动知识产权工作规范化、科学化具有重要意义。[①]

6.5.2.2　标准主要内容

该标准规定了知识产权托管服务的术语和定义、基本要求、服务内容、服务流程和评价与改进等内容，适用于专业服务机构开展的知识产权托管服务。

标准中规定了开展知识产权托管服务的基本要求，包括服务条件和服务能力。服务条件方面，服务提供方应具有相应资质，有独立服务场所和服务条件，有完善的托管服务、保密管理和档案管理等制度，以及有专职服务人员等。服务能力方面应具备知识产权战略策划、行业趋势、运营转化和预警预测等研究咨询能力，知识产权相关咨询培训、检索分析、申请维护、融资投资和维权等专业化服务能力，为中小企业提供免费或优惠的优质知识产权托管服务能力。

开展知识产权托管的服务内容包括咨询、培训、信息、申请、维护、运营和保护等，标准对上述服务提出了具体规范要求。知识产权托管服务的流程包括托管对接、制定方案、签订协议、开展服务和服务验收等。服务提供方应开展服务评价并对服务质量持续改进。

---

① 山西省市场监督管理局. 山西发布三项知识产权省级地方标准［EB/OL］.（2022-08-23）［2024-05-06］. http://www.shanxi.gov.cn/ywdt/zwlb/bmkx/202208/t20220823_7046558.shtml?eqid=92dfd3b30023686000000002645ded88.

6.5.3　团体标准《知识产权尽职调查服务规范》介绍

6.5.3.1　标准概况和制订背景

团体标准《知识产权尽职调查服务规范》（T/SZS 4014—2020）于 2020 年 3 月 26 日由深圳市深圳标准促进会发布并实施。标准由深圳市标准技术研究院、北京市中伦（广州）律师事务所和深圳市深标知识产权促进中心等单位共同起草。

知识产权尽职调查是指知识产权服务机构基于委托方所提出的特定的商事需求，对目标企业的知识产权资产进行全面性调查及系统性梳理，提供可能影响商业计划或其他关键因素的知识产权信息，并提出专业处理意见或解决方案，最终形成专业性综述报告的活动。自我国加入世界贸易组织（WTO）以来，国内经济进入飞速发展期，企业收购、并购、重组和上市等活动日趋频繁。企业在进行收购、并购及上市等重大企业行为前会委托第三方专业机构对目标公司进行尽职调查来降低商事计划实施风险。近年来，深圳企业对欧洲企业并购逐年增多，其并购特点是民营企业以市场为导向，以获得实用技术合作为主要的并购目标，但不少企业由于对欧洲法律与政策环境认知不足，增加了并购障碍和风险。[①]

知识产权尽职调查是一项专业性很强的工作，目前还没有相应的国家标准和行业标准。为指导知识产权服务机构科学开展知识产权尽职调查服务活动，规范服务流程，亟须制订符合我国实际情况的规范性文件。

6.5.3.2　标准主要内容

该标准规定了知识产权尽职调查服务的基本要求、机构和人员、调查内容、调查方法、调查流程、服务评价与改进方面的要求，适用于深圳市内服务机构开展企业类知识产权尽职调查服务，针对科研院所、高校、个人的知识产权尽职调查服务可参照使用。

开展知识产权尽职调查服务的基本要求要遵循合理审慎、专业科学、过程保密和客观独立的原则。

标准中规定了对从事知识产权尽职调查服务的机构及从业人员的要求。服务机构主要包括律师事务所、知识产权代理机构和其他类型知识产权服务机构，并应具备开展尽职调查业务的财务、办公场所、设施、信息渠道和人力等资源。从事尽职调查的专业人员应包括项目管理人员、法律人员、技术人员、市场人员、财会人员等。

开展知识产权尽职调查的内容包括权属调查、法律状态调查、技术调查、风险调查和其他调查等。知识产权服务机构应围绕尽职调查目标、权利特点、调查方向和内容，制定有针对性的知识产权尽职调查清单。标准附录中给出了不同类型知识产权尽

---

① 本标准编制组. 团体标准《知识产权尽职调查服务规范》征求意见材料［EB/OL］.（2019-10-23）［2024-05-06］. https://www.szstandards.com/upload/news/P020191023376066350538. rar.

职调查内容及调查材料清单供参考。权属调查内容包括自主知识产权权属调查、转让取得知识产权权属调查和许可使用知识产权权属调查等。法律状态调查内容包括知识产权在申请、审查、公告、授权等各环节中的相关情况，知识产权是否处于有效、撤销、无效、终止、恢复等状态，知识产权剩余保护期限及缴费情况等。技术调查内容包括知识产权持续产出能力、核心专利稳定性、风险专利排查、知识产权价值评估、知识产权布局、商业秘密和专有技术、竞争对手分析、行业分析以及对委托方未来商业计划影响分析等。风险调查内容包括权属风险调查、管理风险调查、侵权风险调查以及涉诉或仲裁风险调查等。其他调查包括企业技术与标准化工作、购买知识产权保险情况、自主知识产权获奖情况、企业知识产权荣誉获得情况以及是否有知识产权创造、运用、管理、保护方面的典型案例等。

标准对知识产权尽职调查过程中所采用的调查方法进行了归纳整理并提出了相应要求，包括资料检索审阅、访谈、走访、现场实地调查、函证和非公开调查等。尽职调查服务流程包含项目洽谈、签订服务协议、成立调查团队、制订调查计划、调查实施、分析调查资料、出具尽职调查报告等过程，标准对尽职调查服务的流程进行了规定，具体服务流程如图 6-8 所示。

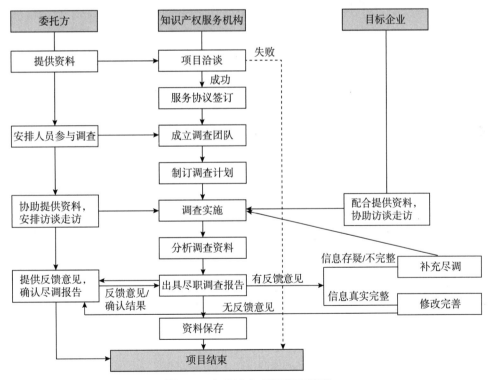

图 6-8　知识产权尽职调查流程

服务机构应制定评价机制，定期对尽职调查服务开展服务评价活动，制定改进措施，不断提高服务水平。

第三部分

文献信息与科技成果类标准

第七章

文献信息类标准介绍

7.1 文献信息类标准的总体概况

知识产权文献与信息，特别是专利文献与信息，具有重要的科技价值、法律价值、经济价值和战略价值。如果按单一种类统计，专利信息是世界上数量最大的信息源之一。WIPO 的统计表明，全球每年发明创造成果的 90%—95% 可以在专利文献中查到，而且许多发明成果仅通过专利文献公开，并不见诸于其他科技文献。有效地开发利用专利信息资源，可以显著提升一个创新主体、一个行业乃至一个国家的科技创新效率和产业竞争能力。文献信息类标准许多是知识产权领域中重要的基础性标准，例如 WI-PO 制定的系列国际标准，我国相关国家标准和行业标准等。其他还有一些与专利信息的采集加工、数据利用相关的企业标准等。本书共收录文献信息类标准 80 项，其中涉及国际标准 57 项、国家标准 2 项、行业标准 2 项、地方标准 1 项、团体标准 1 项和企业标准 17 项。文献信息类部分标准清单如表 7-1 所示。

表 7-1 文献信息类部分标准清单（不含 WIPO 国际标准）

序号	标 准 名 称	标 准 号
1	Information and documentation—Description and presentation of rights information	ISO/TR 22038：2020
2	知识产权文献与信息　分类及代码	GB/T 21373—2023
3	知识产权文献与信息　基本词汇	GB/T 21374—2008
4	专利信息统计数据项标准（第一部分）	ZC 0005.1—2003
5	专利文献著录项目标准（试行）	ZC 0009—2006
6	政务信息资源　数据元　第4部分：知识产权	DB37/T 4223.4—2022
7	专利大数据分析标准　指标及术语	T/KCH 014—2021
8	干细胞专利数据标引规则	Q/00007—2015

序号	标 准 名 称	标 准 号
9	上海知识产权信息采集收录规范	Q/002—2015
10	上海知识产权信息分类编码标准草案	Q/003—2015
11	上海知识产权元数据质量检查规范草案	Q/005—2015
12	上海知识产权信息采集收录规范草案	Q/008—2015
13	上海知识产权信息分类编码标准草案	Q/009—2015
14	上海知识产权元数据仓储知识库数据服务接口规范草案	Q/010—2015
15	上海知识产权元数据质量检查规范草案	Q/011—2015
16	知识产权信息分类编码标准	Q/012—2015
17	知识产权元数据仓储知识库数据服务接口规范	Q/013—2015
18	知识产权元数据质量检查规范	Q/014—2015
19	专利专题数据库建设标准	Q/BJKFGS001—2020
20	外观专利数据集服务规范	Q/GJS1—2021
21	专利专题数据库建设标准	Q/JHZZC0001—2020
22	知识产权信息采集收录规范草案	Q/ZSCQXXCJ—2016
23	知识产权信息分类编码标准草案	Q/ZSCQXXFLBM—2016
24	知识产权元数据仓储知识库数据服务接口规范草案	Q/ZSKSJFWJK—GF—2016

7.2 世界知识产权组织的国际标准

7.2.1 概述

为协调各国工业产权文献与信息的出版、加工、传播和利用，WIPO 长期以来致力于制定、完善有关工业产权信息与文献的相关标准，形成了一整套有关专利、商标、工业设计、地理标志和版权等各类型知识产权信息与文献的相关标准（简称 WIPO 标准），刊登在《WIPO 工业产权信息与文献手册》（*WIPO Handbook on Industrail Property Information and Documentation*）第三部分。WIPO 标准作为推荐性标准，主要面向 WIPO、各工业产权局（INDUSTRIAL PROPERTY OFFICES，IPOs）以及关注知识产权文献的其他国家或国际机构。使用 WIPO 标准有助于全球知识产权系统更加高效、及时地开展与文献有关的工作，并让全球知识产权文献用户能够更加便捷地利用知识产权信息。

早在 20 世纪 70 年代初，WIPO 审查制专利局间情报检索国际合作委员会（Committee for International Cooperation in Information Retrieval among Examining Patent Offices，ICIREPAT）负责制定并通过工业产权信息与文献的各项推荐标准。1979 年 ICIREPAT 的职能由 WIPO 专利信息常设委员会（Permanent Committee on Patent Information，PCPI）取代，1987 年再度更名为工业产权信息常设委员会（Permanent Committee on Industrial Property Information，PCIPI），1998—2010 年改由信息技术常设委员会（Standing Committee on Information Technologies，SCIT）的标准与文献工作组（Standards and Documentation Working Group，SDWG）负责。2010 年至今，由 WIPO 标准委员会（Committee on WIPO Standards，CWS）继续就与知识产权信息有关的 WIPO 标准的修订和发展开展工作。

　　WIPO 标准的制定旨在使用商定的术语和信息格式，促进 IPOs 和国际性专利组织在工业产权客体的申请、审查、公布、授权和注册程序中电子数据处理的协调一致，提高各知识产权体系的效率并节约其成本，促进工业产权信息（文本和图像）的国际传递、交换、传播和共享，以及促进公众更便捷地检索、获取和利用工业产权信息。

　　截至 2023 年 12 月，WIPO 标准共包括 4 大类共计 56 项标准，分别包括知识产权文献与信息的通用标准 7 项、专利文献与信息相关标准 35 项、商标文献与信息相关标准 9 项和工业设计文献与信息相关标准 5 项。WIPO 标准具体如表 7-2 所示。

表 7-2　WIPO 知识产权信息与文献国际标准明细表

序号	标准号	标 准 名 称	标准名称（译文）	最新版本更新时间
知识产权文献与信息通用标准				
1	ST. 2	STANDARD MANNER FOR DESIGNATING CALENDAR DATES BY USING THE GREGORIAN CALENDAR	采用公历标示日期的标准方法	1997 年 5 月
2	ST. 3	RECOMMENDED STANDARD ON TWO-LETTER CODES FOR THE REPRESENTATION OF STATES, OTHER ENTITIES AND INTERGOVERNMENTAL ORGANIZATIONS	用双字母代码表示国家、其他实体及政府间组织的推荐标准	2022 年 12 月
3	ST. 13	RECOMMENDATION FOR THE NUMBERING OF APPLICATIONS FOR INDUSTRIAL PROPERTY RIGHTS (IPRS)	工业产权（INDUSTRIAL PROPERTY RIGHTS, IPRs）申请的编号建议	2008 年 2 月
4	ST. 90	RECOMMENDATION FOR PROCESSING AND COMMUNICATING INTELLECTUAL PROPERTY DATA USING WEB APIS (APPLICATION PROGRAMMING INTERFACES)	使用应用程序编程接口（webapi）处理和传递知识产权数据的建议	2023 年 2 月
5	ST. 91	RECOMMENDATIONS ON DIGITAL THREE-DIMENSIONAL (3D) MODELS AND 3D IMAGES	关于数字三维模型和三维图像的建议	2021 年 11 月

序号	标准号	标准名称	标准名称（译文）	最新版本更新时间
6	ST.96	RECOMMENDATION FOR THE PROCESSING OF INTELLECTUAL PROPERTY INFORMATION USING XML（EXTENSIBLE MARKUP LANGUAGE	使用可扩展标记语言（XML）处理知识产权信息的建议	2023 年 10 月
7	ST.97	RECOMMENDATION FOR PROCESSING OF INTELLECTUAL PROPERTY DATA USING JSON	使用 JavaScript 对象简谱（JavaScript Object Notation，JSON）处理知识产权数据的建议	2023 年 1 月
专利信息与文献相关标准				
8	ST.1	RECOMMENDATION CONCERNING THE MINIMUM DATA ELEMENTS REQUIRED TO UNIQUELY IDENTIFY A PATENTDOCUMENT	关于唯一识别专利文件所需最小数据元素的建议	2001 年 5 月
9	ST.6	RECOMMENDATION FOR THE NUMBERING OF PUBLISHED PATENT DOCUMENTS	对公布的专利文献编号的建议	2002 年 12 月
10	ST.8	STANDARD RECORDING OF INTERNATIONAL PATENT CLASSIFICATION（IPC）SYMBOLS ON MACHINE-READABLE RECORDS	在机器可读记录上记录国际专利分类（IPC）标识的标准	2011 年 3 月
11	ST.9	RECOMMENDATION CONCERNING BIBLIOGRAPHIC DATA ON AND RELATING TO PATENTS AND SPCS（Identification and Minimum requirements）	关于专利和补充保护证书（SPC）相关著录数据建议（标识和最低要求）	2013 年 6 月
12	ST.10	PUBLISHED PATENT DOCUMENTS	公开的专利文献	1997 年 11 月
13	ST.10/A	FORMAT（MARGINS，SIZE）OF PATENT DOCUMENTS	专利文献的格式（页边、尺寸）	1994 年 4 月
14	ST.10/B	LAYOUT OF BIBLIOGRAPHIC DATA COMPONENTS	著录项目数据的版式	2008 年 12 月
15	ST.10/C	PRESENTATION OF BIBLIOGRAPHIC DATA COMPONENTS	著录项目数据的表示	2017 年 8 月
16	ST.10/D	GUIDELINES ON PHYSICAL CHARACTERISTICS OF PATENT DOCUMENTS PARTICULARLY RELEVANT TO REPRODUCIBILITY AND LEGIBILITY OF SUCH DOCUMENTS	与专利文献的物理特性特别是有关其可复制性和可辨认性的指南	2016 年 10 月
17	ST.11	RECOMMENDATION ON THE MINIMUM OF INDEXES TO BE INSERTED IN PATENT GAZETTES OR PUBLISHED IN ASSOCIATION WITH PATENT GAZETTES	关于专利公报或相关出版物中最低限索引的建议	1990 年 12 月
18	ST.12	GUIDELINES FOR THE PREPARATION OF ABSTRACTS OF PATENT DOCUMENTS	专利文献摘要编制指南	1994 年 4 月

续表

序号	标准号	标 准 名 称	标准名称（译文）	最新版本更新时间
19	ST. 12/A	GENERAL GUIDELINES FOR THE PREPARA-TION OF ABSTRACTS OF PATENT DOCU-MENTS	专利文献摘要编制通用指南	1994 年 4 月
20	ST. 12/B	GUIDELINES FOR THE PREPARATION OF CATEGORIZED PATENT ABSTRACT	类目专利文摘编制指南	1994 年 4 月
21	ST. 12/C	GUIDELINES FOR THE PHYSICAL CHARAC-TERISTICS OF SEPARATELY PUBLISHED AB-STRACTS IN SELECTIVE DISSEMINATION OF INFORMATION（SDI）PRESENTED IN THE FORM OF CARD FILES	以卡片形式另行公布的定题信息服务（SDI）摘要的物理特性指南	1994 年 4 月
22	ST. 14	RECOMMENDATION FOR THE INCLUSION OF REFERENCES CITED IN PATENT DOCUMENTS	在专利文献中列入引证参考文献的建议	2016 年 5 月
23	ST. 15	GUIDELINES FOR THE WORDING OF TITLES OF INVENTIONS IN PATENT DOCUMENTS	专利文献中发明名称的用词指南	1995 年 12 月
24	ST. 16	RECOMMENDED STANDARD CODE FOR THE IDENTIFICATION OF DIFFERENT KINDS OF PATENT DOCUMENTS	用于标识不同种类专利文献的推荐标准代码	2016 年 10 月
25	ST. 17	RECOMMENDATION FOR THE CODING OF HEADINGS OF ANNOUNCEMENTS MADE IN OFFICIAL GAZETTES	官方公报中公告标目的编码建议	1990 年 12 月
26	ST. 18	RECOMMENDATION CONCERNING PATENT GAZETTES AND OTHER PATENT ANNOUNCE-MENT JOURNALS	关于专利公报及其他专利公告期刊的建议	1997 年 11 月
27	ST. 19	RECOMMENDATION FOR THE PUBLICATION OF INDEXES ISSUED YEARLY/HALF-YEAR-LY/QUARTERLY BY INDUSTRIAL PROPERTY OFFICES	工业产权局出版年度、半年度、季度索引的建议	1990 年 12 月
28	ST. 20	RECOMMENDATIONS FOR THE PREPARA-TION OF NAME INDEXES TO PATENT DOCU-MENTS	专利文献中名称索引的编制建议	1993 年 12 月
29	ST. 21	RECOMMENDATION CONCERNING THE RE-DUCTION OF VOLUME OF PRIORITY DOCU-MENTS AS FILED WITH INDUSTRIAL PROP-ERTY OFFICES	关于缩减向工业产权局提交优先权文献量的建议	1994 年 4 月
30	ST. 22	RECOMMENDATION FOR THE AUTHORING OF PATENT APPLICATIONS FOR THE PUR-POSE OF FACILITATING OPTICAL CHARAC-TER RECOGNITION（OCR）	关于便于光学字符识别（OCR）的专利申请编写建议	2008 年 12 月

序号	标准号	标 准 名 称	标准名称（译文）	最新版本更新时间
31	ST. 25	STANDARD FOR THE PRESENTATION OF NUCLEOTIDE AND AMINO ACID SEQUENCE LISTINGS IN INTERNATIONAL PATENT APPLICATIONS UNDER THE PCT	专利申请中核苷酸和氨基酸序列表的表述标准	2009 年 12 月
32	ST. 26	RECOMMENDED STANDARD FOR THE PRESENTATION OF NUCLEOTIDE AND AMINO ACID SEQUENCE LISTINGS USING XML (EXTENSIBLE MARKUP LANGUAGE)	使用可扩展标记语言（XML）表述核苷酸和氨基酸序列表的推荐标准	2023 年 7 月
33	ST. 27	RECOMMENDATION FOR THE EXCHANGE OF PATENT LEGAL STATUS DATA	关于专利法律状态数据交换的建议	2021 年 11 月
34	ST. 31	RECOMMENDED STANDARD CODED CHARACTER SETS FOR THE EXCHANGE OF MACHINE-READABLE RECORDS OF PATENT DOCUMENTS	用于交换可机读专利文件记录的推荐标准编码字符集	1996 年 10 月
35	ST. 32	RECOMMENDATION FOR THE MARKUP OF PATENT DOCUMENTS USING SGML (STANDARD GENERALIZED MARKUP LANGUAGE)	使用标准通用标记语言（SGML）标记专利文件的建议	1995 年 11 月
36	ST. 33	RECOMMENDED STANDARD FORMAT FOR DATA EXCHANGE OF FACSIMILE INFORMATION OF PATENT DOCUMENTS	用于交换专利文件摹真信息的推荐标准格式	1999 年 2 月
37	ST. 34	RECOMMENDATION CONCERNING THE RECORDING OF APPLICATION NUMBERS IN ELECTRONIC FORM FOR THE EXCHANGE OF BIBLIOGRAPHIC DATA	用于著录项目数据交换的以电子形式记录申请号的建议	2008 年 12 月
38	ST. 35	RECOMMENDED STANDARD FORMAT FOR DATA EXCHANGE OF MIXED-MODE PUBLISHED PATENT DOCUMENTINFORMATION ON REEL-TO-REEL AND IBM 3480/90 CARTRIDGE TAPES	用于数据交换的在盘至盘和 IBM3480/90 盒式磁带上以混合模式出版专利文献信息的推荐标准格式	1999 年 12 月
39	ST. 36	RECOMMENDATION FOR THE PROCESSING OF PATENT INFORMATION USING XML (EXTENSIBLE MARKUP LANGUAGE)	使用可扩展标记语言（XML）处理专利信息的建议	2007 年 11 月
40	ST. 37	RECOMMENDATION FOR AN AUTHORITY FILE OF PUBLISHED PATENT DOCUMENTS	已公布专利文献授权文件的建议	2021 年 11 月
41	ST. 40	RECOMMENDATION CONCERNING MAKING FACSIMILE IMAGES OF PATENT DOCUMENTS AVAILABLE ON CD-ROM	在只读光盘（CD-ROM）上可获得专利文件的摹真图像的建议	1993 年 4 月

序号	标准号	标 准 名 称	标准名称（译文）	最新版本更新时间
42	ST. 50	GUIDELINES FOR ISSUING CORRECTIONS, ALTERATIONS AND SUPPLEMENTS RELATING TO PATENT INFORMATION	与专利信息有关的修正、替换和增补出版指南	2009 年 12 月
商标信息与文献相关标准				
43	ST. 60	RECOMMENDATION CONCERNING BIBLIOGRAPHIC DATA RELATING TO MARKS（Identification and minimum required）	关于商标著录项目数据的建议（标识和最低要求）	2019 年 11 月
44	ST. 61	RECOMMENDATION FOR THE EXCHANGE OF TRADEMARK LEGAL STATUS DATA	交换商标法律状态数据的建议	2023 年 12 月
45	ST. 62	RECOMMENDATION CONCERNING STANDARD ABBREVIATION FOR "VIENNA CLASSIFICATION"	关于"维也纳分类"标准缩略语的建议	1992 年 12 月
46	ST. 63	RECOMMENDATION CONCERNING THE CONTENT AND LAYOUT OF TRADEMARK GAZETTES	关于商标公报内容和版式的建议	1997 年 11 月
47	ST. 64	RECOMMENDED SEARCH FILES FOR TRADEMARK SEARCH	用于商标检索的推荐检索文件	1996 年 5 月
48	ST. 66	RECOMMENDATION FOR THE PROCESSING OF TRADEMARK INFORMATION USING XML（EXTENSIBLE MARKUP LANGUAGE）	关于使用可扩展标记语言（XML）处理商标信息的建议	2012 年 3 月
49	ST. 67	RECOMMENDATIONS FOR THE ELECTRONIC MANAGEMENT OF THE FIGURATIVE ELEMENTS OF TRADEMARKS	商标图形元素电子化管理建议	2012 年 7 月
50	ST. 68	RECOMMENDATIONS FOR THE ELECTRONIC MANAGEMENT OF SOUND MARKS	声音商标电子化管理建议	2016 年 6 月
51	ST. 69	RECOMMENDATION FOR THE ELECTRONIC MANAGEMENT OF MOTION AND MULTIMEDIA MARKS	动态商标和多媒体商标电子化管理建议	2020 年 12 月
工业设计信息与文献相关标准				
52	ST. 80	RECOMMENDATION CONCERNING BIBLIOGRAPHIC DATA RELATING TO INDUSTRIAL DESIGNS	关于工业设计著录数据的建议	2004 年 1 月
53	ST. 81	RECOMMENDATION CONCERNING THE CONTENT AND LAYOUT OF INDUSTRIAL DESIGN GAZETTES	关于工业设计公报内容和版式的建议	1997 年 11 月

序号	标准号	标准名称	标准名称（译文）	最新版本更新时间
54	ST. 86	RECOMMENDATION FOR THE PROCESSING OF INDUSTRIAL DESIGN INFORMATION US-ING XML（EXTENSIBLE MARKUP LAN-GUAGE）	关于使用可扩展标记语言（XML）处理工业设计信息的建议	2008 年 2 月
55	ST. 87	RECOMMENDATION FOR THE EXCHANGE OF INDUSTRIAL DESIGN LEGAL STATUS DATA	交换工业设计法律状态数据的建议	2022 年 12 月
56	ST. 88	RECOMMENDATIONS FOR ELECTRONIC REP-RESENTATION OF INDUSTRIAL DESIGNS	工业设计电子化表示的建议	2023 年 12 月

7.2.2 知识产权文献与信息通用标准简介

7.2.2.1 ST.2 采用公历标示日期的标准方法

该标准旨在消除用数字表示日历日期引起的含义曲解，以避免在工业产权信息用户中产生混淆。该标准规定了在官方公报的条目或相应的电子记录中，按照公历在工业产权文献上印刷或者显示日历日期的方法。该标准的条款在最大程度上与国际标准《日期元素和交换格式　信息交换　日期和时间表示》（ISO 8601）推荐的日期表示法（扩展格式）保持一致。

7.2.2.2 ST.3 用双字母代码表示国家、其他实体及政府间组织的推荐标准

为促进工业产权信息的利用，该标准规定用双字母代码表示国家、其他实体及政府间组织的名称。这些国家或组织或立法保护工业产权，或在工业产权领域条约的框架内工作。该标准中国家或其他实体的符号指定并不意味着对任何国家或地区的合法地位或其主权以及其国界的确定表达意见。

该标准与国际标准《Codes for the representation of names of countries and their subdivisions Part 1：Country code》（ISO 3166—1：2020）中被普遍认可的 ISO Alph-2 代码相一致。除少数例外，该标准中国家名称缩写与联合国术语数据库一致。

7.2.2.3 ST.13 工业产权（INDUSTRIAL PROPERTY RIGHTS，IPRs）申请的编号建议

制定一种可广泛应用于工业产权局（IPOs）的申请号格式十分重要。该标准的目的是为那些打算修改现行申请编号体系，或者计划为专利、实用新型、商标、工业设计补充保护证书（supplementary protection certificate，SPC）和集成电路布图设计（拓扑图）引入新申请编号体系的 IPOs 提供指导。

申请号主要由 IPOs 使用以便标识所接收的每一件申请。当要求优先权时，该申请

号也会由其他 IPOs 和申请人利用。近来，随着优先权证书在 IPOs 之间电子化交换，同时 IPOs 或公众可在互联网上访问电子档案，准确标识申请号的需求日益增加。就此而言，ST. 10/C 和 ST. 13 涵盖了申请号的格式和表示。然而，IPOs 实际使用的格式和表示在历史上是不一致的，这种不一致给其他 IPOs 和公众正确和完整地识别申请号造成了困难。因此，建议 IPOs 遵循该标准修改现有的申请编号体系或创建新的申请编号体系。

7.2.2.4　ST. 90 使用应用程序编程接口（webapi）处理和传递知识产权数据的建议

该标准提供了关于应用程序编程接口（API）的建议，以促进在网络上以协调统一的方式处理和交换知识产权数据。该标准的目标是：通过建立统一的网络服务设计原则来确保一致性；提高网络服务合作伙伴之间的数据互操作性；通过统一设计提高可复用性；通过相关可扩展标记语言（XML）资源中明确定义的名称空间策略，提高跨业务单元的数据命名灵活性；促进信息的安全交换；提供适当的内部业务流程作为增值服务，供其他组织使用；集成其内部业务流程，并将其与业务合作伙伴动态链接。

7.2.2.5　ST. 91 关于数字三维模型和三维图像的建议

该标准为使用数字三维模型和三维图像来管理、存储、处理、交换或传播知识产权数据的 IPOs 和其他相关方提供了建议。该标准的目标是：确定申请人使用不同软件时可获得、可兼容或可互用的格式，以便于他们在提交申请前准备申请材料；减少 IPOs 处理知识产权申请流程的时间；IPOs 采用该推荐格式，便于其向其他 IPOs 提交知识产权申请；协调满足 IPOs 和其他组织之间通过数字三维视觉表示的知识产权保护主体的数据交换要求；形成通过数字三维视觉表示的知识产权保护主体公布信息的一套要求等。

7.2.2.6　ST. 96 使用可扩展标记语言（XML）处理知识产权信息的建议

该标准建议将 XML 资源用于以下类型的知识产权，包括专利、商标、工业设计、地理标志和版权的申请、公布、信息处理和交换。该标准也可扩展到其他知识产权类型，如植物育种者权利（Plant Breeder's Rights，PBR）。该标准仅推荐万维网联盟（World Wide Web Consortium，W3C）XML 模式语言，具体可参考 W3C 的相关信息。该标准提供了一套建议，包括设计 XML 资源的规则和约定，以及知识产权团体用 XML 交换知识产权信息的通用词汇表。

该标准的目标是：加强 IPOs 之间的互操作性；提升各类知识产权信息之间的协调一致性；促进数据兼容性，特别是与 ST. 36、ST. 66 和 ST. 86 的数据可转换性；提高知识产权信息的一致性；促进实施 XML 模式的通用做法等。

7.2.2.7 ST.97 使用 JavaScript 对象简谱（JavaScript Object Notation，JSON）处理知识产权数据的建议

该标准提供了设计、创建或更新 JSON 资源的建议，用于归档、处理、交换或发布所有类型的知识产权数据。该标准考虑了将 ST.96 的 XML 模式（XSDs）转换为 JSON 的规则。

该标准的目标是：提供设计和开发知识产权 JSON 数据最佳实践的指导；通过提供基于 ST.96 的 JSON 模式和实例来交换知识产权数据，确保一致性；建议扩展所提供的 JSON 模式或创建新的符合 JSON 模式的设计原则；通过促进 IPOs 之间以及向公众提供数据的 JSON 资源的重用，来提高数据交换效率等。

7.2.3 专利相关的信息与文献标准

7.2.3.1 ST.1 关于唯一识别专利文件所需最小数据元素的建议

该标准定义了唯一识别所有类型的专利文件（无论是以纸质还是电子形式公布）所需的最低数据元素，具体包括：根据 ST.3 标识公布专利文献的国家、其他实体及政府间组织的双字母代码；根据 ST.6 编制的公开号；根据 ST.16 编制的文献类型代码；根据 ST.9 国际承认的专利文献著录数据标识代码（Internationally agreed Numbers for the Identification of（bibliographic）data，INID 代码）（40）至（48）的规定标识的文献公布日期，其中，任何由相关 INID 代码确定的日历日期的显示应按照 ST.2 中建议的顺序和格式；根据 ST.10/B 在专利公开文献的扉页和后面每一页上标识的唯一标识符。

7.2.3.2 ST.6 对公布的专利文献编号的建议

该标准的目的是为希望更新现有编号系统或为已公布的专利文件制定新的编号系统的 IPOs 提供指导。对于那些希望使用申请号作为公开号的 IPOs，则可以参考 ST.13。

7.2.3.3 ST.8 在机器可读记录上记录国际专利分类（IPC）标识的标准

该标准规定了 IPC 的标识在以机器可读的格式交换信息时，应形成一个 50 位固定长度字段的机器可读记录。IPC 标识的每个部分都记录在特定位置并以规定的方式进行记录。

7.2.3.4 ST.9 关于专利和补充保护证书（SPC）相关著录数据建议（标识和最低要求）

该标准旨在改进获得专利和 SPC 相关通用信息，特别是专利公报和专利文件著录信息的途径。标准中规定了一些代码，根据这些代码，用户即使在不了解文献所使用的语言和所适用的知识产权、公约或条约的情况下，也可以了解专利文献扉页和/或专

利公报条目中的各种著录数据的含义。更进一步地，该标准同时也指明了应当印在专利文献扉页上的必要著录数据，以及可以作为予以公布的专利公报条目一部分的著录数据。

7.2.3.5　ST.10 公开的专利文献

随着已公布专利文献国际交流日益增多，有必要在专利文献的格式、物理特征以及著录数据文本元素的版式和图表呈现等方面采取统一的标准。通过该标准可以让IPOs 实现以下目标：

（1）提高专利文献的信息价值；

（2）让专利文献的使用更加便利；

（3）在生产、存储和传播专利文献时能够更好地应用现代技术，例如，电子数据处理等。

该标准包括 4 个相关的子标准，分别是：

《ST.10/A 专利文献的格式》（页边、尺寸）；

《ST.10/B 著录项目数据的版式》；

《ST.10/C 著录项目数据的表示》；

《ST.10/D 与专利文献的物理特性特别是有关其可复制性和可辨认性的指南》。

7.2.3.6　ST.10/A 专利文献的格式（页边、尺寸）

该标准根据审查员检索文档的排放、图书馆里文献的上架、装订的一致性和便于复制等理由，给出了专利文献标准尺寸的建议，同时给出了专利文献页边最小尺寸的建议，该尺寸不涉及相关专利文献的页面尺寸。

7.2.3.7　ST.10/B 著录项目数据的版式

该标准对著录项目数据在专利文献中的版式进行了具体规定。

7.2.3.8　ST.10/C 著录项目数据的表示

该标准对著录项目数据的表示进行了规定，包括日期的表示，分类标识的表示，申请号的表示，关于对出版或注册专利文献的国家、组织和其他实体的标识，校验位的使用和表示以及优先权申请号的表示等。

7.2.3.9　ST.10/D 与专利文献的物理特性特别是有关其可复制性和可辨认性的指南

该标准的目的是规定与 IPOs 公布的原版纸件专利文献的可复制性和可辨认性有关的可接受的质量标准。专利文献由 IPOs 公布，公布时可以根据申请人提交的申请原始文本，或采用光致还原技术（或者不使用光致还原技术）对原始申请进行复制的副本进行排版。众所周知，对于后一种情形，原始纸件副本的质量取决于申请人所提交的原始文本的质量，而在这当中 IPOs 的控制作用有限。然而，该标准在这方面作出的说明可以帮助 IPOs 实现这种控制作用。

出于种种原因，原始纸件文件经常需要使用各种技术进行复制。原始纸件文件，例如图书馆中装订成册的原始纸件，可以采用电光学或热成像传感材料直接进行复制。缩微副本则可以使用 16 毫米胶卷、35 毫米胶卷（例如，后者生产的 8 孔卡片）或者微缩胶片进行拍摄，然后将其还原到纸上或利用光学浏览设备直接浏览。不管哪一种情况最终的副本质量都与最初公布的专利文献质量有很大关系。在每一步复制过程中，图像质量的降低是不可避免的。为了在可辨认性上确保最终副本令人满意，我们需要对那些会影响到最终可辨认性的物理因素进行评估。因为，虽然公布的专利文献可能是清晰的，但经过各种复制技术所得到的复制件却在清晰程度方面不能令人满意，其原因就在于最初公布的专利文献的物理特性没有得到满足。

7.2.3.10　ST.11 关于专利公报或相关出版物中最低限索引的建议

该标准涉及专利公报中插入的或单独出版的最低限度现行索引，单独出版的索引清楚地与专利公报相关联，以便更容易地查找到包含在专利公报中的专利信息。该标准也包括了与专利公报相关的现行索引。如果索引中包含了每个条目如何识别专利公报中相应公告的标识，例，借助参见，可以考虑将该索引与专利公报合并在一起出版。该标准中推荐使用的最低索引包括：文献号索引、分类索引和人名索引等。

7.2.3.11　ST.12 专利文献摘要编制指南

本系列专利文献摘要编制指南包括：
（1）摘要编制通用指南；
（2）类目文摘编制指南；
（3）以卡片形式另行公布的 SDI 摘要的物理特性指南。
摘要编制通用指南最初是由前 ICIREPAT 的检索系统技术委员会精心制作的。类目文摘编制指南是关于摘要表述的摘要编制通用指南的补充，因此它通常和通用指南结合在一起使用，尤其是在涉及摘要内容的时候。以卡片形式另行公布的 SDI 摘要的物理特性指南，是为那些公布或希望开始以卡片形式公布 SDI 专利文献摘要的 IPOs 准备的。除了物理特性，这些指南还定义了除摘要之外应当给出的最低限度著录项目数据，以及最重要的附图（如果有的话）。

7.2.3.12　ST.12/A 专利文献摘要编制通用指南

专利文献摘要编制通用指南强调专利文件的摘要是对其技术公开的简要陈述，摘要应在披露许可的范围内清晰简洁，摘要应当主要针对本发明所属领域中的新内容。

7.2.3.13　ST.12/B 类目专利文摘编制指南

如果 IPOs 希望提交给它的摘要是分类目的文摘，建议在其编制规则中引入该标准。编制可以快速浏览的标准文摘，很大程度上是通过以类目形式给出的摘要实现的。这样的文摘可以为读者提供一种快速浏览特定技术领域的有效手段，尤其是帮助读者决定是否有必要查阅专利文献本身。至于文摘的内容，适用通用指南的规定。

类目文摘分成几个类目，每个部分有一个确切定义的标题。为了便于识别，给每个标题分配了一个特定的阿拉伯数字。文摘应该依序包含以下类目：发明客体、发明特征、应用领域、可选择方案（如果有的话）、实施例和/或附图（如果有的话），如果发明含有化学式，应放在发明特征中。

7.2.3.14　ST.12/C 以卡片形式另行公布的定题信息服务（SDI）摘要的物理特性指南

该标准适用于出版或准备开始出版专利文献摘要以提供卡片形式的 SDI 的 IPOs。SDI 往往被研发机构、工业企业和其他组织根据其技术需求使用，从而方便创建和维护检索文档。用于 SDI 的专利文献摘要可以作为单独的卡片发布，也可以每页包含若干摘要的特别公告发布。在后一种情况下，用户可以剪切页面以提供单独的摘要卡用于归档。

该标准定义了卡片的物理特征，单个摘要卡片优选采用 ISO 45 单面印刷品格式，ISO A6 格式也可以作为可选方案。为了提供硬度合适的摘要卡片用于归档，至少要使用每平方米 120 克的纸张。如果摘要卡片的一面空间不够用的话，那么续卡应该优选在第一张摘要卡片的反面继续给出信息，而且应该在第一张摘要卡片上标明存在续卡。

7.2.3.15　ST.14 在专利文献中列入引证参考文献的建议

在科学技术期刊上发表的文章通常包含一定数量的对早期出版物的引用。专利申请也经常包含（例如在发明的描述中）对早期专利、专利申请或其他知识产权的引用。在专利审查中，专利审查员也会引用一个或多个专利文件或其他文件，这些文件描述了与正在审查的专利申请中描述的技术方案相似或密切相关的技术方案，以说明现有技术。

在审查专利申请或建立检索报告时，IPOs（包括 PCT 框架下的地区局和国际检索机构）可以引用一定数量的专利文件和其他文件作为对现有技术的说明。一些 IPOs（但不是全部）通过将这些引证的参考文献纳入已公开的专利文献，以提请公众注意。该标准旨在推广在专利审查程序中在专利文献中列入"引证的参考文献"的做法，规范上述参考文献在专利文献上的表述方式，并建议"引证的参考文献"应出现的首选位置。

7.2.3.16　ST.15 专利文献中发明名称的用词指南

对于希望了解某一特定技术领域的专利发展，并通过专利公报中所列名称来获取信息的用户来说，发明名称具有相当重要的意义。对于 IPOs，发明名称在编制索引和进行初步分类中十分重要。发明名称往往向专利文献用户传递了发明主要内容的第一印象。为了使发明名称尽可能具有信息性，特制定了该标准。

发明名称应该是有意义的，还应当尽可能清楚、简明和具体地表明发明所涉及的主题。如果专利文献包含不同类别（产品、工艺、设备和用途）的权利要求，应该在名称中显而易见地表达出来。不应在标题中使用"专利"一词，以及个人名称、昵称、商号、商品名称、商标或缩写或术语（如"等"）。

7.2.3.17 ST.16 用于标识不同种类专利文献的推荐标准代码

该标准规定了几组字母代码，用于标识由 IPOs 公布的专利文献。本字母代码也可为专利文献的收藏和查询提供便利。

7.2.3.18 ST.17 官方公报中公告标目的编码建议

为了提高官方公报的信息价值，该标准建议在官方公报公告的各种标题上加入标准代码。通过加入用于标识公告中各种标题的代码，能够让用户更加容易地找到感兴趣的内容，而无须对专利公报的出版语言有任何特殊了解，甚至对所涉及的知识产权法律也不需要任何专业知识。

7.2.3.19 ST.18 关于专利公报及其他专利公告期刊的建议

由 IPOs 发布的专利公报和其他专利公告期刊往往是最早期、最原始的专利信息来源。为了让用户能够更加便捷地利用 IPOs 出版的专利公报和其他专利公告期刊，特制定该标准。该标准能够为还未出版专利公报和其他专利公告期刊，但未来有此计划的IPOs，以及对目前出版的专利公报和其他专利公告期刊进行改进的 IPOs 提供指导。

7.2.3.20 ST.19 工业产权局出版年度、半年度、季度索引的建议

工业产权局（IPOs）年度、半年度、季度发布的索引对于希望获得及时、可靠的发明专利、植物专利、发明人证书、外观设计专利、实用证书、实用新型及其附加文件、已公布申请文件信息的用户十分重要。为了提高其可用性，该标准旨在为尚未出版上述索引，但计划在未来出版的 IPOs，以及那些希望对目前出版的索引进行改进的IPOs 提供指导。目前，IPOs 出版的索引组成内容存在显著差异，无法进行同等有效的使用，因此该标准中主要推荐的索引指标种类包括：文献号索引、分类索引、发明人、申请人和权利人名称等按字母顺序的索引以及其他按照 WIPO 标准推荐的代码索引等。

7.2.3.21 ST.20 专利文献中名称索引的编制建议

尽管有各种专利在线数据库出现，但由 IPOs 编制的名称索引仍然在广泛和普遍使用。名称索引主要包括申请人、发明人、专利权人和受让人名称索引，其在使用中主要会存在两个问题，一是用户在特定名称索引中查询检索的名称，在索引中实际以不

同的名称形式出现，导致无法检索到；二是名称或其变体有可能在索引中被编制在一个不是用户所期望的位置。该标准的目的是让名称索引中的名称有统一的呈现形式，同时索引中名称排序有统一的方法。标准中对一般性情况的建议、法人名称建议、自然人姓名建议、姓名和名称的通用建议等作出了规定。

7.2.3.22　ST.21 关于缩减向工业产权局提交优先权文献量的建议

据《保护工业产权巴黎公约》第 4.D.3 条款的公告所产生的优先权文件会导致大量文件从一个工业产权局（IPOs）传送到另一个。该标准的目的是在不影响优先权文件内容的情况下，有助于减少这一数量。由于不同的 IPOs 有不同的设备、技术以及不同的经济和法律考虑，同时大多数 IPOs 实现无纸化的难度也很大。因此，该标准中建议采取两种可选方案，第一种是在传统文件支持的基础上，提供一份优先权文件的精简文本，第二种方案是采用缩微胶片。在这两种解决方案中，优先权文件的数量都得到了显著减少。一个 IPOs 可以根据其他 IPOs 传送来文件的情况，选择最合适的方式生产优先权文件。

7.2.3.23　ST.22 关于便于光学字符识别（OCR）的专利申请编写建议

该标准适用于以书面形式或以电子方式提交的专利申请，但其申请的正文内容是以图像格式（如 PDF 或 TIFF 图像）提交的。使用 OCR 技术可以生成专利申请内容的数字化记录。制作专利申请的数字化记录，可以使用计算机排版技术以合成格式公布该申请，从而提高专利文件的呈现方式和价值，对所有用户有利。另一个目的是形成已发布文件全文的机器可读数据库，以实现专利文献的计算机全文检索。该标准是基于 IPOs 使用 OCR 技术的工作经验，旨在实现在尽可能低差错率情况下自动识别专利申请内容的目的，同时保证识别结果具有一定可读性。

7.2.3.24　ST.25 专利申请中核苷酸和氨基酸序列表的表述标准

该标准旨在为国际专利申请中核苷酸和氨基酸序列表的表述提供标准规范。该标准允许申请人起草一份单列的序列表，该序列表在国际阶段为所有受理机构、国际检索和初步审查机构所接受，在国家阶段为所有指定和选出的受理机构所接受。它旨在提高国际申请中核苷酸和氨基酸序列表述的准确性和质量，使序列的表述和传播更容易，造福于申请人、公众和审查人员，以便于检索序列数据，并允许以电子形式交换序列数据以及将序列数据引入计算机数据库。

从 2022 年 7 月 1 日起，该标准已经被标准 ST.26 关于用 XML 表示核苷酸和氨基酸序列表的推荐标准所替代。①

---

① 国家知识产权局关于调整核苷酸或氨基酸序列表电子文件标准的公告（第 485 号）[EB/OL].（2022-06-14）[2024-05-06]. https://www.cnipa.gov.cn/art/2022/6/14/art_74_176021.html.

7.2.3.25 ST.26 使用可扩展标记语言（XML）表述核苷酸和氨基酸序列表的推荐标准

该标准定义了专利申请中被要求包含在序列表中的公开的核苷酸和氨基酸序列，包括其表述方式和 XML 中序列表的文档类型定义（DTD）。建议 IPOs 接受其作为专利申请的一部分或与专利申请有关的符合该标准的任何序列表。

ST.26 是 WIPO 经过六年多讨论，最终各成员国达成一致意见，在 2022 年 7 月 1 日正式实施的新 XML 标准。与 ST.25 相比，新标准中增加了序列类型（包括分支序列、D-氨基酸和核苷酸类似物等），更加符合主流核苷酸和氨基酸序列数据库的要求，并使序列数据更容易进行交换和检索。

根据 ST.26，在 2022 年 7 月 1 日之前提交的国际申请中公开的任何序列都必须继续符合 ST.25 标准，既包括申请时也包括申请后提交的任何序列表。但是在 2022 年 7 月 1 日或之后提交的国际申请中公开的任何序列都必须符合 ST.26，即使优先权申请包含了 ST.25 序列表。

7.2.3.26 ST.27 关于专利法律状态数据交换的建议

为了避免侵犯知识产权，提供最新、可靠和可理解的知识产权法律状态信息十分必要。IPOs 目前以不同的格式和语言提供这些信息，由于各国家和地区专利法和实践的不同，这些信息的提供不一致，而且经常不及时。因此，提供一个能够以全球统一方式描述专利申请在审查阶段或授权后的法律状态的标准化模型是非常必要的。该标准旨在促进 IPOs 以协调一致的方式，高效交换专利法律状态数据，以方便知识产权信息用户、IPOs、知识产权数据提供商、社会公众和其他相关方利用该数据。

该标准提供了可用于直接识别专利或 SPC 中法律状态的代码，定义了涵盖 IPOs 专利或 SPC 生命周期内可能发生的法律状态事件，还提供了用于在 IPOs 之间以电子形式交换法律状态数据的数据结构等内容。

7.2.3.27 ST.31 用于交换可机读专利文件记录的推荐标准编码字符集

该标准提供了用于在可机读的记录（如磁带）上进行交换的专利文献编码字符集。字符集包括专利文件处理过程中可能遇到的普通字符、数字和特殊符号。字符集通过多个代码页来进行编码，每个代码页的理论容量为 256（16×16）个位置。由于全部的字符列表有 187 页，标准中限于篇幅没有全部列出，可以在国际局查阅相关副本。

7.2.3.28 ST.32 使用标准通用标记语言（SGML）标记专利文件的建议

该标准提供了专利文献以可机读形式在与硬件、软件和版式格式等均无关的任何交换介质中的交换方法，即通过定义通用标识符来标记每个专利文档的逻辑结构，主要包括通用文本的 SGML 标记和专利著录项目的 SGML 标记。通用文本的 SGML 标记包括文档结构、文本高亮标记、页面结构标签、其他普通本文、列表、图片、表格、化学公式、数学公式、引用、名称和地址等内容。专利著录项目的 SGML 标记包括专利著录项目数据的标识。

7.2.3.29　ST.33 用于交换专利文件摹真信息的推荐标准格式

该标准定义了以摹真形式交换专利信息数据所使用的格式。该标准以国际标准为基础，规定了在电子数据载体上专利文件的呈现方式。对于未编码的图像信息的详细格式为：

（1）文档的整页都表示为单独的图像，而不考虑其内容（目录数据、文本或附图）；

（2）具有嵌入图像的页面的部分可以被定义为帧。

标准具体内容包括可移动介质的规范、文件和记录的结构、专利文件的识别和摹真编码约定等。

7.2.3.30　ST.34 用于著录项目数据交换的以电子形式记录申请号的建议

该标准的目的是促进 IPOs、组织和其他机构之间的著录数据交换，特别是那些用作专利的优先权申请号的著录数据。该标准包括关于如何记录专利、外观设计和其他知识产权申请号码的规定，以及只读光盘或磁带等交换介质上申请号格式的规定，即根据 ST.3 的两个字母的代码，识别工业产权类型的单字母代码和申请号，以一个固定长度的字符串来表示。该标准适用于所有类型的申请号系统，附录中还给出了相应的申请号类型以及推荐的记录格式。

7.2.3.31　ST.35 用于数据交换的在盘至盘和 IBM3480/90 盒式磁带上以混合模式出版专利文献信息的推荐标准格式

该标准定义了在 1/2 英寸盘至盘和 IBM3480/90 盒式磁带（混合模式磁带 – MMMT）上以混合模式形式出版专利信息的数据交换和数据处理所使用的格式。该标准的目的是为专利文献加工和与一件或多件专利有关的所有数据（包括文本和/或图像数据）的数据交换提供一个合乎逻辑、独立于系统的结构。这意味着该标准可代替 ST.30 和 ST.33。

通常，交换的数据可用于建立和更新专利著录信息数据库，但也可用于任何介质上的全文和图像专利数据库，如磁带、硬盘、只读光盘等。特别是，该标准允许处理以下数据：

（1）作为字符编码数据记录的专利文件的全文或部分文本数据，包括著录项目数据。强烈建议该数据由根据 ST.32 的 SGML 标记符标记。

（2）不考虑其内容（著录数据、文本或图像），文件的全部页都呈现为一个图像。

（3）在全文文本文件中不能作为字符编码数据记录的数据，如图像、化学方程式、复杂表格等，可作为所谓的嵌入图像处理，并定义为画面。

7.2.3.32 ST.36 使用可扩展标记语言 (XML) 处理专利信息的建议

该标准推荐使用 XML 资源,用于所有类型的专利信息的归档、处理、出版和交换,是 XML1.1 的应用。XML 是 SGML 的一个子集,在该标准中有完整的描述,它的目标是使通用 SGML 能够以超文本标记语言 (HTML) 方式在网络上被提供、接收和处理。标准定义了标记专利文献的元素及其通用标识符、"标签"和属性。也就是说,标准规定了构成其讨论的各种文档类型的元素和属性的语法 (含义)、使用以及名称等。

该标准为专利文件处理提供一个合乎逻辑、独立于系统的结构,无论是文本数据还是图像数据。这意味着该标准可代替 ST.30、ST.32、ST.33 和 ST.35,用于著录项目数据、摘要或全文等所有专利文件类型的归档、处理、出版和交换。该标准可以为以下数据提供 XML 资源:

(1) 作为字符编码数据记录的专利文献的全文或部分文本,包括著录数据;

(2) 表示为一个图像的整页文档 (页面图像),而不考虑其内容 (著录数据、文本或图像);

(3) 全文文档中不能作为字符编码数据记录的数据,如图像、化学公式,尤其是复杂的表格 (所述的嵌入图像)。

7.2.3.33 ST.37 已公布专利文献授权文件的建议

该标准定义了构成专利文献授权文件的数据元素及其结构和格式。IPOs 生成授权文件的主要目的是允许其他 IPOs 和利益相关方评估其可利用该专利文献的完整性。授权文件也可用于获取 PCT 最低文献集中专利的相关著录信息。为了进行一致性检查,授权文件应包含 IPOs 分配的所有出版物编号的列表。这可能包括没有出版文献的出版物编号 (例如在出版前不久撤回的申请或销毁的文献等情况),以及出版物仅包含著录数据的出版物编号。

7.2.3.34 ST.40 在只读光盘 (CD-ROM) 上可获得专利文件的摹真图像的建议

该标准是为了使专利文献可作为 CD-ROM 上的摹真图像,特别是为了 IPOs 之间交换目的,以帮助将来用 CD-ROM 代替纸件作准备。其意图是要使根据该标准发布的光盘能够不加修改地在各种操作系统下运行。所述的"专利文献"包括发明专利、植物专利、发明人证书、外观设计专利、实用证书、实用新型、它们的附属文件以及它们公布的申请等。该标准给出了对 IPOs 制造摹真 CD-ROM 的指导,并对 IPOs 在它们的摹真 CD-ROM 的制造中涉及的相关实践进行了分析。

7.2.3.35 ST.50 与专利信息有关的修正、替换和增补出版指南

该标准是以几个 IPOs 和专利信息用户的经验为基础确立的,旨在指导 IPOs 和其他

专利信息提供商出版任何形式的与专利信息相关的修正、替换和增补文献，从而使此类文献有一个明确和统一的表达。除非另有说明，否则指南每一段落都是介质中立且涉及所有介质类型，包括所有纸件和电子介质（例如 DVD-ROM、CD-ROM 光盘或在线网络出版）。

7.2.4　商标相关的信息与文献标准

7.2.4.1　ST.60 关于商标著录项目数据的建议（标识和最低要求）

该标准的目的是提高获得有关商标的一般信息的能力，特别是有关商标公报的著录项目数据和证书的信息。该标准规定的代码，能够让人们通过其鉴别有关商标的各种著录项目数据，例如公报或者证书所列出的数据，而不需要了解其所使用的语言以及所适用的工业产权法。这一建议进一步表明商标公报中应当公布符合最低要求的著录项目数据。

7.2.4.2　ST.61 交换商标法律状态数据的建议

为了避免侵犯知识产权，提供最新、可靠和可理解的知识产权法律状态信息十分必要。IPOs 目前以不同的格式和语言提供这些信息，由于各国家和地区商标法和实践的不同，这些信息的提供不一致，而且经常不及时。因此，提供一个可以描述商标申请在注册全过程的法律状态，或者能够以全球统一方式描述注册商标的法律状态的标准化模型是非常必要的。该标准旨在促进商标注册体系中商标法律状态数据的有效交换，以方便知识产权信息用户、IPOs、知识产权数据提供商、公众和其他利益相关方利用该数据。该标准旨在提高包括马德里系统在内的注册系统中商标法律状态数据的全球可用性、可靠性和可比性。

7.2.4.3　ST.62 关于"维也纳分类"标准缩略语的建议

建议用于商标公报和证书的维也纳分类缩略语是"CFE"。对于根据已有的维也纳分类版本进行分类的标志的图像要素，建议在缩略语之后用圆括弧加阿拉伯数字的方式表明所用版本。例如，对于根据《维也纳分类法》第三版分类进行分类的标志的图像要素，建议的缩略语是"CFE（3）"。

7.2.4.4　ST.63 关于商标公报内容和版式的建议

目前，IPOs 和其他主管部门以单独公报的形式或作为更全面公报的一部分发布的印刷版商标公报，在内容和版式方面存在重大差异，特别是在使用 ST.60 中规定的 IN-ID 代码的数据元素方面，以及在给出公告内容的顺序方面。因此，该标准旨在促进商标数据的统一呈现，从而改善印刷版商标公报著录内容的可获取性。

7.2.4.5 ST. 64 用于商标检索的推荐检索文件

该标准的目的是为任何希望开始从事商标检索或检查其当前使用的检索文件集的 IPOs 提供指导。考虑到商品和服务贸易全球化的需要，该标准提供了商标检索所需检索文件清单，以期改善获取商标信息的途径，从而使检索结果达到高质量和高效率的水平。该标准并非建议修改或统一现行商标法的相关规定，而是为了适应各个国家现行商标法中对商标可注册性提出的大部分不同要求。

7.2.4.6 ST. 66 关于使用可扩展标记语言（XML）处理商标信息的建议

该标准推荐的 XML 资源，适用于所有类型商标信息的归档、处理、发布和交换。它在很大程度上基于在网址 http://www.tm-xml.org/ 上的商标模型（TM-XML）、WIPO 马德里电子公报（MECA）DTD 和 WIPO 标准 ST. 36。XML 本身不能作为商标文档处理的基础，因此，该标准定义了标记商标文件的元素及其通用标识符、"标签"和属性。也就是说，该标准规定了构成其所讨论的各种文档类型的类型、元素和属性的语义（含义）、用途和名称。该标准旨在为文本数据和图像数据等商标文献的处理，提供合乎逻辑和独立体系的架构。

7.2.4.7 ST. 67 商标图形元素电子化管理建议

该标准的建议提供了如何以电子化方式来存储、显示和管理代表商标的二维绘制图像和拍摄图像，以及与之结合使用的软件和硬件的指导。

7.2.4.8 ST. 68 声音商标电子化管理建议

该标准提供了关于以电子方式或纸质方式提交的声音商标保护申请的提交、电子处理和出版的建议。通过提供构成商标的声音及其图形表示和文字描述记录的电子化管理指南，促进 IPOs 之间的声音商标数据处理和交换。

7.2.4.9 ST. 69 动态商标和多媒体商标电子化管理建议

该标准提供了关于以电子方式或纸质方式提交的动态商标和多媒体商标保护申请的提交、电子处理和出版的建议，旨在促进 IPOs 之间关于动态商标和多媒体商标的数据处理和信息交换，为动态商标和多媒体商标及其图形表示和文本描述记录的电子化管理提供指导。

7.2.5 工业设计相关的信息与文献标准

7.2.5.1 ST. 80 关于工业设计著录数据的建议

该标准旨在提升工业设计信息的获取，包括一般信息，以及工业设计的著录信息、工业设计证书信息和官方公报条目信息等。通过该标准的规范，用户即使在不了解所使用的语言和所适用的知识产权法律、公约或条约的情况下，仍可通过代码识别与工业设计有关的各种著录数据。同时，标准中指出了一些著录数据，这些数据至少可以印在工业设计文件的扉页并可以作为官方公报条目的一部分进行发布。

7.2.5.2　ST.81 关于工业设计公报内容和版式的建议

该标准为（以本国知识产权法律或国际知识产权公约为基础的）国家、地区和国际知识产权权威机构提供出版发行涉及受保护的工业设计或被保存的工业设计的注册和/或授权公告的指导。各个 IPOs 和其他权威机构，以单独公报形式或作为更综合性公报一部分的形式出版的工业设计公报，在细节描述上存在显著不同，尤其是在 ST.80 规定显示的数据元素 INID 代码的使用方面、一级公告所处的序列方面。因此，该标准旨在促成有关工业设计的数据有一个统一的描述，其目的是改善获取工业设计公报著录项目数据内容的途径，以及如果可行的话，改善再现保存的工业设计的途径。

7.2.5.3　ST.86 关于使用可扩展标记语言（XML）处理工业设计信息的建议

该标准推荐用于各类工业设计信息的归档、处理、发布和交换的 XML 资源。它在很大程度上基于 ST.66 和 ST.36。标准中定义了用于标记工业设计文献的元素及其通用标识符、"标签"和属性。也就是说，该标准规定了构成其所讨论的各种文档类型的类型、元素和属性的语义（含义）、用途和名称。该标准旨在为包括文本数据和图像数据的工业设计文献的处理，提供合乎逻辑和独立体系的架构。

7.2.5.4　ST.87 交换工业设计法律状态数据的建议

为了避免侵犯知识产权，有必要提供最新、可靠和可理解的工业设计法律状态信息。IPOs 目前以不同的格式和语言提供这些信息，由于各国家和地区工业设计法和实践的不同，这些信息不一致，而且经常不及时。因此，提供一个能够描述工业设计申请在注册全过程的法律状态，或者能够以全球统一方式描述注册工业设计的法律状态的标准化的模型是非常必要的。该标准旨在促进工业设计注册体系中工业设计法律状态数据的有效交换，以方便知识产权信息用户、IPOs、知识产权数据提供商、公众和其他利益相关方访问这些数据。该标准旨在提高包括《海牙协定》在内的注册系统中工业品外观设计法律地位数据的全球可用性、可靠性和可比性。

7.2.5.5　ST.88 工业设计电子化表示的建议

该标准就如何创建、获取、存储、展示、管理、转换、搜索、发布和交换工业设计的电子数据提供了建议。通过该标准，有利于申请人在多个 IPOs 提交相同的设计时，可最大限度地重复使用这些电子化数据；有利于方便 IPOs 处理和发布电子数据，并进行电子化数据交换；有利于提升工业设计数据的搜索效率。

7.3 国家标准《知识产权文献与信息 分类及代码》介绍

7.3.1 标准概况与制订背景

国家标准《知识产权文献与信息 分类及代码》（GB/T 21373—2023）发布于2023年3月17日，正式实施于2023年10月1日。归口和执行单位是全国知识管理标准化技术委员会，主管部门是国家知识产权局。标准由国家知识产权局组织起草。

该标准代替了原国家标准《知识产权文献与信息 分类及代码》（GB/T 21373—2008）（简称"08版标准"）。分类是人类认识事物的基本思维方式，08版标准自实施以来，我国知识产权事业发展迅速，涵盖领域和范围不断扩大，知识产权文献与信息的内容不断丰富且增长迅速。大量新的研究方向、新的发展热点在08版标准中没有准确的分类位置。同时，在一些分类类目下，文献量急剧增加，需要进一步细分。因此，为使知识产权文献与信息的分类体系与知识产权事业的发展和文献的增长、分布相适应，提高知识产权文献与信息分类标引、分类检索体系的规范化、标准化，更好地组织管理和利用相关文献信息，2018年，国家知识产权局向全国知识管理标准化技术委员会申报了"分类及代码"标准修订立项，2019年，修订任务纳入国家标准化管理委员会制修订项目计划，2020年形成了标准征求意见稿。

7.3.2 新旧版标准变化内容

新版标准与08版标准相比，主要有以下几方面变化。

新版标准共有8个大类，新增了"地理标志"、"集成电路布图设计"和"植物新品种权"3个基本大类。

08版标准有139个类目，新版标准则增加到了250个类目。

增加了"地理标志"、"集成电路布图设计"和"植物新品种权"3个基本大类的下位类目。

增加了"知识产权法律"及其下位类目，并对"专利""商标""著作权（版权）"下的法律相关类目按同样方式进行了更改。

增加了"知识产权运用""知识产权服务""知识产权教育""知识产权人才培养""知识产权传播与发展"5个二级类目及其下位类目；增加了"著作权（版权）登记"和"著作权（版权）管理"的下位类目；增加了"商业秘密""官方标志""特殊标志""奥林匹克标志"4个二级类目。

更改了"知识产权总论"和"著作权"两个一级类目名称；更改了"注册商标转让与使用许可"类目名称，并增加下位类目；更改了"著作权（版权）转让与许可"类目名称，并增加下位类目。

删除了"知识产权法律法规"和"在知识产权法律法规研究"及其下位类目,删除了"商业方法"和"商号"两个二级类目。

7.3.3 标准主要内容

该标准确立了知识产权文献与信息的分类体系,给出了知识产权文献与信息分类和代码,适用于知识产权文献与信息的分类和标引。标准中所述的知识产权文献与信息是指"以文字、图形、符号、声频、视频等方式记录在各种载体上的,有关知识产权理论、制度及其相关活动的文献与信息"。

该标准的分类体系由基本大类表、主表和复分表组成。知识产权文献与信息可以分为 8 个基本大类,具体如表 7-3 所示。

表 7-3 知识产权文献与信息分类基本大类表

代码	类 目 名 称
01	知识产权
02	专利
03	商标
04	著作权(版权)
05	地理标志
06	集成电路布图设计
07	植物新品种权
19	其他知识产权或相关保护主题

主表的分类代码是用阿拉伯数字来表示,并采用十进制分类法。主表类目层次共设 3 级,每一级类目用两位阿拉伯数字表示(01—99),二级及其以下类目代码由上位类代码加顺序码组成。

主表编码结构如图 7-1 所示。

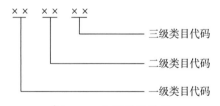

图 7-1 主表编码结构

具体示例如表 7-4 所示。

表 7-4　知识产权文献与信息分类类目示例表

代码	类目名称	说　　明
01	知识产权	/
0101	知识产权总论	/
010101	知识产权历史与发展	/
010102	知识产权制度	/
010103	知识产权政策与战略	国家、地区、区域知识产权战略入此，企业知识产权战略入 010302
010104	知识产权与其他领域的关系	知识产权与反垄断法、反不正当竞争法等的关系，以及世界贸易组织（WTO）相关事务入此
010109	其他	/

　　复分表是将知识产权文献与信息中出现的共性内容抽取出来，单独编列成表，供主表有关类目进一步细分时使用。复分表包括世界国家（地区）代码表和专用复分表。世界国家（地区）代码表适用于主表各类的进一步细分，使用国家标准《世界各国和地区及其行政区划名称代码　第 1 部分：国家和地区代码》（GB/T 2659.1—2022）中表 1 规定的阿拉伯数字代码，并在其前面加标识符号"–"，在与主表类目代码组配使用时，应置于主表类目代码之后。

　　专用复分表供主表特定类目细分时使用，分类代码采用标识符号"."加一位阿拉伯数字组成。专用复分表代码在与主表类目代码组配使用时，应置于主表类目代码之后。世界国家（地区）代码与专用复分表代码组配使用时，世界国家（地区）代码置于专用复分表代码之后。

　　该标准的制定与推广，将进一步提高知识产权文献与信息分类标引与检索的规范化、标准化。

7.4　国家标准《知识产权文献与信息　基本词汇》介绍

7.4.1　标准概况

　　国家标准《知识产权文献与信息　基本词汇》（GB/T 21374—2008）是知识产权领域中十分重要的基础性标准之一，发布于 2008 年 1 月 14 日，正式实施于 2008 年 6 月 1 日。标准执行单位是全国知识管理标准化技术委员会，归口单位和主管部门是国家知识产权局，由国家知识产权局组织起草。

7.4.2　标准主要内容

术语标准是以各种专用术语为对象所制定的标准，一般规定术语、定义（或解释性说明）和对应的外文名称。术语标准的功能是明确特定领域或学科中使用的概念，通过对概念下定义并赋予指称，能够更好地开展技术交流，保障认识和沟通的一致性和明确性。随着知识产权事业的发展，知识产权所涵盖的领域不断扩大，相关文献信息数量急剧增长，知识产权文献信息术语亦在丰富和发展。然而，由于该领域的基本术语缺乏标准化，含义不统一，影响了知识产权文献信息的准确交流和使用。为规范知识产权领域基本术语的使用，特制订该标准，明晰其含义。

该标准收录并规范了知识产权文献与信息领域中经常使用的基本词汇 105 条，按照从一般性术语到各领域专门术语的顺序排列，包括一般性术语、专利术语、商标术语、著作权术语 4 个分部，每个分部的术语则分别按照概念的逻辑关系和发生时序进行排序，具体如表 7-5 所示。

表 7-5　标准中收录的术语集列表

术语（中文）	术语（英文）
一般性术语	
知识产权	intellectual property
工业产权	industrial property
申请	application
申请人	applicant
申请日	filing date
保护期届满日	expiry date
优先权	priority
优先权日	priority date
代理人	agent
世界知识产权组织	World Intellectual Property Organization
国际局	International Bureau
著录数据	bibliographic data
INID 代码	INID codes
国家代码	country code
公布	publication
登记簿	register
检索	search
审查	examination

续表

术语（中文）	术语（英文）
法律状态	legal status
官方公报	official gazette
商业秘密	trade secret
地理标志	geographical indication
集成电路布图设计	intergrated circuit layout design
域名	domain name
顶级域名	top-level domain name
专利术语	
专利	patent
专利权	patent right
发明创造	inventions-creations
发明	invention
发明专利	patent for invention
实用新型	utility model
外观设计	design
专利权人	patentee
发明人	inventor
专利申请文件	patent application document
分案申请	divisional application
现有技术	priorart
未决	pending
授权	grant
公告	announcement
发明名称	title of the invention
申请号	application number
专利号	patent number
摘要	abstract
权利要求书	claim（s）
说明书	description
附图	drawing（s）
实施例	embodiment
专利检索报告	patent search report
专利族	patent family

术语（中文）	术语（英文）
国际专利申请	international patent application
PCT 国际申请	PCT international application
国际申请	international application
登记本	record copy
检索本	search copy
国家局	national Office
受理局	receiving Office
指定局	designated Office
选定局	elected Office
国际检索单位	International Searching Authority
国际初步审查单位	International Preliminary Examining Authority
PCT 最低限度文献	PCT minimum documentation
国际检索报告	International Search Report
国际初步审查报告	International Preliminary Examination Report
国际专利分类	International Patent Classification
分类号	classification symbol
国际专利分类号	international patent classification symbol
引得码	indexing codes
专利文献	patent document
专利公报	patent gazette
专利数据库	patent database
专利文献分类文档	classified collection of patent documents
专利文献索引	indexes of patent documents
引文	citation
专利文献种类	kind of patent document
专利文献种类代码	codes for kinds of patent documentation
缩微品	microform
缩微平片	microfiche
缩微胶片	microfilm
非专利文献	non-patent literature
专利相关文献期刊	Journal of Patent Associated Literature
专利登记簿	register of patent
一次专利文献	primary patent documentation

术语（中文）	术语（英文）
二次专利文献	secondary patent documentation
工业品外观设计国际分类	International Classification for Industrial Designs
洛迦诺分类	Locarno Classification
工业品外观设计国际保存	international deposit of industrial designs
商标术语	
商标	trademark
注册商标	registered trademark
商品商标	goods mark
服务商标	service mark
集体商标	collective mark
证明商标	certification mark
商号	trade name
驰名商标	well-known mark
商标注册簿	trademark register
商标国际注册	international registration of marks
商品或服务类别	list of goods and/or services
商标注册用商品和服务国际分类	International Classification of Goods and Services for the Purposes of the Registration of Marks
尼斯分类	Nice Classification
商标图形要素国际分类	International Classification of The Figurative Elements of Marks
维也纳分类	Vienna Classification
商标公告	trademark publication
著作权术语	
著作权	copyright
著作权人	copyright owner
作者	author
作品	works
相关权	related rights
邻接权	neighboring rights
合理使用	fair use
版税	copyright royalty

第八章

科技成果类标准介绍与解读

8.1 科技成果类标准的总体概况

科技成果是指通过科学研究与技术开发所产生的具有实用价值的成果。虽然科技成果与知识产权在涵盖的技术范围、技术市场化程度、技术垄断性、技术公开性、评鉴方式和法律保护地位等方面都存在较大差异，但仍有大量科技成果在实施运用中都形成了知识产权，特别是专利。科技成果与知识产权两者之间有着十分密切的关系，因此，本书中也将科技成果类标准纳入了研究范围之中。科技成果相关标准的研究借鉴，对促进专利转化运用相关标准的制订、完善和实施有重要的参考价值。科技成果类标准包括科技成果转化标准化、科技成果服务、科技成果管理以及科技成果评估评价 4 类。本书收录了科技成果类标准共计 177 项，涉及国家标准 4 项、国家标准计划 3 项、行业标准 5 项、地方标准 33 项、团体标准 98 项和企业标准 34 项。科技成果转化标准化类标准包括科技成果转化为标准相关的标准。科技成果服务类标准包括国家标准《技术转移服务规范》和技术转移服务、科技评价服务、交易服务、服务机构及人员等相关标准。科技成果管理类标准包括科技成果鉴定、认定、信息披露、研发管理、转化管理、转化奖励、转化实施和产业化指南等相关标准。科技成果评估评价类标准包括国家标准《农业科技成果评价技术规范》、《科技成果经济价值评估指南》和国家标准计划《科技成果评估规范》、《科技成果五元价值评估指南》，以及涉及科技成果价值评估、评价的通用性、区域性、行业性等各类型标准。科技成果类标准清单如表8-1 所示。

表 8-1 科技成果类标准清单

序号	标 准 名 称	标 准 号
科技成果转化标准化类		
1	科技成果转化为标准指南	GB/T 33450—2016

序号	标 准 名 称	标 准 号
2	科技成果转化为标准指南	20233806—T—469
3	科技成果转化为标准服务指南	DB13/T 5484—2022
4	技术经理人服务科技成果转化为标准的能力要求	T/CASME 1004—2023
5	科技成果转化为团体标准技术规范	T/NSSQ 032—2022
6	科技成果转化为标准管理规范	T/PTDX 0001—2021
7	科技成果转化为标准管理办法	T/YKJSX 0003—2020
8	科技成果转化为标准管理办法	Q/330033FR001—2020
科技成果服务类		
9	技术转移服务规范	GB/T 34670—2017
10	科技成果转化示范基地和示范企业认定规范	DB1403/T 27—2023
11	科技成果评价机构服务规范	DB3713/T 306—2023
12	科技成果转化服务规范　总则	DB32/T 1703—2011
13	科技成果评估人才能力评价规范	DB2107/T 0008—2022
14	科技评价服务规范	DB31/T 1387—2022
15	科技成果公开交易规范	DB33/T 2549—2022
16	科技成果评价机构运营服务规范	DB34/T 4257—2022
17	技术转移机构评价准则	DB35/T 2069—2022
18	科技成果评价服务导则	DB35/T 2070—2022
19	工业（产业）园区科技成果转移转化服务规程	DB35/T 2090—2022
20	技术转移　竞争情报分析服务规范	DB31/T 1283—2021
21	科技成果转化服务规范	DB3401/T 240—2021
22	技术转移服务人员能力规范	DB11/T 1788—2020
23	科技成果转化风险评价规范	T/CASME 826—2023
24	技术转移智能匹配服务规范	T/CPPC 1070—2023
25	科技成果转移转化示范园区评价规范	T/CQCXY 001—2022
26	科技成果转化服务工作站设置指南	T/GDKJ 0032—2023
27	科技成果转化服务工作站评价规则	T/GDKJ 0033—2023
28	科技成果转化执业规范	T/GDKJ 0065—2023
29	科技成果互联网交易服务规范	T/BTSA 003—2017
30	科技成果拍卖服务规范	T/CAS 348—2019
31	科技成果挂牌交易服务规范	T/CAS 349—2019
32	科技成果转化服务机构评价规范	T/GDKJ 0066—2023
33	科技成果转化项目申报审核指南	T/GXAQ 001—2023

续表

序号	标　准　名　称	标　准　号
34	科技成果转化基地孵化服务规范	T/QGCML 847—2023
35	技术转移服务人员职业规范	T/CBTMA 0001—2019
36	检验检测科技成果转化服务规范　总则	T/GAIA 001—2019
37	检验检测科技成果转化服务规范　成果评估	T/GAIA 002—2019
38	技术转移服务人员从业能力要求	T/FSCCIPPA 2—2022
39	企业科技成果转化管理规范	T/FSJD 12—2022
40	高等职业院校科技成果转化管理规范	T/GDKJ 0022—2022
41	科技成果转移转化服务机构服务规范	T/HTMA 007—2022
42	技术转移服务众包管理规范	T/OVMA 011—2018
43	科技成果转化服务规范	T/GDC 131—2021
44	科技成果评价服务规范	T/SDBDA 26—2021
45	四川省科技成果交易服务规范	T/STMA 004—2018
46	技术转移服务人员培训规范　总体	T/STMA 007—2019
47	科技成果（专利）转化技术标准服务规范	T/DGAS 013—2020
48	检验检测科技成果转化服务规范　技术要素	T/HB 0005—2020
49	检验检测科技成果转化服务规范　产品推广	T/HB 0006—2020
50	检验检测科技成果转化服务规范　产品产业化	T/HB 0007—2020
51	技术转移服务场所卫生规范	T/TMAC 018.F—2020
52	科技成果评价机构运营服务规范	T/TMAC 020.F—2020
53	科技成果评价执业规范	T/TMAC 022.F—2020
54	科技成果知识产权交易全流程服务规范	Q/BZHBGTYZ01—2021
55	科技成果评价服务规范	Q/JXJT002—2021
56	技术转移平台管理系统	Q/WTKJ001—2021
57	科技成果评价评估与协同标准化综合服务平台标准	Q/257091HLRH006—2017
58	技术转移服务	Q/341622hwxx001—2018
59	科技成果评价工作规范	Q/55898627—8.002—2016
60	科技成果评价工作规范	Q/55898627—8.003—2016
61	知识产权技术成果转化管理平台建设规范	Q/CLRJ001—2020
62	知识产权与成果转化服务平台标准	Q/CXG001—2020
63	知识产权与成果转化服务平台标准	Q/DFZD001—2020
64	科技成果转化服务规范	Q/HTTG302.07—2020
65	技术转移服务规范	Q/JLKQ001—2020
66	技术转移服务规范	Q/JLYS001—2020

序号	标 准 名 称	标 准 号
67	技术成果转化服务平台标准	Q/KFH001—2020
68	技术成果转化管理平台建设规范	Q/KHKJJT002—2020
69	科技技术转移服务规范	Q/LZKJ001—2020
70	知识产权技术成果转化管理平台建设规范	Q/SZHT003—2017
71	技术转移服务规范	Q/ZJHM001—2018
72	技术成果转化管理平台建设规范	Q/ZKYCC001—2020
73	知识产权与成果转化 服务平台标准	Q/ZLGK—001—2019
科技成果管理类		
74	电力科技成果分类与代码	DL/T 517—2012
75	公安信息代码 第242部分：科技成果形式代码	GA/T 2000.242—2018
76	气象科技成果鉴定规程	QX/T 34—2005
77	气象科技成果认定规范	QX/T 432—2018
78	军民融合科技成果信息披露	T/BMCA 021—2023
79	机电工程科技成果研发管理规程	T/CIAS 6—2022
80	医疗卫生机构科技成果转化管理规范	T/ZSSD 0001—2023
81	高校科技成果环、链结构产业化指南	T/CAS 424—2020
82	高校科技成果环、链结构产业化指南	T/TMAC 023.F—2020
83	科技成果转化实施办法	Q/BHKJYF205—2021
84	科技成果转化奖励制度	Q/BZKJ—PXGL14—2013
85	科技成果知识产权交易信息披露规范	Q/CTEX005—2020
86	科技成果转化奖励制度	Q/YDSK—PXGL1.1—2015
科技成果评估评价类		
87	农业科技成果评价技术规范	GB/T 32225—2015
88	科技成果经济价值评估指南	GB/T 39057—2020
89	科技成果五元价值评估指南	20221941—T—306
90	科技成果评估规范	20215031—T—306
91	烟草农业科技成果经济效益计算方法	YC/T 220—2007
92	科技成果分类评价规范	DB13/T 5726—2023
93	科技成果分类评价技术规范	DB3206/T 1049—2023
94	应用研究类科技成果评价规范	DB3211/T 1061—2023
95	科技成果转化价值评价规范	DB13/T 5065—2019
96	科技成果评价规范	DB37/T 4615—2023
97	科技成果评价 第1部分：分类评价规范	DB42/T 2112.1—2023

序号	标 准 名 称	标 准 号
98	科技成果评价　第2部分：工作规程	DB42/T 2112.2—2023
99	科技成果评价　第3部分：机构和人员要求	DB42/T 2112.3—2023
100	科技成果评价规范	DB34/T 3061—2017
101	科技成果评价　技术成熟度评价要求	DB34/T 3309—2018
102	科技成果分类评价和价值潜力评价规范	DB31/T 1385—2022
103	科技成果转化风险评价指南	DB34/T 4256—2022
104	科技成果评价规范	DB3710/T 184—2022
105	技术转移　技术评价规范	DB31/T 1284—2021
106	应用类科技成果评价规范	DB3713/T 240—2021
107	科技成果评价服务规范	DB4407/T 75—2021
108	农业科技成果效益计算方法及规程	DB51/T 2858—2021
109	科技成果评价规范	DB1401/T 1—2020
110	科技成果评价规范	DB43/T 1818—2020
111	国际科技项目科技成果评价团体标准	T/BIEA 001—2022
112	军民融合科技成果评价	T/BMCA 020—2023
113	技术开发类科技成果评价规范	T/CASME 437—2023
114	科技成果五元价值评估指南	T/CASTEM 1009—2023
115	高校人才代表性科技成果评价指南	T/CASTEM 1013—2023
116	科技成果转化风险评估指南	T/CASTEM 1014—2023
117	医学科技成果评价指南	T/CBTMA 0004—2023
118	科技成果关键核心技术市场价值评估指南	T/CBTMA 0005—2023
119	基于技术成熟度的科技成果市场价值评估方法	T/CBTMA 0006—2023
120	电力科技成果产业化评价导则	T/CEC 718—2022
121	电力科技成果评价规范	T/CEC 719—2022
122	科技成果评价标准实施指南	T/CHTIA 002—2023
123	科技成果智能化与标准化评价规范	T/CMSS 0007—2023
124	城市交通行业科技成果评价规范	T/CUPTA 014—2023
125	企业科技成果评价规范	T/EAMA 14—2023
126	科技成果技术成熟度评价规范	T/GDC 251—2023
127	科技成果转化为标准评估规范	T/GDKJ 0034—2023
128	科技成果转化成熟度评价规范	T/BTSA 001—2016
129	全国循环经济科技成果评价指南　第1部分：技术研发类	T/CACE 001—2016
130	全国循环经济科技成果评价指南　第2部分：软科学类	T/CACE 002—2016

序号	标 准 名 称	标 准 号
131	应用技术类科技成果评价规范	T/CAS 347—2019
132	关于《科技成果评价规范》团体标准修订版发布的公告	T/JSAI 001—2020
133	电子信息领域科技成果评价标准	T/QME 0009—2023
134	生物医药领域科技成果评价标准	T/QME 0011—2023
135	海洋可再生能源领域科技成果评价标准	T/QME 0012—2023
136	农业科技成果应用价值评价　通用服务规范	T/SAAE 001—2022
137	农业科技成果应用价值评价　种植类评价指标体系	T/SAAE 002—2022
138	农业科技成果应用价值评价　养殖类评价指标体系	T/SAAE 003—2022
139	农业科技成果应用价值评价　农资类评价指标体系	T/SAAE 004—2022
140	农业科技成果应用价值评价　农机类评价指标体系	T/SAAE 005—2022
141	四川省工业和信息化领域科技成果评价规范	T/SCCXA 0002—2023
142	四川省工业和信息化领域科技成果评价工作规范	T/SCCXA 0003—2023
143	信息技术类科技成果评价规范	T/SDIE 001—2023
144	装备制造业科技成果评价通则	T/SDZBZZ 008—2022
145	企业科技成果转化绩效评价规范	T/CSPSTC 22—2019
146	科技成果产业化评价体系	T/CSPSTC 3—2017
147	科技成果标准化评价规范	T/DYZL 010—2019
148	应用技术科技成果评价技术规范	T/FSAS 27—2018
149	科技成果评价准则（政策咨询类）	T/CASSSP 0001—2022
150	科技成果价值预估技术规范	T/CIPR 001—2022
151	科技成果可行性分析规范	T/CIPR 003—2022
152	科技成果评价技术规范	T/SDASTC 001—2017
153	山西省科技成果评价标准	T/SXKJFW 302—2022
154	淮海经济区科技成果标准化评价技术规范	T/JSXZIP 001—2018
155	科技成果评价标准	T/CHTIA 001—2021
156	广东省科技社团科技成果（技术开发类）评价规范	T/GDCIE 1—2021
157	科技成果评价通用技术规范	T/GDMA 41—2021
158	科技成果评价规范	T/STSI 19—2020
159	科技成果评价	T/TMAC 002. F—2021
160	科技成果评价信息采集与核查规范	T/TMAC 032. F—2021
161	信息技术领域科技成果评价规范	T/XJSIA 002—2021
162	四川省科技成果评价通用规范	T/STMA 001—2018
163	四川省科技评价机构服务能力星级评价规范	T/STMA 003—2018

序号	标 准 名 称	标 准 号
164	科技成果评估规范	T/CASTEM 1003—2020
165	科技成果评价规范	T/XAI 2—2019
166	检验检测科技成果转化服务规范　收益评估与分配	T/HB 0008—2020
167	科技成果评价工作指南	T/TMAC 019. F—2020
168	科技成果评价机构评价导则	T/TMAC 021—2020
169	工业机器人科技成果评价实施指南	Q/NSY002—2019
170	科技成果评价指标体系	Q/370705LC005—2019
171	四川省医药卫生类第三方科技成果评价技术规范	Q/12510000450717770H1—2020
172	物联网新环境下科技成果知识产权交易价值评估及定价标准	Q/LCZCV001—2020
173	科技成果评价通用要求	Q/NSY001—2019
174	科技成果评价通用规范	Q/XKJ001—2018
175	科技成果评价规范	Q/XMLL001—2016
176	科技成果评价工作规范	Q/YXJTLGKF001—2020
177	达州市科技成果评价工作规范	Q/YXJTZXZX002—2020

8.2　国家标准《科技成果经济价值评估指南》介绍

8.2.1　标准概况与制订背景

国家标准《科技成果经济价值评估指南》（GB/T 39057—2020）是科技成果领域重点的管理类标准，发布于 2020 年 7 月 21 日，正式实施于 2021 年 2 月 1 日。标准归口和执行单位是全国科技平台标准化技术委员会，主管部门是科学技术部。标准由中国农村技术开发中心和中国标准化研究院等单位共同起草。

科技成果经济价值评估是指对科技成果所具有的经济价值进行系统化评估的过程。这个过程通常包括对成果的技术特征、市场需求、商业模式、知识产权等多个方面的分析和评估，最终得出一个科学合理的经济价值范围的结论。十八大以来，党中央、国务院高度重视科技成果转化工作，2015 年，第十二届全国人民代表大会常务委员会对《中华人民共和国促进科技成果转化法》进行了修订。习近平总书记在 2016 年全国科技创新大会、两院院士大会、中国科协第九次全国代表大会上指出："要改革科技评价制度，建立以科技创新质量、贡献、绩效为导向的分类评价体系，正确评价科技创新成果的科学价值、技术价值、经济价值、社会价值、文化价值。"① 近年来，我国科技成果转化活动日益活跃，增长迅速，但在科技成果转化交易中的评估工作中还缺少权威的评估机构、科学的评估方法、规范的评估程序以及可靠的评估结果。该标准的制订是通过大量调研工作，并在《农业科技成果评价技术规范》（GB/T 32225—2015）国家标准研制工作基础上完成的。该标准能够为科研工作者、企业决策者以及政府管理者提供有力的支持。

8.2.2　标准主要内容

该标准提供了科技成果经济价值评估涉及的术语和定义、评估方法、评估机构以及评估程序方面的指导，适用于成熟市场的科技成果经济价值评估。该标准中所述的"成熟市场"是指低增长率、高占有率的市场。

8.2.2.1　评估方法

1. 评估方法的选择

该标准中推荐的评估方法包括收益法、市场法和成本法，标准中给出了在实际评估过程中如何选择具体评估方法的指引。

首先，应当根据评估目的、评估对象、价值类型、资料收集情况等相关条件分析收益法、市场法和成本法等评估基本方法的适用性，恰当选择一种或者多种评估方法。

当被评估科技成果的未来收益可以预测并可用货币衡量，宜选用收益法；当估价对象的同类科技成果有交易的，宜选用市场法；当评估对象可作为独立的研发项目进行重新研发的，宜选用成本法。

在此基础上，当评估对象适用两种以上评估方法进行评估时，宜同时选用所有适用的评估方法进行评估；如果仅选用了一种方法，则有必要在评估报告中说明并陈述理由。当采用两种或两种以上评估方法得到的评估结果存在较大差异时，则有必要对评估过程进行分析，选择最优评估方法的评估结果。

2. 收益法

运用收益法进行科技成果评估的步骤如图 8-1 所示。

---

① 新华社. 习近平：在中国科学院第十九次院士大会、中国工程院第十四次院士大会上的讲话［EB/OL］.（2018-05-28）［2024-05-06］. http://www.xinhuanet.com/politics/2018-05/28/c_ 1122901308.htm.

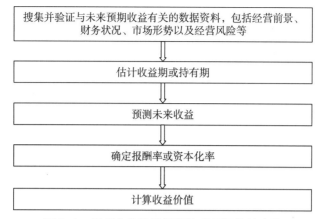

图 8-1　运用收益法进行科技成果评估的步骤

运用以上收益法步骤进行成果评估时，具体需要考虑的因素包括：

在获取的科技成果相关信息基础上，根据被评估科技成果或者类似科技成果的历史实施情况及未来应用前景，结合科技成果实施或者拟实施企业经营状况，重点分析科技成果经济收益的可预测性，恰当考虑收益法的适用性；合理估算科技成果带来的预期收益，合理区分科技成果与其他资产所获得收益，分析与之有关的预期变动、收益期限，与收益有关的成本费用、配套资产、现金流量、风险因素；保持预期收益口径与折现率口径一致；根据科技成果实施过程中的风险因素及货币时间价值等因素合理估算折现率，科技成果折现率宜区别于企业或者其他资产折现率；综合分析科技成果的剩余经济寿命、法定寿命及其他相关因素，合理确定收益期限。

同时，采用收益法评估时，宜区分报酬资本化法或直接资本化法，并优先选择报酬资本化法。采用报酬资本化法评估时，宜区分全剩余生命模式和持有加转售模式。当收益期较长、难以预测该期限内年净收益时，宜选持有加转售模式。

3. 市场法

运用市场法进行科技成果评估的步骤如图 8-2 所示。

运用以上市场法步骤进行成果评估时，具体需要考虑的因素包括：

考虑被评估科技成果或者类似科技成果是否存在活跃的市场，恰当考虑市场法的适用性；收集类似科技成果交易案例的市场交易价格、交易时间及交易条件等交易信息；选择具有合理比较基础的可比科技成果交易案例，考虑历史交易情况，并重点分析被评估科技成果与已交易案例在资产特性、获利能力、竞争能力、技术水平、成熟程度、风险状况等方面是否具有可比性；收集评估对象以往的交易信息；根据宏观经济发展、交易条件、交易时间、行业和市场因素、科技成果实施情况的变化，对可比交易案例和被评估科技成果以往交易信息进行必要调整。

图8-2 运用市场法进行科技成果评估步骤

在此基础上，市场法评估时，宜有一个充分发育的、活跃的、公平的、信息透明的科技成果交易市场，且在交易市场上找到与被评估科技成果相同或类似的交易案例。

4. 成本法

运用成本法进行科技成果评估的步骤如图8-3所示。

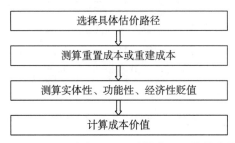

图8-3 运用成本法进行科技成果评估的步骤

运用以上成本法步骤进行成果评估时，具体需要考虑的因素包括：根据被评估科技成果形成的全部投入，充分考虑科技成果价值与成本的相关程度，恰当考虑成本法的适用性；合理确定科技成果的重置成本，科技成果的重置成本包括合理的成本、利润和相关税费；合理确定科技成果贬值。

需要说明的是，运用成本法评估时，被评估科技成果处于继续使用状态或假设处于继续使用状态，具备可利用的历史成本资料至关重要。

8.2.2.2 评估机构

该标准中并没有对评估机构的资质和能力给出具体的规定，但对评估机构的工作理念、内部管理和行业自律方面提出了要求。

首先，评估机构应独立、客观、公正开展业务评估业务的管理；其次，评估机构应建立健全内部管理制度，对本机构的评估专业人员执行该标准情况进行监督，并对其从业行为负责；第三，评估机构应加强行业自律，接受相关主管部门的业务指导和监督。

8.2.2.3 评估程序

科技成果的评估程序如图 8-4 所示。

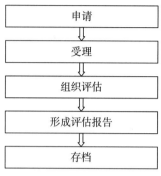

图 8-4 科技成果评估程序

1. 申请

科技成果的经济价值评估由评估委托方自愿提出申请。申请材料宜完整、真实、清晰、可靠，前后内容表述一致，包括纸质材料原件及复印件各 1 份及电子版。申请材料具体包括申请表（标准附录 A 中给出了申请表格式）和成果材料，成果材料包括成果简介、法人证书或身份证复印件以及相关证明材料。申请材料中的外文应译为规范的中文，外文材料可提供中文摘要，并将译文附在相应的外文材料前。

2. 受理

评估机构在接到申请材料后，须进行形式审查。审查通过后，评估机构与委托方应签订评估咨询合同。

3. 组织评估

合同签订后，评估机构宜在 30 个工作日内组织专家开展评估。评估机构宜根据科技成果特点和评估工作需要组成项目团队并确定项目负责人，项目负责人宜对评估项目进行分析，制定评估作业方案，并搜集评估项目所需资料。科技成果的评估方法和参数宜由 3 名以上评估人员讨论确定，评估人员还需要注意评估工作的公正性和保密性。

4. 形成评估报告

评估机构宜在评估完成后 15 个工作日内或约定时间形成评估报告，有效期为自评估基准日起 1 年。评估报告内容包括评估委托方、评估机构、评估基准日、评估依据、评估方法、评估结果等，报告结果为具体量化金额，具体可参见标准附录 B。评估报告宜由 3—5 名具有高级职称或注册资格的技术、经济、管理类专家审核签字，可作为技术投融资、许可、转让及合作、科技成果宣传推广等工作的参考依据。

5. 存档

评估机构应对评估材料包括申请材料、评估过程、评估报告等，采用纸质材料进行归档保存，评估材料存档时间宜不少于 15 年。

8.2.3 标准制订实施的意义

该标准的实施将填补科技成果经济价值评估领域缺乏规范的空白，并有效提升科技成果的利用率和转化率。标准的发布有利于规范评估机构和评估人员行为，有利于提高科技成果经济价值评估质量和认可度，有利于促进科技成果的转化应用，标志着我国科技成果经济价值评估工作迈上了新的台阶。它为科研工作者、企业管理者以及政府决策者提供了一种科学可行的经济价值评估方法，有助于更好地发挥科技成果的作用，促进科技与经济的融合发展。

8.3 国家标准《技术转移服务规范》介绍

8.3.1 标准概况与制订背景

国家标准《技术转移服务规范》（GB/T 34670—2017）是我国首个技术转移服务推荐性国家标准，发布于 2017 年 9 月 29 日，正式实施于 2018 年 1 月 1 日。标准归口和执行单位是全国服务标准化技术委员会，主管部门是国家标准化管理委员会。标准由科学技术部火炬高技术产业开发中心、中国标准化研究院、北京技术市场协会等单位共同起草。

技术转移服务业是我国科技服务业的重要组成部分，是促进我国科技与经济深度融合的重要纽带。我国高度重视技术转移工作，2015 年，全国人大常委会修订了《中华人民共和国促进科技成果转化法》，2016 年，国务院印发了《实施〈中华人民共和国促进科技成果转化法〉若干规定》（国发〔2016〕16 号），国务院办公厅出台了《促进科技成果转移转化行动方案》（国办发〔2016〕28 号），2017 年，国务院印发了《国家技术转移体系建设方案》（国发〔2017〕44 号）。随着科技体制改革的不断深入和创新驱动发展战略的实施，我国技术转移服务业呈现机构类型多元化，服务内容丰富化，服务模式多样化，服务需求个性化的良性发展态势。但总体上技术转移服务仍处于发展初期，还存在技术转移服务体系不健全、服务机构专业化程度不高、高端化服务能力不足、复合型人才匮乏等问题。该标准严格按照国家现行法律法规和部门规章编制完成，吸收借鉴我国优质技术转移服务机构先进经验，从技术转移服务的共性化和差异化两个方面入手，着重提高技术转移服务的可操作性。①

8.3.2　标准主要内容

8.3.2.1　标准主要特点

该标准规定了技术转移服务的一般要求、通用流程、技术开发服务、技术转让服务、技术服务和技术咨询服务、技术评价服务、技术投融资服务、信息网络平台服务、服务评价与改进，适用于技术转移服务活动。除该标准规定的服务类型外，其他技术转移服务可参照执行。

该标准的制订着重突出了两大特点。

（1）进一步明晰了技术转移概念和内容。技术转移是指制造某种产品、应用某种工艺或提供某种服务的系统知识，通过各种途径从技术供给方向技术需求方转移的过程，其内容包括科学知识、技术成果、科技信息和科技能力等。

（2）规定了7类社会关注度高且已形成较成熟模式的技术转移服务类型，包括技术开发服务、技术转让服务、技术服务与技术咨询服务、技术评价服务、技术投融资服务、信息网络平台服务。在标准中提出了差异化的服务内容、服务要求和服务流程。其中，技术评价服务、技术投融资服务、信息网络平台服务力求引导技术转移服务与互联网技术、金融资本深度融合，向专业化、市场化、高端化方向发展。

8.3.2.2　一般要求

该标准中规定了技术转移服务的一般要求，具体包括服务机构、管理制度、服务人员、专家要求、服务场所、服务外包、服务合同、档案管理和争议解决9个方面。

技术转移服务机构的成立应具有法律依据，确定服务模式，并配备相适应的服务团队。服务中应履行服务承诺并承担保密义务，服务机构还应当管理和利用相应的信息库资源。管理制度方面，服务机构应建立符合需要和适宜可行的岗位责任制度、合同管理制度、人力资源管理制度、服务评价制度、奖惩激励制度、保密工作制度和档案管理制度等制度。提供服务的专业人员是技术转移的关键所在，标准中对服务人员提出了职业操守、知识结构、专业素养、专业技能等方面的要求，其中，特别是要求应当具备信息获取、鉴别与评价、调研与预测、组织与洽谈、计划与实施、宣传与传播、协调与应变、口头和书面沟通以及学习与研究等专业技能。服务机构可聘请专家参与技术转移服务，并对专家的职业道德、理论知识与实践经验等方面的要求作了规定。服务场所的规定包括工作场所的标识、办公设备和工作环境等。服务外包应当在委托方书面同意前提下部分外包，应当签订合同，明确分工职责，合理选择和评定外包商。服务机构应按照相应法律法规，与委托方签订、变更与解除服务合同，也可按

---

① 本标准起草工作组.《技术转移服务规范》国家标准（征求意见稿）编制说明［EB/OL］.（2017-03-28）［2024-05-06］. https://www.cnis.ac.cn/ynbm/fwbzhyjs/bzyjzq/gbyjzq/201703/P020181226597083675740.pdf.

照技术合同示范文本签订技术合同，并依据相关管理办法和认定规则进行技术合同认定登记。技术开发和技术转让合同应采用书面形式。服务机构应加强档案管理，对服务资料进行搜集、整理、分类、建档以及保存。争议解决部分规定了技术转移服务机构在处理委托方或其他相关方争议时应参照国家标准《质量管理　顾客满意　组织外部争议解决指南》（GB/T 19013—2009）的相关要求。

8.3.2.3　通用流程

技术转移服务的通用流程包括委托与受理、论证与审核、签订合同/协议、组织实施、服务总结、资料归档、跟踪服务、服务改进等。通用流程如图 8-5 所示。

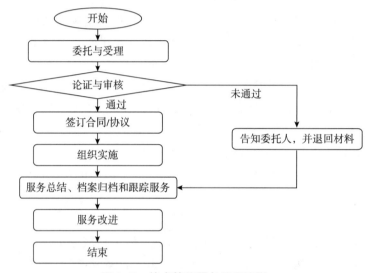

图 8-5　技术转移服务通用流程

为提高标准的可操作性，标准中提供了每个流程环节的具体内容。

8.3.2.4　技术开发服务

技术开发是针对新技术、新产品、新工艺、新材料、新品种及其系统进行研究开发的行为。技术开发服务的内容包括技术孵化服务，小试、中试服务，配套开发与集成服务，二次开发或新用途开发，消化、吸收引进技术和设备服务，组织技术联盟联合开发，技术路线图绘制，技术标准制定，非标准化检验检测服务，具有新功能、新理念的研发设计服务以及其他服务等。

标准中规定了具体的服务要求，包括人员知识水平、服务能力、协作单位、协调能力、工作条件、工作机制和知识产权归属等方面。服务流程按照标准的通用流程，组织实施部分包括应制定技术开发服务方案、成立项目工作组、制订工作计划并组织实施、对协作单位或技术供方的管理和保持沟通机制和服务验收等内容。

8.3.2.5　技术转让服务

技术转让是将技术成果的相关权利让与他人或许可他人实施使用的行为。技术转让服务的内容包括为促成专利权、专利申请权转让和专利实施许可提供的服务，为促成技术秘密和其他知识产权的转让和实施许可提供的服务（其他知识产权包括计算机软件著作权、集成电路布图设计专有权、植物新品种权等），为促成临床批件、新药证书、生产批件等的转让提供的服务，为促成技术入股所提供的服务，为促成技术进出口所提供的服务以及其他服务。

标准中规定了具体的服务要求，包括人员知识水平、服务能力、知识产权情况、沟通机制、技术评价、向国外转让的手续和知识产权权属变更等方面的要求。

服务流程按照标准的通用流程。其中，论证与审核环节应重点确定待转让技术的知识产权类型和归属，考察相关专利或其他知识产权的有效期限是否届满、是否已宣布无效等。合同/协议环节应重点说明待转让技术所涉及的专利和其他知识产权的类型。组织实施技术转让服务环节应包括组成服务项目组、制定服务方案、实施服务方案和服务验收等内容。

8.3.2.6　技术服务和技术咨询服务

技术服务是对特定技术问题提供解决方案的行为；技术咨询服务是提供可行性论证、技术预测、专题技术调查、分析评价等服务的行为。技术服务的内容包括有专业技术要求的工艺编制、流程改进、技术调试等服务，有专业技术要求的技术成果及其性能的测试分析、其他非标准化的测试分析等服务，技术推广、技术指导和与之相关的技术培训服务，技术项目的信息加工和分析，以专业技术手段解决技术问题的服务，促成委托方与第三方进行技术交易的中介服务以及其他服务等。技术咨询服务的内容包括就区域、产业科技开发与创新及技术项目进行的专题技术调查、分析评价等，对重大工程项目、研究开发项目、技术成果推广或转化项目、重大技术改造等进行可行性论证，专业技术领域、行业、技术发展的分析预测，技术产品、服务、工艺分析和技术方案的比较与选择，专用设施、设备、仪器、装置及技术系统性能分析，技术路线选择的研究、分析以及其他服务等。

标准中规定了具体的服务要求。技术服务包括服务人员的知识水平和解决技术问题的能力、提供技术解决方案的能力、服务机构应具备的条件以及与委托方的沟通机制等方面的要求。技术咨询服务包括对服务人员的知识水平、技术服务能力、制定咨询服务目标、咨询服务人员的展示以及提供咨询报告或意见等方面的要求。

服务流程按照标准的通用流程。其中，论证与审核环节包括立项的必要性、政策的可行性、技术的可行性、经济的合理性、风险以及其他内容。签订合同/协议环节包括服务项目的目的、思路和预期效果、工作时限、配合方式和允许变通之处等内容。组织实施环节包括成立项目组、编制项目计划、组织实施和服务验收等内容。

8.3.2.7 技术评价服务

技术评价是指按照规定的原则、程序和标准，运用科学、可行的方法，对技术成果的成熟度、先进性、市场前景、经济和社会效益等进行综合评价的行为。技术评价服务的内容包括对技术转移项目的前期立项、中期实施、后期效果的评价，对技术成果的技术价值、经济价值、实施风险的评价，对技术转让、技术入股、技术并购时的价值评价，对技术投资行为及运营绩效的评价以及其他服务。

标准中规定了具体的服务要求。技术评价服务包括评价报告、评价项目负责人、信息可靠真实性、评价独立性、回避要求、服务机构的服务团队、服务人员服务能力、外部专家和保密义务等方面要求。

技术评价服务流程如图 8-6 所示。

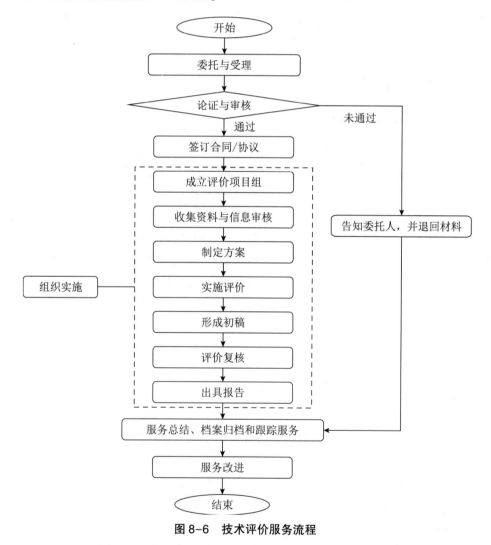

图 8-6　技术评价服务流程

其中，论证与审核、服务总结、资料归档、跟踪服务和服务改进等要求参照标准的通用流程。委托与受理环节包括委托方填写技术评价信息登记表、委托方出具技术资料和证明材料以及委托与受理其他内容等。签订合同/协议环节包括评价工作时限、评价材料清单、评价方法、依据标准及具体程序等内容。组织实施环节包括确定项目负责人和专家、实施评价、形成结论和出具报告等内容。

8.3.2.8　技术投融资服务

技术投融资是指对技术知识和技术成果进行投资或融资的行为，以及为研发或改进特定技术、开展该项技术的商业化应用筹措资金的行为。技术投融资服务的内容包括技术投资、股权融资、技术并购、知识产权质押融资、法规允许前提下的技术抵押融资、技术种子和风投等基金的引进、技术投融资风险监控咨询、技术转移政策性信贷及专项补贴咨询以及其他服务。

标准中规定了具体的服务要求。技术投融资服务包括服务机构的职业能力、专业人员、对政策法规的熟悉和专门团队等方面的要求。

服务流程按照标准的通用流程。其中，论证与审核环节中，审核包括项目发展规划、资金使用规划、出资方背景、单轮或多轮投融资、市场预测、产业化规模、营销方案、风险与控制及其他内容；预期收益论证包括技术投融资必要性、规模、渠道、财务预期及其他内容。组织实施环节包括组织专业团队，制订工作计划、人员组织计划、财务计划、进度计划、保障计划等实施方案，对方案进行实施以及服务验收等内容。

8.3.2.9　信息网络平台服务

信息网络平台服务是指与互联网技术深度融合的技术转移服务行为。信息网络平台服务内容包括：利用互联网技术，搭建技术转移服务网络平台，开展信息发布、挂牌交易、交易公示、在线竞拍、拍卖、在线展厅、在线路演、在线咨询、在线支付等服务；与知识产权、产业技术等专业性服务平台合作开展的信息发布、项目对接等服务；与技术交易市场等综合性服务平台开展的互连互通、资源共享、技术交易等服务；为扩展服务领域，集聚数据资源，开展电子网络平台建设和相关服务；利用大数据技术对海量数据资源进行挖掘、分析，提供有效供给与企业需求精准对接的服务；利用网络平台与传统金融机构、投融资机构开展的互联网金融服务以及线上线下相结合的技术转移服务等。

标准中规定了具体的服务要求。信息网络平台服务包括服务机构应在服务平台上的展示内容、合作伙伴、发布信息及合法性、线上线下服务人员、技术支撑和平台运营等方面的要求。

服务流程按照标准的通用流程。其中，委托与受理环节包括平台交易相关方提交服务申请和服务机构受理服务申请等内容。组织实施环节中，确权与审核包括服务机构对技术持有人或委托方提交的电子信息或材料进行审查，并审核是否符合发布要求等内容；信息处理包括服务机构对信息进行分类和整理、沟通信息展示方案、挂牌交易服务、交易公示服务、竞价拍卖服务、在线路演和在线展厅服务等内容；信息发布包括信息处理完成后服务机构通过平台发布信息，提供竞价或拍卖服务时应提前发布竞价或拍卖公告等内容；业务办理包括通过服务平台处理技术转移服务事项，以及相应线下服务等内容。

8.3.2.10　服务评价与改进

技术转移服务机构的服务评价包括自我评价、委托方评价和社会评价 3 种，对服务评价应考虑的内容和实施提出了要求，同时，在服务评价的基础上，服务机构应在机构管理、服务质量等方面进行改进。这是技术转移服务机构加强自律、提升服务质量和顾客满意度的必要举措。

8.3.3　标准制订实施的意义

国家发展和改革委员会发布的《产业结构调整指导目录（2024 年本）》（中华人民共和国国家发展和改革委员会令第 7 号）将"知识产权服务、技术转移服务"正式列入产业结构调整指导目录。根据目录，技术转移服务包括：科技信息交流、科技查新与文献信息检索、技术咨询、技术孵化、科技成果评估、科技成果推广、技术交易、技术尽职调查、科技成果转移转化服务和科技鉴证等服务；知识产权服务包括：知识产权代理、转让、登记、鉴定、检索、分析、评估、运营、认证、咨询和相关投融资服务。2018 年，该标准实施以来，全国技术合同从 2018 年的 41.20 万项提高到了 2023 年的 94.6 万项，成交金额从 2018 年的 1.77 万亿元提高到了 2023 年的 6.15 万亿元。企业科技成果转化主体地位更加突出，贡献了全国 93.7% 的技术输出和 82.8% 的技术吸纳。该标准对技术转移服务业的规范发展具有重要作用，有利于优化科技成果转移转化环境，培育和壮大技术转移服务市场主体。

该标准对技术转移服务机构的实践工作开展提供了强有力的指导，针对技术转移服务多元化、个性化和全过程的特点，能够引导技术转移服务机构厘清认识，明确服务模式和服务理念，加强制度建设和人员管理，以解决和满足用户需求为导向，以专业化、高端化、国际化为目标，逐步提升技术转移服务能力，指导技术转移服务机构规范运营、自律发展。在科技成果类标准当中，涉及技术转移的地方标准和团体标准数量较多，其中很多都体现了技术转移的区域特色和行业特色。国家标准从规范具有区域特色的技术转移服务行为，扩展到兼具区域特色与全国引领作用的技术转移服务行为，引入了技术投融资、"互联网+"技术转移等新型技术转移服务模式，其适用范围更加广泛，服务内容更加全面，服务要求更加严格，服务流程更加完整，充分体现了国家标准的适用性和权威性。该标准的制订与实施，对于带动我国技术转移体系结构优化，提升技术转移体系整体效能，促进技术市场与资本、人才等要素市场加速融合，激发经济社会发展新动能都具有重要意义。

8.4 国家标准《科技成果转化为标准指南》介绍

8.4.1 标准概况与制订背景

国家标准《科技成果转化为标准指南》（GB/T 33450—2016）发布于 2016 年 12 月 30 日，正式实施于 2017 年 7 月 1 日。标准归口和执行单位是全国服务标准化技术委员会，主管部门是国家标准化管理委员会。标准由中国标准化研究院起草。

该标准规定了科技成果转化为标准的需求分析，可行性分析，标准类型与内容的确定，标准编写的程序要求、文本要求以及标准中涉及专利问题的处理等要求，适用于基于科技成果研制我国标准的活动。

技术标准是促进科技成果转化为生产力的桥梁和纽带。《中华人民共和国促进科技成果转化法》对强化标准化工作、促进科技成果转化应用提出了要求。2016 年，中共中央、国务院印发了《国家创新驱动发展战略纲要》，提出：要"提升中国标准水平。强化基础通用标准研制，健全技术创新、专利保护与标准化互动支持机制，及时将先进技术转化为标准"。随着技术创新的发展，标准研发和科技创新同步趋势更加明显，标准研制逐步嵌入科技活动的各个环节中，为科技成果快速进入市场、形成产业提供了重要支撑和保障。

2023 年 12 月 28 日，国家标准化管理委员会下达了计划号为 20233806—T—469 的国家标准修订计划，对该标准进行修订，目前正在研制阶段。

8.4.2 标准主要内容

8.4.2.1 科技成果转化为标准的需求分析

科技成果要转化为标准，首先要以需求为导向，对其必要性进行初步评估。各类组织、地方、行业、企业和消费者对科技成果转化为标准的出发点和需求不同，但要求应当是明确和必要的。

8.4.2.2 科技成果转化为标准的可行性分析

科技成果转化为标准，首先，需要符合标准的基本特性，即共同使用特性和重复使用特性。其次，需要对科技成果的技术成熟度进行分析评估，评估时需要考虑的因素包括科技成果的生命周期，推广应用的时间、范围及认可程度，与相关技术的协调性和对行业技术进步的推动作用等；同时，对于高新技术领域，还应从技术先进性、适用性角度来进行评估。第三，是对科技成果的推广应用前景进行分析评估，评估需要考虑的因素包括成果所属产业的性质、与市场对接的有效性、对经济的带动作用和对社会发展的带动作用等。最后，还应当对拟转化标准与同领域现有标准的协调性进行评估。

8.4.2.3　科技成果转化为标准的类型、内容确定和编写要求

制定标准时，要根据标准适用范围的不同，来确定科技成果转化为标准的类型，包括企业标准、地方标准、团体标准、行业标准和国家标准等，同时要考虑标准的约束力和标准技术成熟度等。

标准核心内容的确定包括术语标准、符号标准、方法标准、产品标准、过程标准和服务标准等具体内容。标准的编写要满足程序、文本以及涉及专利问题的处理等相关国家标准的要求。

8.5　国家标准计划《科技成果五元价值评估指南》介绍

8.5.1　标准概况与制订背景

国家标准计划《科技成果五元价值评估指南》（计划号：20221941—T—306）是 2022 年 12 月 30 日下达立项通知，并进入征求意见阶段的推荐性标准。该标准由全国科技评估标准化技术委员会归口并执行，主管部门为科学技术部，主要起草单位有科学技术部科技评估中心、中国科技评估与成果管理研究会和中国科学院科技战略咨询研究院等单位。

科技成果是通过科学研究与技术开发所产生的具有理论价值和（或）实践价值的成果，包括主交付物和副交付物两种类型。科技成果评估是在科技成果研发、管理、转移转化或推广应用等过程中对成果开展的各类专业化评价与咨询活动。2021 年 7 月，国务院办公厅印发了《关于完善科技成果评价机制的指导意见》（国办发〔2021〕26 号），要求"全面准确评价科技成果的科学、技术、经济、社会、文化价值"。[①] 2021 年 11 月，科学技术部联合十部门共同开展科技成果评价改革试点工作，其中一项重要任务就是要建立科技成果五元价值评价机制，解决科技成果评估"评什么"的问题，并希望通过标准形成可操作可复制的科技成果五元价值评价方法，为科技成果评价改革提供支撑。2022 年 10 月 25 日，科学技术部发布了《"十四五"技术要素市场专项规划》（国科发区〔2022〕263 号），提出：要"建立覆盖五元价值的科技成果分类评价体系。选择部分试点单位，按照基础研究、应用研究、技术开发和产业化等不同成果类型，细化分类评价标准，全面评价各类科技成果的科学、技术、经济、社会、文化五元价值，形成符合科学规律的多元化分类评价机制"。

---

① 国务院办公厅. 国务院办公厅关于完善科技成果评价机制的指导意见［EB/OL］.（2021-07-16）［2024-05-06］. https://www.gov.cn/gongbao/content/2021/content_5631817.htm.

8.5.2　标准主要内容

本文件的编制响应了科技成果评价改革政策要求，明晰了科技成果五元价值评估内涵，确定了评估内容和方法，为相关人员开展科技成果五元价值评估提供了基本遵循，有利于相关各方树立正确的科技成果评价导向，激发科研人员积极性，进一步为推动科技成果转移转化，促进科技与经济社会文化融通发展提供支撑。

8.5.2.1　科技成果五元价值的内容和定义

根据该标准的征求意见稿，科技成果的五元价值包括科学价值、技术价值、经济价值、社会价值和文化价值。科学价值是指科技成果对促进科学发展、推动理论进步或指导实践等发挥的作用和贡献。技术价值是指科技成果对技术创新、改进或集成应用等发挥的作用和贡献。经济价值是指科技成果转化、应用和产业化等过程中产生的直接、间接或潜在的经济效益。社会价值是指科技成果在研发、转化、应用和产业化等过程中，对满足社会需求和促进社会发展发挥的作用和贡献。文化价值是指科技成果在研发、转化、应用和产业化等过程中，对精神文明建设和文化传承与发展发挥的作用和贡献。

8.5.2.2　科技成果五元价值评估的原则、分类与评估重点

科技成果五元价值的评估遵循分类评估、时效性以及综合性和有限性相结合的原则。根据科技成果的分类、评估目的和应用场景的不同，五元价值评估的重点也有所不同。科技成果五元价值评估的评估重点如表8-2所示。

表8-2　科技成果五元价值评估的评估重点

科技成果分类			评估重点
科技成果分类	基础研究成果		科学价值
	应用研究成果		技术价值
	技术开发和产业化成果		技术价值；经济价值
	软科学成果		社会价值；文化价值
评估目的和应用场景分类	科技成果转移转化		技术价值；经济价值；社会价值
	科技成果奖励	自然科学奖评选	科学价值
		技术发明奖评选	技术价值；经济价值
		科技进步奖评选	技术价值；经济价值；社会价值
		社会文化类奖励评选	社会价值；文化价值
	科技项目管理		五元价值或根据项目的重点
	科技人才管理		五元价值或根据人才的重点
	科技机构管理		五元价值或根据机构的重点

8.5.2.3 五元价值评估的内容与方法

对五元价值评估的具体内容和采用的方法总结如表 8-3 所示。

表 8-3 五元价值评估的具体内容和方法

五元价值	评估内容	评估方法
科技价值	原创性；重要性；严谨性	同行评议；定量评估
技术价值	技术创新度；技术成熟度；技术先进性；知识产权情况	同行评议；比较研究；关键证据法
经济价值	研发投入；直接经济效益；间接经济效益；风险	收益法；市场法；成本法
社会价值	对提升人民物质生活水平的贡献；对提高人民生命与健康水平的贡献；对满足人们受教育成长、就业或交流等方面的贡献；对维护和改善生态环境的贡献；对促进区域发展的贡献；对满足国家需求的贡献	同行评议；利益相关者座谈；问卷调查；案例研究
文化价值	对营造创新文化的作用；对全社会认知、培育和倡导科学家精神的作用；对促进科学技术普及的作用；对建设社会精神文明的作用；对促进文化事业和产业发展的作用；对传承、弘扬和保护文化遗产的作用；对国家文化安全的作用	数据统计；问卷调查；利益相关者座谈；比较研究；案例研究；同行评议

8.5.2.4 评估流程及结果形式

科技成果五元价值评估根据相关国家标准评估流程进行。评估结果包含定性结论、定量等级或数值等形式。

对于不同评估目的和应用场景，科技成果五元价值评估结果形式不同。当应用于科技成果转移转化时，科技成果五元价值评估结果以定性描述为主，结合各元价值分项评估定性和定量结论，给出综合的科技成果转移转化建议，供委托者参考。当应用于科技成果奖励时，科技成果五元价值评估结果以定量等级或分值为主，通过赋权各元价值分项评估结论，综合计算给出同类型科技成果横向对比得分或排序，供委托者参考。当应用于科技项目、机构、人才管理时，科技成果五元价值评估结果以定量分值为主，通过赋权各元价值分项评估结论，综合计算给出科技成果价值评估得分，结合项目管理情况、科研机构组织管理情况、人才素质情况等其他评估结论，综合形成评估结果，供委托者参考。

| 第四部分 |

地理标志与品牌类标准

第九章

地理标志类标准介绍

9.1 地理标志相关行政法规中对标准制订的要求

地理标志是重要的知识产权保护客体之一，是促进区域特色经济发展的有效载体，是推进乡村振兴的有力支撑，是推动外贸外交的重要领域，是保护和传承传统优秀文化的鲜活载体，也是企业参与市场竞争的重要资源。截至"十三五"末，我国累计保护地理标志产品 2391 个，地理标志专用标志使用市场主体达到 9479 家，以地理标志作为集体商标、证明商标注册达到 6085 件，专用标志使用市场主体年直接产值超过 6000 亿元。建成国家地理标志产品保护示范区 16 个。地理标志运用效益显著，地理标志运用促进工程落地生根。地理标志保护国际合作取得重要进展，中欧地理标志保护与合作协定签署生效。①

我国现行地理标志相关政策法规主要有《集体商标、证明商标注册和管理规定》（国家知识产权局令第 79 号，简称"管理规定"）、《地理标志产品保护办法》（国家知识产权局令第 80 号，简称"保护办法"）和《地理标志专用标志使用管理办法（试行）》（国家知识产权局公告第 354 号）等，分别对地理标志产品和地理标志集体证明商标进行保护。原来属于农业农村部管理的农产品地理标志登记工作目前已经停止。

9.1.1 地理标志产品对标准制订的要求

"保护办法"中对标准提出了具体明确的管理要求。首先，第二章第十一条中要求："申请人在申请地理标志产品时所提交的资料应当包括'拟申请保护的地理标志产品的技术标准'。"这就意味着，要申请成为地理标志产品，则必须要建立相应的技术标准。

"保护办法"对标准的制订和运用作出了规定，具体如下。

---

① 国家知识产权局. 国家知识产权局关于印发《地理标志保护和运用"十四五"规划》的通知［EB/OL］.（2021-12-31）［2024-05-06］. https://www.gov.cn/zhengce/zhengceku/2022-01/21/content_5669776.htm.

第十七条　地理标志产品所在地人民政府规划并实施标准体系、检测体系和质量保证体系等保护体系建设。

第十八条　地理标志产品获得保护后，根据产品产地范围、类别、知名度等方面的因素，申请人应当配合制定地理标志产品有关国家标准、地方标准、团体标准，根据产品类别研制国家标准样品。

标准不得改变保护要求中认定的名称、产品类型、产地范围、质量特色等强制性规定。

第二十三条　地理标志产品生产者应当按照相应标准组织生产。其他单位或者个人不得擅自使用受保护的地理标志产品名称或者专用标志。

地理标志产品获得保护后，申请人应当采取措施对地理标志产品名称和专用标志的使用、产品特色质量等进行管理。

第二十四条　地方知识产权管理部门负责对本行政区域内受保护地理标志产品的产地范围、名称、质量特色、标准符合性、专用标志使用等方面进行日常监管。

根据政策法规，地理标志产品应当制订相应的国家标准、地方标准、团体标准。其中地方标准由省级地方人民政府标准化行政主管部门组织草拟并发布。国家标准一般是由全国知识管理标准化技术委员会归口，全国知识管理标准化技术委员会地理标志分会执行。从近年来的征集建议中可以看到，目前我国地理标志国家标准制修订项目优先考虑的是纳入国际互认互保，保护范围跨省域以及知名度较高、出口量大的地理标志产品。

"保护办法"从进一步深化地理标志管理改革、强化地理标志保护的角度出发，在地理标志产品获得保护后的标准制订工作要求中新增加了团体标准，并提出要研制国家标准样品，同时明确了申请人管理职责和生产者按标准生产的义务。标准体系建设是地理标志产品保护的重要基础，从未来发展规划来看，地理标志产品的技术标准体系建设工作将会得到不断完善和加强。①

9.1.2　地理标志集体证明商标对标准制订的要求

"管理规定"中没有明确规定要制订相应标准，但第六条中要求集体商标、证明商标的使用管理规则应当依法制定，对注册人、集体成员和使用人具有约束力，须包括使用该集体商标的商品的品质或者使用该证明商标证明的商品的原产地、原料、制造方法、质量或者其他特定品质等内容。很多集体证明商标的使用管理规则也以团体标准或地方标准的形式出现。此外，第十九条要求集体商标、证明商标注册人、集体成员、使用人应当加强品牌建设，须履行"鼓励采用或者制定满足市场需求的先进标准，树立良好的商标品牌形象"的职责。

———————————
① 国家知识产权局. 全国标准化技术委员会地理标志分委会公开征集 2023 年度地理标志国家标准制修订项目建议 [EB/OL]. (2023-08-02) [2024-05-06]. https://www.cnipa.gov.cn/art/2023/8/2/art_1390_186677.html.

9.2　地理标志类标准的总体概况

地理标志类标准绝大多数涉及地理标志保护产品、地理标志集体商标和证明商标、农产品地理标志的生产技术标准、使用规则等，也涉及地理标志的管理和运用。2006—2009年期间，我国完成了一大批地理标志国家标准的制修订工作。2017年以来，地理标志的地方标准和团体标准数量增长较快。近两年以来，国家标准数量增长较为明显。应该说，地理标志的标准体系建设呈现出更加完善的发展趋势。

本书中共采集了地理标志类标准2848项，其中涉及国家标准149项、国家标准计划34项、行业标准2项、地方标准1751项、团体标准875项和企业标准37项。受篇幅所限，本书中仅列出了地理标志类国家标准和国家标准计划明细，具体如表9-1所示。

表9-1　地理标志类国家标准和国家标准计划明细

序号	标 准 名 称	标 准 号
1	地理标志认定　产品分类与代码	GB/T 43583—2023
2	区域品牌价值评价　地理标志产品	GB/T 36678—2018
3	地理标志产品　库尔勒香梨	GB/T 19859—2005
4	地理标志产品　涪陵榨菜	GB/T 19858—2005
5	地理标志产品　萧山萝卜干	GB/T 19907—2005
6	地理标志产品　梅里斯洋葱	GB/T 30723—2014
7	地理标志产品　山西老陈醋	GB/T 19777—2013
8	地理标志产品　建瓯锥栗	GB/T 19909—2005
9	地理标志产品　宝应荷（莲）藕	GB/T 19906—2005
10	地理标志产品　镇江香醋	GB/T 18623—2011
11	地理标志产品　塘栖枇杷	GB/T 19908—2005
12	地理标志产品　崂山绿茶	GB/T 26530—2011
13	地理标志产品　永春老醋	GB/T 26531—2011
14	地理标志产品　慈溪杨梅	GB/T 26532—2011
15	地理标志产品　阳澄湖大闸蟹	GB/T 19957—2005
16	地理标志产品　吉林长白山人参	GB/T 19506—2009
17	地理标志产品　鞍山南果梨	GB/T 19958—2005
18	地理标志产品　卢氏黑木耳	GB/T 23395—2009

序号	标　准　名　称	标　准　号
19	地理标志产品　卢氏鸡	GB/T 23396—2009
20	地理标志产品　汝瓷	GB/T 23397—2009
21	地理标志产品　哈密瓜	GB/T 23398—2009
22	地理标志产品　江油附子	GB/T 23399—2009
23	地理标志产品　涪城麦冬	GB/T 23400—2009
24	地理标志产品　延川红枣	GB/T 23401—2009
25	地理标志产品　增城丝苗米	GB/T 23402—2009
26	地理标志产品　钧瓷	GB/T 23403—2009
27	地理标志产品　红河灯盏花	GB/T 23404—2009
28	地理标志产品　常山山茶油	GB/T 24569—2009
29	地理标志产品　坦洋工夫	GB/T 24710—2009
30	地理标志产品　宝清大白板南瓜籽	GB/T 24712—2009
31	地理标志产品标准通用要求	GB/T 17924—2008
32	地理标志产品　绍兴酒（绍兴黄酒）	GB/T 17946—2008
33	地理标志产品　宣威火腿	GB/T 18357—2008
34	地理标志产品　龙井茶	GB/T 18650—2008
35	地理标志产品　蒙山茶	GB/T 18665—2008
36	地理标志产品　宣纸	GB/T 18739—2008
37	地理标志产品　黄骅冬枣	GB/T 18740—2008
38	地理标志产品　盘锦大米	GB/T 18824—2008
39	地理标志产品　沾化冬枣	GB/T 18846—2008
40	地理标志产品　杭白菊	GB/T 18862—2008
41	地理标志产品　洞庭（山）碧螺春茶	GB/T 18957—2008
42	地理标志产品　烟台苹果	GB/T 18965—2008
43	地理标志产品　烟台葡萄酒	GB/T 18966—2008
44	地理标志产品　龙口粉丝	GB/T 19048—2008
45	地理标志产品　昌黎葡萄酒	GB/T 19049—2008
46	地理标志产品　高邮咸鸭蛋	GB/T 19050—2008
47	地理标志产品　南丰蜜桔	GB/T 19051—2008
48	地理标志产品　文山三七	GB/T 19086—2008

序号	标 准 名 称	标 准 号
49	地理标志产品　庆元香菇	GB/T 19087—2008
50	地理标志产品　金华火腿	GB/T 19088—2008
51	地理标志产品　沙城葡萄酒	GB/T 19265—2008
52	地理标志产品　五常大米	GB/T 19266—2008
53	地理标志产品　饶河（东北黑蜂）蜂蜜、蜂王浆、蜂胶、蜂花粉	GB/T 19330—2008
54	地理标志产品　常山胡柚	GB/T 19332—2008
55	地理标志产品　黄山毛峰茶	GB/T 19460—2008
56	地理标志产品　独流（老）醋	GB/T 19461—2008
57	地理标志产品　沁州黄小米	GB/T 19503—2008
58	地理标志产品　贺兰山东麓葡萄酒	GB/T 19504—2008
59	地理标志产品　露水河红松籽仁	GB/T 19505—2008
60	地理标志产品　吉林长白山中国林蛙油	GB/T 19507—2008
61	地理标志产品　吐鲁番葡萄	GB/T 19585—2008
62	地理标志产品　吐鲁番葡萄干	GB/T 19586—2008
63	地理标志产品　余姚杨梅	GB/T 19690—2008
64	地理标志产品　狗牯脑茶	GB/T 19691—2008
65	地理标志产品　滁菊	GB/T 19692—2008
66	地理标志产品　新昌花生（小京生）	GB/T 19693—2008
67	地理标志产品　平遥牛肉	GB/T 19694—2008
68	地理标志产品　平阴玫瑰	GB/T 19696—2008
69	地理标志产品　黄岩蜜桔	GB/T 19697—2008
70	地理标志产品　太平猴魁茶	GB/T 19698—2008
71	地理标志产品　宁夏枸杞	GB/T 19742—2008
72	地理标志产品　昭通天麻	GB/T 19776—2008
73	地理标志产品　卢龙粉丝	GB/T 19852—2008
74	地理标志产品　抚远鲟鱼子、鳇鱼子、大麻（马）哈鱼子	GB/T 19853—2008
75	地理标志产品　剑南春酒	GB/T 19961—2005
76	地理标志产品　遂昌竹炭	GB/T 21819—2008
77	地理标志产品　舍得白酒	GB/T 21820—2008
78	地理标志产品　严东关五加皮酒	GB/T 21821—2008

序号	标 准 名 称	标 准 号
79	地理标志产品　沱牌白酒	GB/T 21822—2008
80	地理标志产品　都江堰川芎	GB/T 21823—2008
81	地理标志产品　永春佛手	GB/T 21824—2008
82	地理标志产品　云锦	GB/T 21930—2008
83	地理标志产品　德化白瓷	GB/T 21998—2008
84	地理标志产品　国窖1573白酒	GB/T 22041—2008
85	地理标志产品　泸州老窖特曲酒	GB/T 22045—2008
86	地理标志产品　洋河大曲酒	GB/T 22046—2008
87	地理标志产品　政和白茶	GB/T 22109—2008
88	地理标志产品　普洱茶	GB/T 22111—2008
89	地理标志产品　五粮液酒	GB/T 22211—2008
90	地理标志产品　金乡大蒜	GB/T 22212—2008
91	地理标志产品　原阳大米	GB/T 22438—2008
92	地理标志产品　寻乌蜜桔	GB/T 22439—2008
93	地理标志产品　琼中绿橙	GB/T 22440—2008
94	地理标志产品　丁岙杨梅	GB/T 22441—2008
95	地理标志产品　瓯柑	GB/T 22442—2008
96	地理标志产品　昌平苹果	GB/T 22444—2008
97	地理标志产品　房山磨盘柿	GB/T 22445—2008
98	地理标志产品　大兴西瓜	GB/T 22446—2008
99	地理标志产品　南通长江河豚（养殖）	GB/T 22655—2008
100	地理标志产品　景芝神酿酒	GB/T 22735—2008
101	地理标志产品　酒鬼酒	GB/T 22736—2008
102	地理标志产品　信阳毛尖茶	GB/T 22737—2008
103	地理标志产品　尤溪金柑	GB/T 22738—2008
104	地理标志产品　建莲	GB/T 22739—2008
105	地理标志产品　灵宝苹果	GB/T 22740—2008
106	地理标志产品　灵宝大枣	GB/T 22741—2008
107	地理标志产品　灵宝杜仲	GB/T 22742—2008
108	地理标志产品　卢氏连翘	GB/T 22743—2008

序号	标准名称	标准号
109	地理标志产品　济源冬凌草	GB/T 22744—2008
110	地理标志产品　方城丹参（裕丹参）	GB/T 22745—2008
111	地理标志产品　泌阳花菇	GB/T 22746—2008
112	地理标志产品　贵州茅台酒	GB/T 18356—2007
113	地理标志产品　水井坊酒	GB/T 18624—2007
114	地理标志产品　古井贡酒	GB/T 19327—2007
115	地理标志产品　口子窖酒	GB/T 19328—2007
116	地理标志产品　道光廿五贡酒（锦州道光廿五贡酒）	GB/T 19329—2007
117	地理标志产品　互助青稞酒	GB/T 19331—2007
118	地理标志产品　西凤酒	GB/T 19508—2007
119	地理标志产品　扬州漆器	GB/T 19959—2005
120	地理标志产品　通化山葡萄酒	GB/T 20820—2007
121	地理标志产品　中牟大白蒜	GB/T 21002—2007
122	地理标志产品　庐山云雾茶	GB/T 21003—2007
123	地理标志产品　泰和乌鸡	GB/T 21004—2007
124	地理标志产品　泰兴白果	GB/T 21142—2007
125	地理标志产品　玉泉酒	GB/T 21261—2007
126	地理标志产品　永春篾香	GB/T 21262—2007
127	地理标志产品　牛栏山二锅头酒	GB/T 21263—2007
128	地理标志产品　武夷岩茶	GB/T 18745—2006
129	地理标志产品　安溪铁观音	GB/T 19598—2006
130	地理标志产品　吉林长白山饮用天然矿泉水	GB/T 20349—2006
131	地理标志产品　怀地黄	GB/T 20350—2006
132	地理标志产品　怀山药	GB/T 20351—2006
133	地理标志产品　怀牛膝	GB/T 20352—2006
134	地理标志产品　怀菊花	GB/T 20353—2006
135	地理标志产品　安吉白茶	GB/T 20354—2006
136	地理标志产品　赣南脐橙	GB/T 20355—2006
137	地理标志产品　广昌白莲	GB/T 20356—2006
138	地理标志产品　永福罗汉果	GB/T 20357—2006

序号	标 准 名 称	标 准 号
139	地理标志产品　石柱黄连	GB/T 20358—2006
140	地理标志产品　黄山贡菊	GB/T 20359—2006
141	地理标志产品　乌牛早茶	GB/T 20360—2006
142	地理标志产品　宝清红小豆	GB/T 20442—2006
143	地理标志产品　符离集烧鸡	GB/T 20558—2006
144	地理标志产品　永春芦柑	GB/T 20559—2006
145	地理标志产品　郫县豆瓣	GB/T 20560—2006
146	地理标志产品　雨花茶	GB/T 20605—2006
147	地理标志产品　大连海参	GB/T 20709—2006
148	地理标志产品　大连鲍鱼	GB/T 20710—2006
149	地理标志产品　方正大米	GB/T 20040—2005
150	地理标志　基础术语	20220325—T—463
151	地理标志产品质量要求　麻江蓝莓	20221419—T—463
152	地理标志产品质量要求　五粮液酒	20221421—T—463
153	地理标志产品质量要求　金华火腿	20221422—T—463
154	地理标志产品质量要求　富平柿饼	20221423—T—463
155	地理标志产品质量要求　五常大米	20221424—T—463
156	地理标志产品质量要求　汉源花椒	20221425—T—463
157	地理标志产品质量要求　龙口粉丝	20221426—T—463
158	地理标志产品质量要求　普洱咖啡	20221427—T—463
159	地理标志产品质量要求　安溪铁观音	20221453—T—463
160	地理标志产品　吉林长白山饮用天然矿泉水	20142111—T—469
161	地理标志产品质量要求标准编制通则	20233427—T—463
162	地理标志产品　水井坊酒《第2号修改单》	GB/T 18624—2007
163	地理标志产品　蒙山茶《第1号修改单》	GB/T 18665—2008
164	地理标志产品　金华火腿《第3号修改单》	GB/T 19088—2008
165	地理标志产品　口子窖酒《第3号修改单》	GB/T 19328—2007
166	地理标志产品　互助青稞酒《第1号修改单》	GB/T 19331—2007
167	地理标志产品　西凤酒《第1号修改单》	GB/T 19508—2007
168	地理标志产品　吐鲁番葡萄《第1号修改单》	GB/T 19585—2008

续表

序号	标 准 名 称	标 准 号
169	地理标志产品 黄岩蜜桔《第1号修改单》	GB/T 19697—2008
170	地理标志产品 塘栖枇杷《第1号修改单》	GB/T 19908—2005
171	地理标志产品 鞍山南果梨《第1号修改单》	GB/T 19958—2005
172	地理标志产品 方正大米《第1号修改单》	GB/T 20040—2005
173	地理标志产品 宝清红小豆《第1号修改单》	GB/T 20442—2006
174	地理标志产品 永春芦柑《第2号修改单》	GB/T 20559—2006
175	地理标志产品 通化山葡萄酒《第1号修改单》	GB/T 20820—2007
176	地理标志产品 舍得白酒《第1号修改单》	GB/T 21820—2008
177	地理标志产品 沱牌白酒《第1号修改单》	GB/T 21822—2008
178	地理标志产品 德化白瓷《第1号修改单》	GB/T 21998—2008
179	地理标志产品 汝瓷《第1号修改单》	GB/T 23397—2009
180	地理标志产品 哈密瓜《第1号修改单》	GB/T 23398—2009
181	地理标志产品 增城丝苗米《第1号修改单》	GB/T 23402—2009
182	地理标志产品 钧瓷《第1号修改单》	GB/T 23403—2009
183	地理标志产品 宝清大白板南瓜籽《第1号修改单》	GB/T 24712—2009

9.3 国家标准《地理标志产品标准通用要求》介绍

9.3.1 标准概况与制订背景

国家标准《地理标志产品标准通用要求》（GB/T 17924—2008）发布于2008年6月27日，正式实施于2008年10月1日。该标准制订时由全国原产地域产品标准化工作组提出并归口，现归口单位是全国知识管理标准化技术委员会，执行单位是全国知识管理标准化技术委员会地理标志分会，主管部门是国家知识产权局。标准由中国标准化协会和深圳市标准技术研究院起草。

该项标准代替了原国家标准《原产地域产品通用要求》（GB/T 17924—1999）。1999年8月，在我国与欧盟、法国开展原产地域产品保护合作的基础上，原国家质量技术监督局以第6号局长令的形式发布了《原产地域产品保护规定》，这是我国制定的第一部专门规定原产地域产品保护制度的部门规章。为了配合规定的实施，保护原产地域产品，保护生产企业的合法权益，指导编写原产地域产品标准，特制定了国家标准《原产地域产品通用要求》。

2005 年，原国家质量监督检验检疫总局第 78 号令制定了《地理标志产品保护规定》，并于同年 7 月 15 日起施行，《原产地域产品保护规定》同时废止。同样，为了配合规定的实施，指导编写地理标志产品标准，制定了新版国家标准《地理标志产品标准通用要求》。

9.3.2　标准主要内容

该标准规定了地理标志产品的术语定义，同时规定了根据《地理标志产品保护规定》批准保护的地理标志产品、在标准制订时的有关基本原则和通用要求。

9.3.2.1　地理标志产品的定义

标准对地理标志产品的定义进行了表述，地理标志产品应当至少符合以下 4 个特征：

（1）产自特定地域的产品，例如库尔勒香梨、阳澄湖大闸蟹等。

（2）产品所具有的质量、声誉或其他特性本质上取决于该产地的自然因素和人文因素。例如西湖龙井，其产品质量与产地的气候、土壤等自然因素密切相关；蜀锦，其产品与在产地的加工工艺、历史传统等密切相关等。

（3）经审核批准以地理名称进行命名的产品。地理标志产品的命名一般是"所生产的地理区域名称+产品品类通用名称"的组合，例如金华火腿、赣南脐橙等，需要经过地理标志保护产品的审核批准才能获得命名。

（4）地理标志产品是来自本地区的种植、养殖产品，或者其原材料全部来自本地区，或者部分来自其他地区，并在本地区按照特定工艺生产和加工的产品。按照新的标准定义，地理标志产品的原材料可以全部来自本地区，也可以部分来自其他地区。例如道口烧鸡，其部分原材料就是来自其他地区。

9.3.2.2　制定地理标志产品标准的基本原则和通用要求

1. 基本原则

根据该标准第 4 章，制定地理标志产品标准应遵循的基本原则如下：

（1）应是国家质量监督检验检疫行政主管部门根据《地理标志产品保护规定》批准的地理标志产品。

（2）产品的品质、特色和声誉应能体现产地的自然属性和人文因素，并具有稳定的质量，历史悠久，风味独特，享有盛名。

（3）地理标志产品标准除应符合《标准化工作导则　第 2 部分：以 ISO/IEC 标准化文件为基础的标准化文件起草规则》（GB/T 1.2）的规定外，还应规定地理标志产品保护范围、自然环境、特定的品种、特定的种（养）植技术、特殊的加工工艺、产品技术指标等与地理标志产品独特品质有关的内容。

2．通用要求

在此基础上，标准第 5 章对制定标准给出了 9 项通用要求，分别是标准名称、地理标志产品保护范围、自然环境、原料、种植（养殖）技术、工艺、产品质量、标签和标志等。相关条款主要内容如下：

（1）标准名称

地理标志产品标准名称应由产地名称和反映真实属性的通用产品名称构成，并冠以"地理标志产品"前缀。

（2）地理标志产品保护范围

应符合国家质量监督检验检疫行政主管部门批准的保护区域，并附相应地域图。

（3）自然环境

应规定适宜产出具有特定品质产品的保护区域的自然环境，如独特的地理环境、气候、土壤、水质等。

（4）原料

应规定适制地理标志产品的动植物品种；应规定与产品独特品质有关的特殊原料的来源，必要时应规定原料的产地、感官特性、理化指标和安全卫生指标。

（5）种植（养殖）技术

应规定与产品独特品质有关的种植（养殖）技术要求，如选种、栽培、田间管理、施肥与农药、采摘、原材料处理与贮存等。

（6）工艺

应规定产品独特的加工工艺，必要时应规定关键工艺和关键设备；应规定生产过程的安全、卫生和环保要求，并应符合国家相关法律、法规的规定。

（7）产品质量

应规定产品的感官特性、理化指标、安全卫生指标、试验方法及有关限制性条款；可规定产品的特异性指标。

（8）标签

地理标志产品标签的内容除应符合国家有关规定外，还应标注如地理标志产品名称、原料名称和产地以及其他需要特殊标注的内容。

（9）标志

地理标志产品专用标志应符合《关于发布地理标志保护产品专用标志比例图的公告》[国家质量监督检验检疫总局公告（2006 年第 109 号）]的规定。

需要说明的是，2020 年 4 月 3 日，国家知识产权局发布了《地理标志专用标志使用管理办法（试行）》（国家知识产权局公告第 354 号），发布了新的地理标志专用标志官方标志。

9.3.3　标准应用示例

该标准是一项基础性标准，是地理标志产品相关的标准，特别是国家标准，主要依据该标准的有关要求来进行制订。为了让读者更好地理解该标准的要求情况，以下以《地理标志产品　金华火腿》（GB/T 19088—2008）标准内容为例，与该标准进行对应，具体如图9-1到图9-6所示。

ICS 67.120.10
X 22

中华人民共和国国家标准

GB/T 19088—2008
代替 GB 19088—2003

产品名称+通用产品名称

名称前缀

地理标志产品　金华火腿

Product of geographical indication—Jinhua ham

2008-08-28 发布　　　　　　　　　　　2008-12-01 实施

中华人民共和国国家质量监督检验检疫总局
中国国家标准化管理委员会　发布

图9-1 《地理标志产品　金华火腿》标准示例（一）

GB/T 19088—2008

3.4

油头 youtou,section of the ham

火腿分档的一个部位,在近荐骨处。

3.5

后熟 hou shu

火腿在发酵期内经高温(或控温控湿)发酵达到成熟的过程。

3.6

签香 qian xiang

竹签插入火腿肌肉内拔出后散发的香气。

保护范围描述 ↑

4 地理标志产品保护范围

金华火腿地理标志保护范围限于国家质量监督检验检疫行政主管部门根据《地理标志产品保护规定》批准保护的范围,即金华市的婺城区、金东区、义乌市、永康市、兰溪市、东阳市、浦江县、武义县、磐安县、衢州市的柯城区、衢江区、江山市、开化县、龙游县、常山县,见附录A。

5 要求

5.1 原、辅材料

5.1.1 应选用符合 GB/T 2417 规定的金华猪或以金华猪为母本的二元、三元杂交商品猪。原料猪腿经检验检疫合格并应符合 GB 2707 的规定。

5.1.2 原料猪腿腿皮厚度小于等于 0.35 cm,肥膘厚度(以腿头处肥膘为准)小于等于 3.5 cm。肌肉鲜红、脂肪洁白、皮色白润或淡黄、干燥无软化发粘的状况、腿心丰满、脚杆细小、皮肉完整无损。

5.1.3 原料腿单只质量应为 4.5 kg～9.5 kg。

5.1.4 食用盐应符合 GB 5461 规定。

5.1.5 食用植物油应符合 GB 2716 规定。

对原料的要求

5.2 气候环境

地理标志产品保护范围金衢盆地属于河谷平原和低丘缓坡带的亚热带地区。全区气候温暖,年平均气温 17.4 ℃,无霜期 263 d,年平均降雨量 1 472.1 mm,相对湿度 77%,日照 2 089.5 h,春、夏、秋、冬四季分明,梅雨天和三伏天异常明显,其温度、湿度、雨量、日照等自然条件变化,适宜金华火腿的低温腌制、中温脱水、高温发酵工艺要求。

对自然环境的要求

5.3 加工

5.3.1 加工企业卫生环境应符合 GB 12694 的规定。

5.3.2 金华火腿加工工艺流程见附录B。

5.3.3 金华火腿应在当年立冬至次年立春之间进行腌制,从腌制到发酵达到后熟时间不少于9 个月。

5.3.4 金华火腿在加工过程中禁止使用有毒有害的物质。

对加工的要求

5.4 质量等级

金华火腿质量等级分为特级、一级、二级。

5.5 感官指标

感官指标应符合表 1 规定。

对产品质量的要求

2

图 9-2 《地理标志产品 金华火腿》标准示例（二）

表 1 感官指标

项 目	要 求		
	特 级	一 级	二 级
香 气	三签香	三签香	二签香,一签无异味
外 观	腿心饱满,皮薄脚小,白蹄无毛,无红斑,无损伤,无虫蛀,鼠伤,无裂缝,小蹄至髋关节长度40 cm以上,刀工光洁,皮面平整,印鉴标记明晰	腿心较饱满,皮薄脚小,无毛,无虫蛀,鼠伤,轻微红斑,轻微损伤,轻微裂缝,刀工光洁,皮面平整,印鉴标记明晰	腿心稍薄,但不露股骨头,腿脚稍粗,无毛,无虫蛀,鼠伤,刀工光洁,稍有红斑,稍有损伤,稍有裂缝,印鉴标记明晰
色 泽	皮色黄亮,肉面光滑油润,肌肉切面呈深玫瑰色,脂肪切面白色或微红色,有光泽,蹄壳灰白色		
组织状态	皮与肉不脱离,肌肉干燥致密,肉质细嫩,切面平整,有光泽		
滋 味	咸淡适中,口感鲜美,回味悠长		
爪 弯	蹄壳表面与脚骨直线的延长线呈直角或锐角		呈直角或略大于直角

5.6 理化指标

理化指标应符合表 2 规定。

对产品质量的要求

表 2 理化指标

项 目		要 求		
		特级	一级	二级
瘦肉比率/%	≥	65		60
水分(以瘦肉计)/%	≤	42		
盐分(以瘦肉中的氯化钠计)/%	≤	11		
质量/(kg/只)		3.0~5.0	3.0~5.5	2.5~6.0
过氧化值(以脂肪计)/(g/100 g)	≤	0.25		
酸价(以脂肪计)(KOH)/(mg/g)	≤	4.0		
三甲胺氮/(mg/100 g)	≤	2.5		
铅(Pb)/(mg/kg)	≤	0.2		
无机砷/(mg/kg)	≤	0.05		
镉(Cd)/(mg/kg)	≤	0.1		
总汞(以 Hg 计)/(mg/kg)	≤	0.05		
亚硝酸盐残留量		按 GB 2760 的规定执行		

5.7 单只火腿质量的净含量允许短缺量

出厂时单只火腿质量的净含量允许短缺量应不大于明示质量的 1.5%。

6 试验方法

6.1 感官指标

6.1.1 外观、爪弯、印鉴标记:以目测为主。

6.1.2 色泽、组织状态:从腿心部位直刀快落,一刀斩开,进行目测。

6.1.3 滋味:在腿心部位切片,水沸后放入蒸锅 20 min,入口品尝。

6.1.4 香气:采用专用竹签检验,见附录 C。

图 9-3 《地理标志产品 金华火腿》标准示例(三)

6.2 理化指标

6.2.1 瘦肉比率

将火腿先刮干净,切除跟骨与脯骨关节间的小爪部分,去皮、骨,称取瘦肉(包括肉间脂肪)和肥膘的质量,然后计算瘦肉在肥瘦肉中的比率。

瘦肉比率按式(1)进行计算:

$$X = \frac{m}{m + m_1} \times 100\% \qquad \cdots\cdots\cdots\cdots\cdots\cdots\cdots (1)$$

式中:

X——瘦肉占肥瘦肉的比率;

m——瘦肉质量,单位为克(g);

m_1——肥膘质量,单位为克(g)。

6.2.2 水分

按 6.2.5 制样,按 GB/T 9695.15 规定方法测定。

6.2.3 盐分

按 6.2.5 制样,按 GB/T 9695.8 规定方法测定。

6.2.4 其他理化指标

按 GB 2730 规定的方法测定。

6.2.5 过氧化值的制样

剔除不可食用的火腿表面氧化层(约 5 mm),油头(指火腿最下方部分约 3 cm)以及肥膘部分,在火腿上方、中方和下方各取约 100 g,切碎,用绞肉机绞碎后搅拌均匀,装入带塞广口瓶中备用。

6.3 单只火腿质量的净含量允许短缺量

单只火腿质量的净含量允许短缺量应按 JJF 1070 规定方法进行。

7 检验规则

7.1 出厂检验

7.1.1 产品出厂前应由生产企业检验部门按本标准规定进行检验。检验合格,并附质量合格证方可出厂。

7.1.2 检验项目:出厂检验项目为感官指标的外观、香气、爪弯、印鉴标记、预包装标签和理化指标的水分、盐分、质量、过氧化值、三甲胺氮、亚硝酸盐、瘦肉比例和净含量。

7.1.3 抽样方法:感官指标应逐只检验,理化指标按 7.2.1 进行。

7.1.4 判定规则:产品经检验合格后,按质量分级要求进行定级,对检验不合格的项目应进行复验,如仍不合格则判为不合格产品。

7.2 型式检验

7.2.1 抽样方法为随机抽样,每 5 000 只以下抽一只,5 000 只~10 000 只抽两只,10 000 只以上至 20 000 只抽三只,20 000 只以上抽四只。

7.2.2 型式检验项目为本标准规定的全部项目。正常生产情况下每年进行一次型式检验,有下列情况之一时,应进行型式检验:

    a) 主要原料或工艺有重大改变时;

    b) 停产一年后恢复生产时;

    c) 质量出现不稳定时;

    d) 国家质量监督检验检疫行政主管部门提出型式检验要求时。

7.2.3 判定规则:感官指标、理化指标如有一项不合格时,可加倍抽样检测,如仍有不合格项,则判该批产品不合格。

图 9-4 《地理标志产品 金华火腿》标准示例 (四)

8 标志、标签、包装、运输和贮存

8.1 标志、标签

8.1.1 预包装产品标签按 GB 7718 的规定执行,应标明以下内容:金华火腿地理标志产品名称、产品标准号、生产者名称和地址、净含量、生产日期、保质期、质量等级、加工周期及食用说明,并在金华火腿预包装上醒目位置标明中华人民共和国地理标志产品专用标志。

8.1.2 食用说明:应用温水洗净,切除火腿表面氧化层 2 mm～5 mm,切除黄色肥膘,深度以见白色肥膘或红色瘦肉为准。

8.1.3 运输包装标志应符合 GB/T 191 和 GB/T 6388 的规定。

8.2 包装

包装材料应干燥、清洁、无异味,符合食品卫生标准的规定。   对标志标签的要求

8.3 运输

8.3.1 运输车辆和工具应清洁、干燥,符合食品卫生要求。

8.3.2 运输时应轻装轻卸,不得重压,应有防日晒、防雨淋措施。

8.3.3 运输时不得与有毒、有害、有污染物混装、混运。

8.4 贮存

8.4.1 仓库应通风、阴凉、干燥、清洁。做到防高温、防潮湿、防虫、防鼠。

8.4.2 采用堆码或悬挂法,应经常检查和翻堆。

图 9-5 《地理标志产品　金华火腿》标准示例（五）

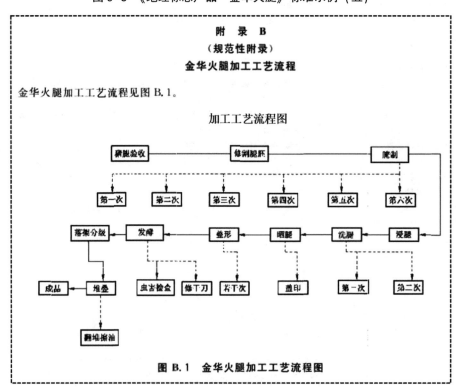

图 9-6 《地理标志产品　金华火腿》标准示例（六）

9.4 国家标准《区域品牌价值评价 地理标志产品》介绍

9.4.1 标准概况

国家标准《区域品牌价值评价 地理标志产品》（GB/T 36678—2018）发布于2018年9月17日，正式实施于2019年4月1日，是地理标志类标准中具有较高应用价值的标准之一。标准归口单位是全国品牌评价标准化技术委员会，由中国品牌建设促进会等单位共同起草。

该标准适用于地理标志产品区域品牌价值的评价，规定了评价的测算模型、测算指标、测算过程等内容的相关要求。标准站在区域品牌价值的角度，对地理标志产品的品牌价值如何进行评价提供了一种方法。基于该标准的方法，中国品牌建设促进会每年对上百种地理标志产品价值展开了评价工作。

开展地理标志产品区域品牌价值评价对于培育一批在国内外具有较高知名度和竞争力的地理标志产品品牌，充分发挥地理标志产品精准扶贫、富民强县兴边、服务外交外贸的重要作用，助推地理标志产品区域品牌走向国际市场具有重要意义。

9.4.2 标准主要内容

9.4.2.1 标准的规范性引用文件、术语和定义

该标准的规范性引用文件涉及品牌价值评价评估方面的基础标准，分别是《品牌价值 术语》（GB/T 29185）、《品牌价值 要素》（GB/T 29186）和《品牌评价 品牌价值评价要求》（GB/T 29187）。以上基础标准中界定的术语和定义均适用于该标准。此外，该标准中对地理标志产品、地理标志产品区域、一般产品、毛利率、超额毛利率、单位超额收益、品牌强度和品牌强度乘数等给出了术语和定义。

9.4.2.2 标准规定的评价方法

该标准中规定的评价方法主要由品牌价值测算模型、品牌强度测算指标和测算过程等组成。

1. 品牌价值测算模型

该标准是基于国际标准《Brand valuation-Requirements for monetary brand valuation》（ISO 10668：2010）中溢价法建立的测算模式。溢价法根据品牌产生的溢价来估算品牌价值，主要方法是将具有特定品牌的商品或服务的价格与一般产品（如无品牌产品）的价格进行比较。该标准在计算品牌产生的溢价时，采用了毛利率指标，并形成了以毛利率指标为核心的溢价法测算模式，其作用是在一定程度上消除地理标志产品

价格周期性波动等因素对测算结果的影响。毛利率指标的应用"是对 ISO 10668 中溢价法的重要继承、发展和完善，为全面评价地理标志产品保护制度对于产品品牌价值提升的影响提供了客观的衡量指标"。

该标准中给出的基于超额收益测算的地理标志产品区域品牌价值计算模型，具体如公式 9-1 所示。

$$V_B = E \times Q \times K_m \qquad\qquad 公式 9\text{-}1$$

式中：

V_B 为地理标志产品区域品牌价值；

E 为地理标志产品单位超额收益；

Q 为地理标志产品年销售量；

K_m 为地理标志产品品牌强度乘数。

其中，地理标志产品单位超额收益是由地理标志产品的毛利率减去一般产品毛利率后再乘以地理标志产品平均销售单价而来。而毛利率的计算则是由地理标志产品或一般产品的平均销售单价减去其平均单位成本（或平均收购单价）后，再与其平均销售单价的比值确定。

品牌强度则是由一级指标或者二级指标的评价值乘以该评级指标的权重来确定的。

2. 品牌强度测算指标

地理标志产品区域品牌价值的品牌强度测算指标共包括无形要素、质量、服务和保护创新等一级指标，项下二级指标共 9 项，三级指标共 18 项。

具体指标及说明情况具体如表 9-2 所示。

3. 测算过程

地理标志区域品牌价值的评价测算过程包括识别评价目的、明确价值影响因素、描述测算区域品牌、确定模型参数、采集测算数据、执行测算过程和报告测算结果等。

9.4.3 标准实施应用情况

"中国品牌价值评价信息发布"活动是由中国品牌建设促进会开展的公益性品牌发布活动，该活动自 2014 年起开展了地理标志产品区域品牌评价。活动遵循了相关国际标准和国家标准，坚持"科学、公正、公认"的工作原则，该标准在地理标志产品区域品牌评价中得到了实施应用。2023 年，安溪铁观音、烟台葡萄酒、武夷岩茶等 100个地理标志产品入选区域品牌（地理标志）榜单，[①] 其中有 36 个区域品牌价值超过百亿元。

---

① 神农岛. 2023 中国品牌价值出炉，100 个地理标志上榜［EB/OL］.（2023-05-12）［2024-05-06］. https://m.163.com/dy/article/I4HJ5GNA0518O2MA.html.

表 9-2　品牌强度指标及说明

一级指标		二级指标		评价内容	
内容	分值	内容	分值		
无形要素	570	品牌地位	380	品牌历史（70）	——产品及其名称形成时间、渊源、历史积淀
				品牌认同（150）	——认知度 ——忠诚度 ——知名度
				保护形式（100）	——取得专门制度保护情况 ——获得国内外认证情况
				市场表现（60）	——市场占有率 ——市场份额增长情况
		社会责任	120	社会贡献（60）	——解决就业人员占区域内从业人员的比重 ——承担社会公益工作开展情况 ——诚信体系建设情况
				生态贡献（60）	——产地环境等自然生态保护成果 ——传统生产工艺等历史人文生态保护成果
		品牌辐射	70	品牌辐射规模和收益（70）	——带动相关产业规模以及受益情况 ——国内外产业辐射范围，规模以及受益情况
质量	200	质量特色要求	90	持续性（40）	——获保后产地环境、种养殖环节、原辅材料以及生产工艺与地理标志产品要求符合情况 ——获保后产品品质保持情况
				稳定性（50）	——获保后产品质量监督抽查、专项检查以及风险监测结果的稳定性 ——经媒体曝光或消费者投诉情况
		生产主体	50	生产主体结构（50）	——合作组织及其运行情况 ——龙头企业 ——生产企业纳入诚信体系的比例 ——生产企业售后服务体系建设情况
		体系实施	60	实施情况和效果（60）	——标准体系、质量保障体系、检测体系建设及其实施情况和效果 ——打击假冒伪劣情况和效果

续表

一级指标		二级指标		评价内容	
内容	分值	内容	分值		
服务	190	管理体系	130	规划（20）	——产品保护、品牌建设、培育和宣传方面战略或规划
				制度（30）	——产品保护、品牌建设、培育和宣传方面制度及相关办法
				政策资金支持（20）	——有助于产品保护、品牌建设、培育工作开展的税收、技改投入、公共设施改善、奖励机制、售后服务指导等政策支持以及资金投入
				组织形式（20）	——产品保护、品牌建设、培育、宣传的机构、人员投入及权责
				专用标志使用（40）	——获保后专用标志的使用率以及规范程度
		品牌传播	60	品牌传播形式及效果（60）	——传播形式、渠道开拓以及效果
保护创新	40	保护措施	40	保护技术方法创新（40）	——产品质量特色全链条溯源体系 ——产品真实性鉴定技术创新

基于该标准成果的实施应用，2018年，我国向国际标准化组织提出了标准化工作提案《品牌评价 地理标志产品》（ISO/CD 23353）并获批立项。2023年4月26日，国际标准《Brand evaluation-Part 3: Requirements and recommendations for brands related to geographical indications》（ISO 20671—3：2023）正式发布实施。

9.5 国家标准《地理标志认定 产品分类与代码》介绍

9.5.1 标准概况

国家标准《地理标志认定 产品分类与代码》（GB/T 43583—2023）是地理标志类标准中基础性标准之一，发布并正式实施于2023年12月28日。标准由全国知识管理标准化技术委员会归口，全国知识管理标准化技术委员会地理标志分会执行，主管部门为国家知识产权局。标准由国家知识产权局知识产权保护司、中国标准化研究院和中国农业大学等单位共同起草。

　　地理标志产品分类是地理标志知识产权认定、保护与管理的基础依据。之前我国地理标志方面的基础标准仅有《地理标志产品标准通用要求》（GB/T 17924—2008），且其中未涉及地理标志产品分类的有关内容。《地理标志认定　产品分类与代码》的制订与实施满足了我国地理标志产品特性保护和地理标志产品发展的要求，解决了地理标志产品分类无标准文件可参考的现实问题。

9.5.2　标准主要内容

　　该标准共包括6个章节和1个附录，依据国际通用做法，突出中国特色，借鉴了欧盟、日本等地理标志分类规则，参考了我国现行食品农产品分类标准，研究提出了我国地理标志产品的分类与代码，用以划分我国地理标志产品类别，满足当前我国地理标志认定、保护、产业发展及国际交流合作需求，促进地理标志高水平保护、高标准管理、高质量发展。该标准中确立了地理标志产品的分类方法、代码结构和编码方法，给出了产品分类代码与产品代码名称，适用于地理标志产品认定、保护、管理等活动中产品分类的信息处理和信息交换。我国认定保护的国外地理标志产品可参照执行。

9.5.2.1　分类方法

　　地理标志产品的分类采用线分类法为主的混合分类法，将地理标志产品划分为大类、中类、小类3个层级。

　　其中：地理标志产品大类按产品的产品功能进行分类，目前分"食用农林产品及食品、非食用农林产品、中药材、手工艺品和其他"5个大类。

　　地理标志产品中类为产品大类的下一层级，同层次类目为并列关系，按产业类别或生物学属性进行分类。例如第一大类"食用农林产品及食品"又分为"茶叶，饮料酒，粮食及其制品，果蔬及其制品，肉、蛋、乳及其制品，水产品及其制品，蜂产品，香辛料及调味品，油料及食用油，坚果、籽类及其制品，咖啡、糖果、糕点，天然矿泉水和其他食用农林产品及食品"等中类。

　　地理标志产品小类为产品中类的下一层级，同层次类目为并列关系，按加工工艺或生物学属性进行分类。例如"茶叶"又分为"绿茶、红茶、黄茶、白茶、青茶（乌龙茶）、黑茶、再加工茶和其他茶"等小类。

9.5.2.2　代码结构和编码方法

　　地理标志产品分类代码的结构采用线分类法，具体如图9-7所示。

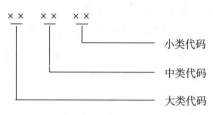

图 9-7   地理标志产品分类代码结构

代码采用分层编码的方法，由阿拉伯数字代码组成。各层代码为：

第一层为产品大类，由第 1—2 位代码表示；

第二层为产品中类，由第 3—4 位代码表示；

第三层为产品小类，由第 5—6 位代码表示。

第一层至第三层，原则上每层为 01—99 的两位顺序代码，含"其他"的产品为上一层产品的收容项，用代码"99"表示。

9.5.2.3   分类代码名称与参照关系

标准中给出了各地理标志产品分类代码的具体名称和说明、示例，共有产品大类 5 个，中类 32 个，小类 52 个，同时在标准附录中给出了地理标志产品分类与国际尼斯分类的参照关系表。

9.6   地方标准《地理标志保护指南》介绍

9.6.1   标准概况

地方标准《地理标志保护指南》（DB43/T 2240—2021）发布于 2021 年 12 月 7 日，正式实施于 2022 年 2 月 7 日。标准由湖南省市场监督管理局提出并归口，由湖南省标准化协会、湖南省知识产权局等单位共同起草。

该标准共包括 7 章内容，包括地理标志保护工作的总则、管理人、合法使用人和销售方等，适用于以地理标志产品保护和集体商标、证明商标注册的地理标志保护工作的实施、管理和评价。

该标准是地理标志保护工作标准化方面为数不多但较为系统的地方标准之一，标准通过明确管理人、合法使用人和销售方等各方主体责任，对于提高地理标志产品的大众保护意识、实施标准化保护措施和手段等给出了指引和指导，对全国各地方系统开展地理标志保护工作都具有较好的借鉴意义。①

9.6.2 标准主要内容

9.6.2.1 基本原则

地理标志的保护工作遵循战略导向、科学规范、协同合作和分类指导的原则。具体来说，对于地理标志的保护工作应以提供地理标志保护防控和处置为重点，以规范化的管理制度和流程来提升保护工作的适用性和可操作性。保护工作的开展强调管理人、合法使用人和销售方各方协同合作，并对各类主体的保护工作实施进行分类指导。

9.6.2.2 地理标志保护工作相关主体

标准中涉及的地理标志保护工作相关主体包括管理人、合法使用人和销售方。管理人是承担地理标志管理和保护的主体责任人，包括地理标志产品保护的申请人和集体商标、证明商标的权利人。合法使用人包括经公告核准使用地理标志产品专用标志的生产者、经公告地理标志已作为集体商标注册的注册人的集体成员、经公告备案的已作为证明商标注册的地理标志的被许可人以及经国家知识产权局登记备案的其他使用人。销售方是指销售地理标志产品的主体，包括超市、商场以及电商平台、网店和微商等。

标准对以上主体的地理标志保护工作的实施和管理等提出了具体规范。

9.6.2.3 对各相关主体保护工作的要求

标准对管理人保护工作的要求涉及机构与人员、设施与设备、文件管理体系、实施和持续改进5个方面。标准要求管理人应当建立地理标志保护体系，实施、运行并持续改进，保持其有效性并形成文件。形成的体系文件是实施地理标志保护的依据，应当至少包括地理标志保护方针和目标、规范文件和地理标志保护手册等内容。实施环节包括对管理人审查备案、日常管理、取消授权、商标转让和持续改进等方面的规定。日常管理中，管理人应对合法使用人开展有效的检查、培训，还应当对地理标志的侵权违法行为等采取适宜的措施。取消授权时，标准对合法使用人取消资格的情形也进行了规范。这些规范都对管理人开展较为有效的地理标志保护工作提供了很好的规范指引。实施环节也对合法使用人提出了采购、生产、流通、监督全流程的规范要求，对销售方提出了入驻和日常管理的规范要求。

---

① 国家质量监督检验检疫总局. 地理标志产品保护规定［EB/OL］.（2005-06-07）［2024-05-06］. https://www.gov.cn/gongbao/content/2006/content_292138.htm.

9.7 地方标准《地理标志品牌培育指南》介绍

9.7.1 标准概况

地方标准《地理标志品牌培育指南》（DB50/T 1370—2023）发布于 2023 年 3 月 15 日，正式实施于 2023 年 5 月 15 日。标准由重庆市知识产权局提出、归口并组织实施，由重庆市质量和标准化研究院、重庆市地理标志发展促进会和彭水县紫苏协会等单位共同起草。

该标准共包括 11 章内容，给出了地理标志品牌培育工作的总体原则，并从品牌培育主体、品牌培育模式选择、品牌战略规划、品牌价值提升、品牌价值监测与评价、品牌保护与风险防范、品牌文化挖掘与传播等方面提供了指导和建议，适用于地理标志产权人和地理标志品牌经营者开展品牌培育活动。

该标准是我国首个地理标志品牌培育方面的地方标准，其发布和实施有助于地理标志产权人和品牌经营者科学高效地开展地理标志品牌培育工作，使更多地理标志产品向品牌化突破，形成区域地理标志品牌集群效应，从而进一步提升地理标志品牌知名度，实现地理标志产品增值，带动地区地理标志产业发展，推动乡村振兴和区域经济发展。

9.7.2 标准主要内容

9.7.2.1 品牌培育主体

标准中提出地理标志品牌培育的主体包括地理标志产权人和品牌经营者。产权人代表了地理标志的产权方，应为地理标志地域范围内的非营利性组织。品牌经营方是地理标志的使用人、生产者和集体商标的集体成员等，是地理标志经营的直接参与者。

该标准的培育主体没有纳入当地政府和可能的服务第三方，但对培育主体的职责进行了说明。产权人承担的主要职责是依法管理、制订标准、制定品牌战略规划、建立培育库、协调沟通各方权责、协调资源并推动品牌创新、文化建设、牵头制定并实施品牌保护、宣传和营销等措施。产权人是品牌培育工作的主要组织者、规划者和管理者。品牌经营者的主要职责是做好产品生产和品牌培育中的各项执行工作。

9.7.2.2 品牌培育模式选择

选择品牌培育模式，首先要确定地理标志产品的特色。在特色的确定中，最主要的决定性因素是在产品的种植、养殖和加工过程中，对产品的特殊品质、特色质量和声誉起到决定性作用的当地的自然环境和有关人为因素。

在地理标志品牌培育模式的选择上，品牌培育的组织方包括地理标志产权人和品牌经营者，可根据地理标志产品的特色，形成"地理标志—产品—品牌—产业"的发展合力，所构建的模式是多主体协同培育的模式。

具体模式包括两种，一种是"政府+行业协会+专业合作社+农户+互联网"模式，另一种是"地理标志+基地+龙头企业+全产业链"模式。标准中对两种模式分别进行了说明。

9.7.2.3　品牌培育过程

该标准中品牌培育的过程主要包括品牌战略规划、品牌价值提升、品牌价值监测与评价、品牌保护与风险防范以及品牌文化挖掘与传播等。

品牌战略规划从地理标志品牌优势因素分析入手，从品牌定位、品牌架构、品牌核心价值等方面来规划品牌战略，并对品牌进行设计，塑造品牌形象。品牌组织方还需要加强对品牌战略的内外部沟通和战略实施。品牌战略规划还包括品牌战略的管理，可以为品牌的发展设立中长期目标，并明确品牌发展各阶段的目标任务及考核指标等。

品牌价值提升的要素包括资源要素、质量要素、服务要素、创新要素和营销要素等。

品牌的培育还应当对品牌的价值进行监测与评价，首先要根据品牌价值要素确定关键绩效指标，并针对这些绩效指标开展信息采集与定期监测。品牌组织方还可以定期开展品牌价值评价，具体评价过程可以根据国家标准《区域品牌价值评价　地理标志产品》（GB/T 36678—2018）来进行。品牌组织方可以根据监测与评价的结果，确定持续改进的目标。

品牌保护与风险防范中，品牌保护包括地理标志产品保护和品牌资产保护。品牌风险防范主要从竞争与合作、风险规避和危机应急管理等方面采取措施。

品牌的文化挖掘与传播一方面需要从多方面持续丰富品牌的文化内涵，另一方面需要对品牌文化进行多种方式的传播。

第十章

品牌类标准介绍

10.1 品牌类标准的总体概况

按照国际标准分类，与品牌相关的大量标准都被分在了"03.140"（专利，知识产权）类目下，同时，许多与品牌相关的标准均与商标有关。因此，本书中也将品牌类标准纳入其中。这类标准数量众多，且标准体系较为健全，对于知识产权其他领域的标准建设能够提供较好的借鉴。2014年，我国推动国际标准化组织（ISO）成立了品牌评价技术委员会，[①] 并由中国品牌建设促进会作为秘书处所在单位和国内技术归口单位。品牌评价技术委员会推动制定了品牌评价方面的系列国际标准，[②] 为推动实施标准化战略、参与国际标准制定、加强标准化国际合作以及掌握国际标准话语权作出了重要贡献。[③]

本书中收录了品牌类相关标准共计587项，其中涉及国际标准5项、国家标准42项、国家标准计划1项、行业标准16项、地方标准104项、团体标准400项和企业标准19项，包括品牌管理、品牌培育建设、品牌评定认证和品牌评估评价4类。品牌管理和品牌评估评价类的标准占总数量的半数以上，特别是品牌的评估评价，是品牌类标准的主要研究方向，对于专利价值评估评价、科技成果评估等标准的制订具有一定借鉴价值。受篇幅所限，本书仅列出了品牌类标准中的国际标准、国家标准、国家标准计划、行业标准和地方标准，具体如表10-1所示。

---

① 郭志萍. 标准PLUS | 品牌价值评价的标准化之路［EB/OL］.（2020-07-06）［2024-05-06］. https://mp. weixin. qq. com/s/nJuLxnv2TiHPihgBfEPT_ Q.

② 中国品牌建设促进会. 国际标准化组织品牌评价技术委员会（ISO/TC 289）线上召开第七次全体会议［EB/OL］.（2020-09-28）［2024-05-06］. http://www. ccbd. org. cn/content-10-427-1. html.

③ 中国品牌建设促进会. 我国专家参加国际标准化组织品牌评价技术委员会实施指南工作组（ISO/TC 289/WG 2）第四次会议［EB/OL］.（2020-01-22）［2024-05-06］. http://www. ccbd. org. cn/content-12-340-1. html.

表 10-1 品牌类部分标准明细

序号	标 准 名 称	标 准 号
	品牌管理类	
1	品牌 术语	GB/T 29185—2021
2	品牌 分类	GB/T 36680—2018
3	品牌管理要求	GB/T 39906—2021
4	供销合作社品牌建设 区域公用品牌运营管理	GH/T 1375—2022
5	零售业自有品牌开发与经营管理规范	SB/T 10619—2011
6	品牌管理专业人员技术条件	SB/T 10761—2012
7	种植业"品牌农产品"获证主体管理规范	DB22/T 3300—2021
8	食用农产品连锁商店通用管理规范 第3部分：食用农产品连锁品牌专卖店	DB43/T 554.3—2010
9	商标品牌指导站建设服务规范	DB31/T 1369—2022
10	农产品区域公用品牌管理规范	DB32/T 4098—2021
11	"苏州制造"品牌企业质量管理体系要求	DB3205/T 1050—2022
12	品牌指导服务站建设规范	DB33/T 2296—2020
13	品牌指导服务站建设与服务规范	DB3302/T 1114—2020
14	品牌指导服务站星级评价规范	DB3302/T 1115—2020
15	"上虞翠茗"茶叶区域公用品牌管理规范	DB3306/T 065—2023
16	"三衢味"区域公用品牌准入和管理规范	DB3308/T 067—2020
17	沙县小吃区域品牌管理规则	DB3504/T 010—2023
18	"赣鄱正品"品牌管理 第1部分：品牌评价要求	DB36/T 1704.1—2022
19	"赣鄱正品"品牌管理 第2部分：产品全链数字化要求	DB36/T 1704.2—2022
20	"赣鄱正品"品牌管理 第3部分：臻品认定规范	DB36/T 1704.3—2022
21	"豫货通天下"品牌管理规范	DB41/T 1819—2019
22	品牌管理体系 要求与实施	DB43/T 1983—2021
23	品牌管理体系 要求及实施	DB4403/T 16—2019
24	镇街商标品牌培育指导站服务规范	DB4420/T 32—2023
25	柳州螺蛳粉品牌建设要求	DB4502/T 0022—2022
26	柳州螺蛳粉品牌管理规范	DB4502/T 0023—2022
27	眉山"苏小妹"品牌家政服务人员资格考核管理规范	DB5114/T 25—2020
28	眉山"苏小妹"品牌家政服务机构进社区服务指南	DB5114/T 26—2020
29	眉山"苏小妹"品牌家政诚信服务平台建设规范	DB5114/T 27—2020
30	"圣洁甘孜"区域品牌管理规范	DB5133/T 70—2022
31	梵净山茶品牌使用管理规范	DB5206/T 31—2018

序号	标 准 名 称	标 准 号
32	临沧市区域商标使用管理规范	DB5309/T 34—2020
33	商标品牌指导站建设规范	DB65/T 4674—2023
品牌培育建设类		
34	企业品牌培育指南	GB/T 38372—2020
35	品牌培育指南　产业集群	GB/T 39064—2020
36	区域品牌培育与建设指南	GB/T 39904—2021
37	纺织行业品牌培育管理体系　通用要求	FZ/T 01119—2013
38	品牌培育管理体系实施指南　纺织行业	FZ/T 01142—2018
39	品牌培育管理体系实施指南　石油和化学工业	HG/T 5326—2018
40	品牌培育管理体系实施指南　机械设备制造业	JB/T 13549—2018
41	品牌培育管理体系实施指南　建筑材料行业	JC/T 2471—2018
42	农产品区域公用品牌建设指南	NY/T 4169—2022
43	品牌培育管理体系实施指南　轻工行业	QB/T 5256—2018
44	品牌培育管理体系实施指南　食品行业	QB/T 5636—2021
45	品牌培育管理体系实施指南　电子信息行业	SJ/T 11726—2018
46	品牌培育管理体系实施指南　钢铁行业	YB/T 4694—2018
47	品牌培育管理体系实施指南　通信行业	YD/T 3313—2018
48	品牌培育管理体系实施指南　有色金属行业	YS/T 1255—2018
49	农畜产品区域公用品牌建设要求	DB15/T 3193—2023
50	"宁姐月嫂"服务品牌建设指南	DB3201/T 1117—2022
51	"食安南京"品牌建设指南	DB3201/T 1174—2023
52	制造业高端品牌企业培育　第1部分：培育指南	DB34/T 3456.1—2019
53	服务业高端品牌企业培育　第1部分：培育指南	DB34/T 4063.1—2021
54	服务业高端品牌企业培育　第2部分：评价规范	DB34/T 4063.2—2021
55	汽车及零部件行业高端品牌企业培育　第1部分：培育指南	DB34/T 4530.1—2023
56	制造业高端品牌企业培育　第1部分：培育指南	DB37/T 3415.1—2018
57	农产品区域公用品牌建设规范	DB3707/T 15—2018
58	品牌建设指南	DB41/T 1192—2016
59	品牌培育指南	DB43/T 1982—2021
60	品牌培育指南	DB4403/T 15—2019
61	柳州螺蛳粉区域公用品牌培育指南	DB4502/T 0019—2022
62	梵净山茶品牌综合标准	DB5206/T 02—2018
63	凤庆核桃品牌培育指南	DB5309/T 53—2021

序号	标 准 名 称	标 准 号
64	企业品牌 建设指南	DB61/T 1452—2021
65	品牌提升指南	DB62/T 4525—2022
品牌评定认证类		
66	"吉致吉品"品牌认证 通则	DB22/T 3275—2021
67	"吉致吉品"品牌认证规范 农业领域	DB22/T 3276—2021
68	"吉致吉品"品牌认证规范 制造业领域	DB22/T 3370—2022
69	"吉致吉品"品牌认证规范 服务业领域	DB22/T 3371—2022
70	"上海品牌"认证通用要求	DB31/T 1048—2020
71	"常州礼遇"品牌饭店基本要求与评定	DB3204/T 1018—2021
72	"苏州制造"品牌认证通用要求	DB3205/T 1011—2021
73	"芜湖智造"品牌认证通用要求	DB3402/T 30—2022
74	"厚道鲁商"品牌企业认定规范	DB37/T 3892—2020
75	饭店品牌评定规范	DB43/T 2284—2022
76	乡村振兴劳务品牌人员等级评定 开州金厨	DB50/T 1547—2023
77	乡村振兴劳务品牌人员等级评定 巴渝大嫂	DB50/T 1548—2023
78	乡村振兴劳务品牌人员等级评定 万州烤鱼师傅	DB50/T 1549—2023
79	乡村振兴劳务品牌人员等级评定 重庆木工	DB50/T 1550—2023
80	乡村振兴劳务品牌人员等级评定 重庆火锅师傅	DB50/T 1551—2023
81	乡村振兴劳务品牌人员等级评定 巫溪烤鱼工	DB50/T 1552—2023
82	乡村振兴劳务品牌人员等级评定 云阳面工	DB50/T 1553—2023
83	眉山"苏小妹"品牌家政服务机构等级划分与评定	DB5114/T 24—2020
84	"陇字号"品牌认证通则	DB62/T 4527—2022
品牌评估评价		
85	Brand evaluation—Principles and fundamentals	ISO 20671：2019
86	Brand evaluation—Part 1：Principles and fundamentals	ISO 20671—1：2021
87	Brand evaluation—Part 2：Implementation and reporting	ISO 20671—2：2023
88	Brand evaluation—Part 3：Requirements and recommendations for brands related to geographical indications	ISO 20671—3：2023
89	Brand valuation—Requirements for monetary brand valuation	ISO 10668：2010
90	商业企业品牌评价与企业文化建设指南	GB/T 27925—2011
91	品牌价值要素评价 第1部分：通则	GB/T 29186.1—2021
92	品牌价值要素评价 第2部分：有形要素	GB/T 29186.2—2021
93	品牌价值要素评价 第3部分：质量要素	GB/T 29186.3—2021

序号	标 准 名 称	标 准 号
94	品牌价值要素评价 第4部分：创新要素	GB/T 29186.4—2021
95	品牌价值要素评价 第5部分：服务要素	GB/T 29186.5—2021
96	品牌价值要素评价 第6部分：无形要素	GB/T 29186.6—2021
97	品牌评价 品牌价值评价要求	GB/T 29187—2012
98	品牌价值评价 多周期超额收益法	GB/T 29188—2022
99	品牌价值评价 食品加工及食品制造业	GB/T 31047—2023
100	品牌价值评价 零售业	GB/T 31277—2022
101	品牌价值评价 酒、饮料和精制茶制造业	GB/T 31280—2022
102	品牌价值评价 电子商务	GB/T 31482—2015
103	品牌评价 城市	GB/T 35779—2017
104	区域品牌价值评价 地理标志产品	GB/T 36678—2018
105	品牌价值评价 自主创新企业	GB/T 36679—2018
106	品牌价值评价 展览业	GB/T 39068—2020
107	品牌价值评价 日用化学品业	GB/T 39070—2020
108	品牌评价 消费者感知测量指南	GB/T 39071—2020
109	品牌评价 核心元数据规范	GB/T 39073—2020
110	品牌评价 原则与基础	GB/T 39654—2020
111	品牌评价 旅游目的地	GB/T 39869—2021
112	品牌价值评价 汽车制造业	GB/T 39870—2021
113	区域品牌价值评价 产业集聚区	GB/T 39905—2021
114	品牌价值评价 电信业	GB/T 39911—2021
115	品牌价值评价 多元化经营企业	GB/T 42232—2022
116	品牌价值评价 银行与保险业	GB/T 31044—2014
117	品牌价值评价 农产品	GB/T 31045—2014
118	品牌价值评价 交通运输业	GB/T 31046—2014
119	品牌价值评价 纺织服装、鞋、帽业	GB/T 31278—2014
120	品牌价值评价 家用电器制造业	GB/T 31279—2014
121	品牌价值评价 石油和化学工业	GB/T 31281—2014
122	品牌价值评价 互联网及相关服务	GB/T 31282—2014
123	品牌价值评价 机械设备制造业	GB/T 31283—2014
124	品牌价值评价 旅游业	GB/T 31284—2014
125	品牌价值评价 餐饮业	GB/T 31285—2014
126	品牌价值评价 养老服务业	20220581—T—469

序号	标 准 名 称	标 准 号
127	供销合作社品牌建设　品牌价值评价	GH/T 1321—2021
128	品牌指数及评价方法	DB12/T 695—2020
129	河北知名品牌评价规范　产品	DB13/T 2860—2018
130	河北知名品牌评价规范　服务业组织	DB13/T 2861—2018
131	河北农业品牌评价规范　第1部分：农产品区域公用品牌	DB13/T 5401.1—2021
132	河北农业品牌评价规范　第2部分：农产品企业品牌	DB13/T 5401.2—2021
133	品牌创新成果评价规范	DB1407/T 001—2018
134	著名品牌评价认定规范	DB15/T 1508—2018
135	电梯维保品牌评估方法	DB15/T 2006—2020
136	上海品牌评价通用要求	DB31/T 1048—2018
137	"品字标浙江制造"品牌服务评价要求	DB33/T 2221—2019
138	"品字标"品牌管理与评价规范　第1部分：管理要求	DB33/T 944.1—2018
139	"品字标"品牌管理与评价规范　第3部分： "品字标浙江服务"品牌评价要求	DB33/T 944.3—2021
140	"品字标"品牌管理与评价规范　第4部分： "品字标浙江农产"品牌评价要求	DB33/T 944.4—2019
141	制造业高端品牌企业培育　第2部分：评价规范	DB34/T 3456.2—2019
142	汽车及零部件行业高端品牌企业培育　第2部分：评价规范	DB34/T 4530.2—2023
143	"赣南蔬菜"品牌认定及评价	DB36/T 1123—2019
144	"江西绿色生态"品牌评价通用要求	DB36/T 1138—2019
145	"赣出精品"品牌评价规范	DB36/T 1485—2021
146	"景德镇制"陶瓷品牌评价通用要求	DB3602/T 0001—2022
147	知名农产品企业产品品牌评价	DB37/T 3075—2017
148	知名农产品区域公用品牌评价	DB37/T 3076—2017
149	"老字号"品牌价值测算	DB37/T 3407—2018
150	制造业高端品牌企业培育　第2部分：评价规范	DB37/T 3415.2—2018
151	"食安山东"公共品牌通用评价标准	DB37/T 3736—2019
152	制造业高端品牌评价指标	DB3701/T 22—2021
153	制造业品牌价值测算指标体系	DB3701/T 23—2021
154	青岛区域品牌价值评价方法	DB3702/T 0006—2021
155	企业品牌价值评价方法	DB3702/T 0007—2021
156	品牌价值评价	DB43/T 1984—2021
157	品牌社会组织评价指标	DB4401/T 38—2020
158	品牌价值评价	DB4403/T 17—2019

序号	标 准 名 称	标 准 号
159	柳州螺蛳粉品牌评价　第1部分：区域公用品牌	DB4502/T 0024—2022
160	柳州螺蛳粉品牌评价　第2部分：企业品牌	DB4502/T 0025—2022
161	农产品气候品牌效益评价规范	DB50/T 1285—2022
162	成都市品牌会展评价与等级划分	DB5101/T 61—2019
163	品牌评价工作指南	DB52/T 1554—2021
164	地球第三极品牌评价体系　第1部分：通则	DB54/T 0274.1—2023
165	地球第三极品牌评价体系　第2部分：高原生物品牌评价要求	DB54/T 0274.2—2023
166	地球第三极品牌评价体系　第3部分：西藏民族特色文化创意品牌评价要求	DB54/T 0274.3—2023
167	地球第三极品牌评价体系　第4部分：西藏食品药品绿色加工制造业品牌评价要求	DB54/T 0274.4—2023
168	地球第三极品牌评价体系　第5部分：西藏旅游服务品牌评价要求	DB54/T 0274.5—2023

10.2　国家标准《品牌　术语》介绍

10.2.1　标准概况与制订背景

国家标准《品牌　术语》（GB/T 29185—2021）发布于 2021 年 10 月 11 日，正式实施于 2022 年 2 月 1 日。标准由全国品牌评价标准化技术委员会归口并执行，主管部门是国家标准化管理委员会，由中国标准化研究院和中国品牌建设促进会等单位共同起草。该标准代替了原国家标准《品牌价值　术语》（GB/T 29185—2012）。

经济全球化时代，品牌是各类组织重要的资产之一，也是国家核心竞争力的综合体现。加强品牌建设、提升品牌价值对于提升各类组织市场竞争力乃至国家的国际竞争力具有重要意义。然而，品牌建设活动的各参与方之间缺乏统一的沟通语言。因此，该标准为企业和各类组织提供与品牌、品牌评价、品牌管理相关的术语，以期为品牌建设活动的各相关方、参与方提供规范且一致的沟通语言，从而促进品牌建设效率提升。

10.2.2　标准主要内容

该标准界定了品牌基础术语、品牌评价术语、品牌培育与管理术语及有关品牌的其他术语，适用于组织开展品牌评价、品牌培育与管理及其他品牌相关活动。

该标准中共定义了 69 个术语，其中品牌基础术语 12 个，包括品牌、品牌价值、品类、品牌主体、区域品牌、区域产业集聚区、地理标志产品、城市品牌、城市品牌综合影响力、产业集群、产业集群品牌和老字号等；品牌评价术语 32 个，包括品牌评价、品牌价值评价、品牌货币价值、要素、有形要素、质量要素、创新要素、服务要素、无形要素、维度、指标、指标集、量值、市场测评、品牌强度、品牌强度系数、品牌绩效、品牌知名度、品牌认知、品牌美誉度、品牌忠诚度、资产、价值前提、现值、品牌收益、折现率、品牌价值折现率、品牌分成率、品牌许可费、成本、评价基准日和评价报告日等；品牌培育与管理术语 21 个，包括品牌资产、品牌培育、品牌管理、品牌战略、品牌愿景、品牌目标、品牌定位、品牌规划、品牌理念、品牌核心价值、品牌架构、品牌识别元素、品牌形象、品牌联想、品牌命名、品牌个性、品牌营销、品牌延伸、品牌联合、品牌危机和品牌社群；有关品牌的其他术语 4 个，包括商标、顾客、实体和利益相关方。

10.3　国家标准《品牌　分类》介绍

10.3.1　标准概况与制订背景

国家标准《品牌　分类》（GB/T 36680—2018）发布于 2018 年 9 月 17 日，正式实施于 2019 年 4 月 1 日。标准由全国品牌评价标准化技术委员会归口并执行，主管部门是国家标准化管理委员会。标准由上海市质量和标准化研究院、中国品牌建设促进会和中国标准化研究院等单位共同起草。

品牌评价是指使用相关要素和维度测算品牌强度、品牌绩效和财务表现的活动。对品牌进行评价，是更好地体现品牌影响力和品牌价值，进而提升品牌管理能力的重要举措。不同品牌种类所涉及的评价方法、管理策略等不尽相同，为了形成统一的品牌评价体系，有必要建立品牌评价过程中的分类标准，从而为制定不同类别的品牌评价实施标准奠定基础。

10.3.2　标准主要内容

该标准规定了品牌的分类原则、编码方法和代码结构、按主体的分类和代码表、按行业的分类和代码表等，适用于所有与品牌相关的活动，包括但不限于品牌评价、品牌管理和品牌咨询等。品牌分类体现了科学性、系统性和实用性的原则。

10.3.2.1　编码方法和代码结构

品牌分类的编码方法包括按主体分类划分为 1 级，代码由 1 位罗马数字表示；按行业分类划分为门类、大类、小类 3 级，代码由 1 位拉丁字母和 4 位阿拉伯数字组成，第一位拉丁字母表示门类，即用 A，B，……，F 表示不同的门类，第二、三位阿拉伯数字表示大类，即用 01，02，……，表示不同的大类，第四、五位阿拉伯数字表示小类，即用 0101，0102，……，分别表示不同的小类。

具体代码结构如图 10-1 所示。

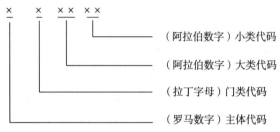

图 10-1 品牌分类代码结构

10.3.2.2 按主体的分类和代码表

品牌分类的一级是按照主体分类，具体代码、品牌主体和说明如表 10-2 所示。

表 10-2 按主体分类代码表

代码	品牌主体	说 明
I	企业品牌	针对企业，专门分辨企业的名称用语、符号、形象、标识、设计或其组合为主要载体的品牌
II	产品品牌	针对产品，专门分辨产品的名称、用语、符号、形象、标识、设计或其组合为主要载体的品牌
III	区域品牌	针对特定区域，适用于某个区域范围内形成的具有相当规模和较强生产能力、较高市场占有率和影响力的产品（服务）或区域本身（城镇或城市）
IV	其他品牌	指非营利品牌等上述未涉及的品牌类型

10.3.2.3 按行业的分类和代码表

品牌按照行业分类，依据门类、大类、小类的顺序进行逐级确定，标准中规定了具体的确定步骤。行业分类具体包括 6 个门类、43 个大类以及 130 个小类。同时在标准的附录中给出了品牌所属行业分类与国民经济分类的对照表。

10.4 系列国家标准《品牌价值要素评价》介绍

10.4.1 标准概况与制订背景

系列国家标准《品牌价值要素评价》共包括《品牌价值要素评价 第 1 部分：通则》（GB/T 29186.1—2021）、《品牌价值要素评价 第 2 部分：有形要素》（GB/T 29186.2—2021）、《品牌价值要素评价 第 3 部分：质量要素》（GB/T 29186.3—2021）、《品牌价值

要素评价　第 4 部分：创新要素》（GB/T 29186.4—2021）、《品牌价值要素评价　第 5 部分：服务要素》（GB/T 29186.5—2021）、《品牌价值要素评价　第 6 部分：无形要素》（GB/T 29186.6—2021），发布于 2021 年 4 月 30 日，正式实施于 2021 年 11 月 1 日。该系列标准由全国品牌评价标准化技术委员会归口并执行，GB/T 29186.1—2021 到 GB/T 29186.5—2021 的主管部门是国家标准化管理委员会，GB/T 29186.6—2021 的主管部门是国家市场监督管理总局。GB/T 29186.1—2021 标准由中国标准化研究院、中国品牌建设促进会和中国资产评估协会等单位共同起草，GB/T 29186.2—2021 标准由中国资产评估协会、中国品牌建设促进会和中联资产评估集团有限公司等单位共同起草，GB/T 29186.3—2021 标准由中国标准化研究院、中国品牌建设促进会和中国质量认证中心等单位共同起草，GB/T 29186.4—2021 标准由深圳市标准技术研究院、中国品牌建设促进会和中国标准化研究院等单位共同起草，GB/T 29186.5—2021 标准由中国标准化研究院、中国品牌建设促进会和中国质量认证中心等单位共同起草，GB/T 29186.6—2021 标准由中国资产评估协会、中国品牌建设促进会和中联资产评估集团有限公司等单位共同起草。

我国于 2012 年发布了《品牌价值　术语》（GB/T 29185—2012）、《品牌价值　要素》（GB/T 29186—2012）、《品牌价值　品牌价值评价要求》（GB/T 29187—2012）和《品牌价值　多周期超额收益法》（GB/T 29188—2012）等首批品牌评价领域的国家标准，填补了我国在品牌评价领域国家标准的空白，为开展品牌建设特别是品牌评价工作提供了一定的指导作用。2014 年，品牌评价国际标准化技术委员会成立，中国品牌建设促进会成为委员会秘书处所在单位和国内技术归口单位。美国、德国、中国等主要参与国家对影响品牌价值的关键要素达成共识，提出了品牌价值五要素的概念，即有形资产、质量、服务、技术创新和无形资产。这些最新发展理论并未在现行标准中得到体现，因此需要对这些品牌评价标准进行修订，以便融入最新的品牌价值发展理论，进一步梳理五要素标准之间的关系。[①]

《品牌价值　要素》（GB/T 29186—2012），已被系列标准中的《品牌价值要素评价　第 1 部分：通则》（GB/T 29186.1—2021）替代。系列标准的修订旨在形成更为科学、合理的品牌价值评价国家标准体系，更好地为我国品牌价值评价工作服务，为各类企业如何围绕品牌价值的关键影响因素，有的放矢地提高自身品牌价值提供指导，对推动我国自主品牌建设具有重大意义。

同时，我国于 2014 年发布的《品牌价值　质量评价要求》（GB/T 31041—2014）、《品牌价值　服务评价要求》（GB/T 31042—2014）和《品牌价值　技术创新评价要求》（GB/T 31043—2014）3 项国家标准也被该系列标准替代。标准的修订结合了对品牌价值发展理论的深入研究，以及我国品牌价值评价工作的实践，系统提出了各要素

---

① 《品牌价值要素评价　第 1 部分：通则》编制说明［EB/OL］.（2018-11-15）［2024-05-06］. http://www.ccbd.org.cn/uploadfile/2018/1207/20181207052418963.zip.

在评价时应考虑的主要方面以及评价指标体系和需要的测算方法等。

10.4.2 标准主要内容

品牌价值形成的五要素包括有形要素、质量要素、创新要素、服务要素和无形要素。五要素是品牌成功的关键，也是品牌强度的决定因素。品牌运营实体通过品牌建设对五要素进行必要投入，构建品牌价值基础，并通过策略性的品牌支持和品牌推广活动向市场传递品牌价值。品牌价值具体体现在法律、顾客及其他利益相关方、市场、经济/政策和财务等维度，因此品牌评价需要同时考虑要素和维度两个方面。五要素不是孤立而是有内在相互联系的，在品牌价值的形成发展过程中不可或缺。对品牌价值要素进行评价，能够为品牌实体的各类品牌管理活动提供重要依据，也是品牌评价的关键环节之一。

为了更好地理解品牌价值的形成，有效地开展品牌评价，该标准在《品牌评价 原则与基础》（ISO 20671：2019）原有内容基础上，分别从有形要素、质量要素、创新要素、服务要素和无形要素等方面进行了有益扩展。

10.4.2.1 《品牌价值要素评价 第1部分：通则》

该标准规定了品牌价值要素评价的总体原则、评价指标体系、评价数据获取、评价实施、评价程序和评价报告，适用于各类实体开展品牌价值要素评价、品牌评价和品牌管理活动。

1. 总体原则与评价指标体系

品牌价值要素评价遵循的原则体现在4个方面，即：指标的选取要反映行业和品牌主体类型的特点，评价数据的获取要可靠、客观和充分，评价的过程要公开、透明和公正，评价的方法要保持一致。

构成品牌价值的基本要素包括有形、质量、创新、服务和无形等5类，每类要素可由具体指标来测量评价。具体选取指标时需要考虑品牌主体所属行业特征，可通过定量或定性方法来进行评价，评价数据可获得，评价指标宜避免高度线性相关以及需方的其他特殊需求等因素。确定指标权重需考虑被评价品牌主体及所在行业的特性，根据评价指标对品牌价值影响的重要性，赋予相应的权重。评价指标权重的确定宜采用专家分析法、基于统计数据的客观赋值法、优序法等方法中一种或几种的组合，结合评价目的确定具体的权重。

2. 评价数据获取与结果测算

品牌价值要素评价的评价数据获取渠道包括：被评价品牌公开发布或提供的信息和数据，国际、国家和地方政府部门公布的相关统计数据，评价主体采用调查等方式获取的与评价相关的信息和数据，可采信的第三方机构提供的相关调查报告、文献等相关资料，社会媒体等公开发布的相关信息以及其他数据等。

每个品牌价值要素评价指标的量化可以根据该系列标准中其他标准给出的方法进行测算获得。在量化过程中，也可以根据实际情况进行必要的优化。通过对每项要素的评价指标的分值进行加权求和，计算每项要素的评价结果。具体计算方法如公式10-1 所示。

$$K = \sum_{i=1}^{i} K_i \times W_i \qquad 公式 10\text{-}1$$

式中：

K 为品牌价值某项要素的评价值；

K_i 为某项要素中第 i 个一级指标的评价值；

W_i 为第 i 个一级指标对所评价的某项要素的影响权重。

3. 评价主体与人员能力

评价主体一般为开展品牌价值要素评价、品牌评价和品牌管理活动的实体。标准对评价主体具体评价人员的职业素养、知识技能等方面提出了要求。

4. 评价程序与评价报告

标准还对评价主体开展评价的具体程序，以及评价报告中应明确陈述的内容提出了具体要求。

开展品牌价值各要素具体评价时，需按照本部分中规定的总体原则和评价程序开展，在构建评价指标体系、获取评价数据、计算评价结果、出具评价报告时需符合本部分的相应要求，实施评价的人员需具备本部分中提出的能力要求。

10.4.2.2 《品牌价值要素评价 第2部分：有形要素》

该标准规定了品牌价值有形要素评价的基本要求、评价指标体系、指标测量、结果测算等内容。

评价品牌价值有形要素时，可以从市场表现、盈利能力、偿债能力、营运能力、发展能力、物质文化和环保建设7个方面来开展。评价指标体系如图10-2所示。

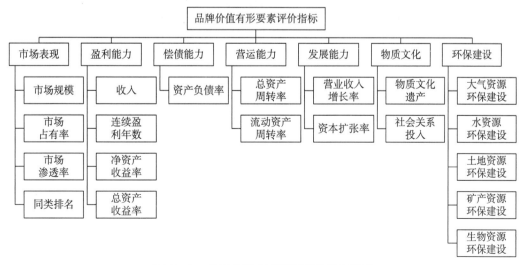

图 10-2 品牌价值有形要素评价指标体系

标准对各项指标的说明、属性、测量、公式、数据元素计算和测量值解释作了具体要求。

有形要素评价值具体计算方法如公式 10-2 所示。

$$K = \sum_{i=1}^{7} K_i \times W_i \qquad\qquad 公式\ 10\text{-}2$$

式中：

K 为有形要素评价值；

K_i 为第 i 个一级指标评价值；

W_i 为第 i 个一级指标对有形要素的影响权重。

当 K_i 指标存在下级指标时，其评价值计算方法如公式 10-3 所示。

$$K_i = \sum_{j=1}^{n} K_{ij} \times W_{ij} \quad (j = 1, 2, \cdots, n) \qquad 公式\ 10\text{-}3$$

式中：

K_i 为第 i 个一级指标评价值；

K_{ij} 为第 i 个一级指标下属第 j 个二级指标评价值；

W_{ij} 为第 i 个一级指标下属第 j 个二级指标对 K_i 的影响权重。

10.4.2.3 《品牌价值要素评价　第 3 部分：质量要素》

该标准规定了品牌价值质量要素评价的基本要求、评价指标体系、评价指标测量和结果测算等要求。

评价品牌价值质量要素时，可以从质量承诺、质量管理能力以及产品和服务质量 3 个方面来开展。评价指标体系如图 10-3 所示。

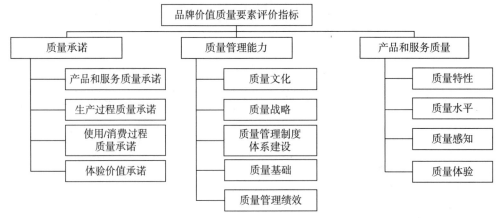

图 10-3　品牌价值质量要素评价指标体系

标准中对各项具体指标的指标描述、指标测量示例、可能的数据来源都作了具体要求。

质量要素评价值具体计算方法如公式 10-4 所示。

$$K = \sum_{i=1}^{3} K_i \times W_i \qquad\qquad 公式\ 10\text{-}4$$

式中：

K 为质量要素评价值；

K_i 为第 i 个一级指标评价值；

W_i 为第 i 个一级指标对有形要素的影响权重。

当 K_i 指标存在下级指标时，其评价值计算方法如公式 10-5 所示。

$$K_i = \sum_{j=1}^{n} K_{ij} \times W_{ij} \quad (j = 1, 2, \cdots, n) \qquad\qquad 公式\ 10\text{-}5$$

式中：

K_i 为第 i 个一级指标评价值；

K_{ij} 为第 i 个一级指标下属第 j 个二级指标评价值；

W_{ij} 为第 i 个一级指标下属第 j 个二级指标对 K_i 的影响权重。

10.4.2.4　《品牌价值要素评价　第 4 部分：创新要素》

该标准规定了品牌价值创新要素评价的基本要求、评价指标体系、评价指标测量和结果测算等内容。

评价品牌价值创新要素时，可以从品牌创新管理能力、品牌创新发展能力和品牌创新效益水平 3 个方面来开展。评价指标体系如图 10-4 所示。

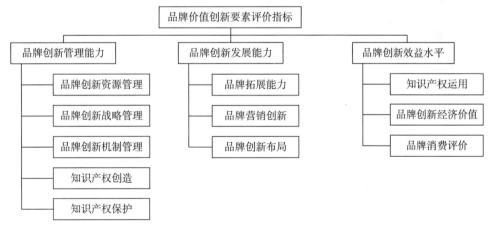

图 10-4　品牌价值创新要素评价指标体系

标准中对各项具体指标的指标描述、指标测量示例、可能的数据来源都作了具体要求。

创新要素评价值具体计算方法如公式 10-6 所示。

$$K = \sum_{i=1}^{3} K_i \times W_i \qquad\qquad 公式\ 10\text{-}6$$

式中：

K 为创新要素评价值；

K_i 为第 i 个一级指标评价值；

W_i 为第 i 个一级指标对有形要素的影响权重。

当 K_i 指标存在下级指标时，其评价值计算方法如公式 10-7 所示。

$$K_i = \sum_{j=1}^{n} K_{ij} \times W_{ij} \quad (j = 1, 2, \cdots, n) \qquad \text{公式 10-7}$$

式中：

K_i 为第 i 个一级指标评价值；

K_{ij} 为第 i 个一级指标下属第 j 个二级指标评价值；

W_{ij} 为第 i 个一级指标下属第 j 个二级指标对 K_i 的影响权重。

10.4.2.5 《品牌价值要素评价 第 5 部分：服务要素》

标准本部分规定了品牌价值服务要素评价的基本要求、评价指标体系、评价指标测量和结果测算等内容。

评价品牌价值服务要素时，可以从服务能力、服务供给和服务结果 3 个方面来开展。评价指标体系如图 10-5 所示。

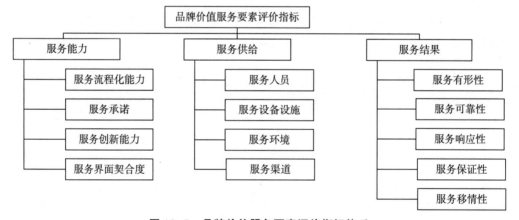

图 10-5 品牌价值服务要素评价指标体系

标准中对各项具体指标的指标描述、指标测量示例、可能的数据来源都作了具体要求。

服务要素评价值具体计算方法如公式 10-8 所示。

$$K = \sum_{i=1}^{3} K_i \times W_i \qquad \text{公式 10-8}$$

式中：

K 为服务要素评价值；

K_i 为第 i 个一级指标评价值；

W_i 为第 i 个一级指标对有形要素的影响权重。

当 K_i 指标存在下级指标时，其评价值计算方法如公式 10-9 所示。

$$K_i = \sum_{j=1}^{n} K_{ij} \times W_{ij} \quad (j = 1, 2, \cdots, n) \qquad 公式 10-9$$

式中：

K_i 为第 i 个一级指标评价值；

K_{ij} 为第 i 个一级指标下属第 j 个二级指标评价值；

W_{ij} 为第 i 个一级指标下属第 j 个二级指标对 K_i 的影响权重。

10.4.2.6 《品牌价值要素评价 第 6 部分：无形要素》

标准本部分规定了品牌价值无形要素评价的基本要求、评价指标体系、评价指标测量和结果测算等内容。

评价品牌价值无形要素时，可以从品牌文化、品牌影响和品牌管理 3 个方面来开展。评价指标体系如图 10-6 所示。

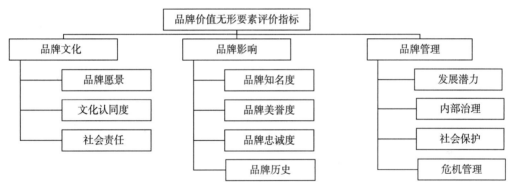

图 10-6 品牌价值无形要素评价指标体系

标准中对各项具体指标的指标描述、指标属性、指标测量示例、数据来源都作了具体要求。

无形要素评价值具体计算方法如公式 10-10 所示。

$$K = \sum_{i=1}^{3} K_i \times W_i \qquad 公式 10-10$$

式中：

K 为无形要素评价值；

K_i 为第 i 个一级指标评价值；

W_i 为第 i 个一级指标对有形要素的影响权重。

当 K_i 指标存在下级指标时，其评价值计算方法如公式 10-11 所示。

$$K_i = \sum_{j=1}^{n} K_{ij} \times W_{ij} \quad (j = 1, 2, \cdots, n) \qquad 公式 10-11$$

式中：

K_i 为第 i 个一级指标评价值；

K_{ij} 为第 i 个一级指标下属第 j 个二级指标评价值；

W_{ij} 为第 i 个一级指标下属第 j 个二级指标对 K_i 的影响权重。

第五部分

发展与展望

第十一章

知识产权标准体系发展展望

11.1　标准化对知识产权工作的支撑作用

知识产权行业是一个以个性化、无形化服务为主的智力服务行业，服务的客体种类众多，主体遍布各产业领域，同时，与发达国家相比，我国知识产权事业整体发展时间较短。因此，一直以来我国知识产权行业的标准发展水平不高，行业标准意识也相对淡薄。

随着科技创新的全球化竞争加剧以及知识经济的不断发展，知识产权日益成为国家发展的战略性资源和国际竞争力的核心要素，而标准作为经济活动和社会发展的重要技术支撑，对促进知识产权行业的高质量发展具有重要作用。近年来，我国知识产权领域的标准体系建设取得了前所未有的长足发展。特别是，2018 年国务院机构改革，国家知识产权主管部门和标准化主管部门统一并入了国家市场监督管理总局，对于促进知识产权领域的标准化水平提升起到了重要的推动作用。如本书第二章中所述，2019—2023 年的 5 年间，全国各类型知识产权标准数量大幅增加，知识产权标准体系基本形成便是很好的证明。

11.2　我国知识产权标准化发展中的问题与不足

我国知识产权标准体系建设正处在一个快速发展的阶段。我们看到通过这些年的建设，知识产权标准体系建设已经在很多方面都取得了重要成果，全行业标准理念和意识也普遍得到了提升。但在发展过程中也不可避免地存在一些问题和不足，主要体现在以下 3 个方面。

一、标准供给以政府推动为主，市场驱动力不足，部分标准质量参差不齐

近年来知识产权标准体系的建设离不开政府部门的强有力推动。以最具代表性的综合规范类标准为例，相关国家标准和地方标准，大多都是在国家知识产权局和各地方知识产权主管部门主导下制定完成并推广应用的，标准起草单位也是以政府部门系统内单位为主。同时不少团体标准仅在相关国家和地方标准基础上作了适应性完善，技术创新程度不够高，企业研制的标准数量也相对较少。尽管也出现了一些市场化主导形成的团体标准和企业标准，但总体上由市场驱动制订并运用良好的知识产权标准数量不多。相比之下，知识产权领域中品牌类和地理标志类标准的市场化程度更高一些，这也是取决于地理标志类标准大多涉及具体地理标志产品，以及品牌培育工作对标准的市场化需求更加迫切、发展更加成熟等因素。例如，由中国品牌建设促进会等单位共同起草的国家标准《区域品牌价值评价　地理标志产品》，采取了市场化运用模式，已经取得了良好的社会效益和经济效益。

在近些年的快速发展过程中，一些知识产权标准制修订工作的计划性和任务性较强，并没有完全从用户需求出发来开展标准研制工作，再加上同时熟悉知识产权和标准的人才相对缺乏，有时亟须填补"空白"等原因，导致大量已经制定形成的标准科学性和适用性不强，甚至出现标准主要内容基本照搬的情况，这就使一些标准很难发挥出其应有的作用。

二、知识产权各业务领域标准发展水平不均衡

知识产权涉及的业务领域相对较多，从本书对知识产权标准的分类就可见一斑。各业务领域的标准数量、标准层级差异较为明显。地理标志类标准占到了知识产权标准总量的70%以上，虽然数量众多，但绝大多数是具体地理标志产品的技术规范性标准，还没有形成涵盖地理标志保护、运用、管理、服务等多方面内容的地理标志标准体系。品牌类标准在品牌管理、品牌培育建设、品牌评定认证和品牌评估评价等方面已经形成了较为健全的系统性、多层级、国际化标准体系，在提升品牌形象和增强品牌竞争优势方面发挥了重要作用。而与知识产权创造、运用、保护、管理和服务全链条关系更加密切的综合规范类、文献信息类和科技成果类标准，其标准体系建设还处于基本形成的阶段。特别是综合规范类标准，其中涉及的业务领域庞杂，且不同行业对知识产权业务需求还存在诸多差异，当前已经形成的标准体系还不足以支撑高质量发展的需要。

三、一些重点知识产权业务领域仍缺少高水平标准

尽管知识产权领域的新标准不断涌现，但一些重点业务领域还没有形成相应具有较高规范作用和指导价值的标准。

目前，商标领域的标准大多数涉及商标代理、重点商标保护、集体证明商标使用

等具体业务，且还没有形成相关国家标准，地方标准数量也不多。与企业商标战略管理与实施、商标转化运用等相关标准数量不多。

知识产权保护领域中行政执法、知识产权仲裁、公证存证、知识产权假冒认定、知识产权信用等方面，知识产权运用领域中知识产权转化为技术标准、标准必要专利运营、专利池运营、知识产权交易、知识产权质押融资、知识产权投融资、知识产权保险等方面，知识产权服务领域中高端咨询服务、法律服务和信息服务等方面，以及地理标志领域中地理标志产品的检验检测都亟须制订相关标准规范或对现有标准规范进行完善升级。

四、多数知识产权标准实施应用不充分

知识产权标准大多是推荐性和技术指导性标准，其实施应用主要基于使用者的自主意愿。尽管国家和地方政府也在大力倡导一些标准的贯标实施，但实际情况中，许多知识产权标准的参考指导价值远大于贯彻执行价值。许多标准在制订后也存在缺少宣传推广、贯标培训、对标准实施情况的监督以及使用反馈机制等问题，再加上使用者在标准实际应用过程中也会出现无法匹配或对标准理解不够准确等情况，导致大量标准处在少有人使用的境地。

11.3　发展展望与建议

从未来发展来看，高质量发展是我国社会经济发展的高级阶段。推动高质量发展，需要标准体系的有力支撑，我国知识产权事业的发展亦不例外。尽管知识产权标准化在发展中还存在一定的问题和不足，但未来必将是推动知识产权事业高质量发展不可或缺的重要组成部分。笔者建议重点需要从知识产权标准化战略实施、标准体系建设和标准化基础建设等方面入手，引领高质量发展。

一、制定实施知识产权标准化战略

制定知识产权行业标准化发展规划，针对不同知识产权业务领域发展实际情况，分别制定具体行动方案。在国家知识产权主管部门层面确定管理标准化工作的部门，统筹负责知识产权领域标准工作的管理与实施。结合国家和地方力量，成立知识产权标准专业化研究机构，探索建设知识产权标准验证实验室、知识产权标准检验检测中心和知识产权标准推广示范区等机构。鼓励引导市场化主体自主制定知识产权标准，形成政府与市场并重的标准供给格局。发展知识产权团体标准，引导社会团体制定原创性、高质量知识产权标准，推进团体标准应用示范建设。

二、进一步建立健全知识产权标准体系

加快知识产权标准体系建设速度，逐步形成知识产权创造、运用、管理、保护和服务全链条发展的知识产权标准体系，以标准化来促进行业高质量发展，以高质量发展提升行业整体竞争力。注重标准工作与国家、地方和行业知识产权政策的相互配合协调，实现标准化与行业发展一体化。重点围绕知识产权和科技成果转化为标准的评价机制和服务体系建设，标准必要专利运营，标准制定过程中知识产权保护，知识产权服务业标准化、品牌化建设，防范化解金融风险、促进知识产权金融发展，数据知识产权保护与运用，知识产权信用体系建设，知识产权交易运营，地理标志产品检验检测等方面，研制一批高水平知识产权标准。积极关注人工智能、大数据等技术发展，及时将先进适用的科技创新成果融入知识产权标准，提升标准水平。提高知识产权标准研制的科学性、适用性，以及标准制定过程的透明度和公开度，在标准实施过程中建立反馈机制，及时修订落后和不符合市场需求的标准。

三、夯实知识产权标准发展基础

加大知识产权标准宣传、培训力度，倡导行业积极使用执行高水平标准，加强标准执行监督力度，健全团体标准化良好行为评价机制，建立相应诚信体系和监督机制，强化标准实施应用。开展知识产权标准质量和标准实施第三方评估，加强标准复审和维护更新。探索发展知识产权领域标准服务的新业态、新模式。结合数字化技术，探索建设知识产权标准样品库。建设知识产权标准信息化服务平台，建立健全标准资源共享与一体化服务机制。加强知识产权行业标准人才队伍建设。积极宣传标准作用，普及标准理念、知识和方法，提升全行业标准意识。积极参与知识产权领域标准国际活动，推进我国标准与国际标准体系兼容，逐步实现我国标准的国际化跃升。

参考文献

图书类

[1] 李春田，房庆，王平，等. 标准化概论 [M]. 7 版. 北京：中国人民大学出版社，2022.

[2] 张平，马骁. 标准化与知识产权战略 [M]. 2 版. 北京：知识产权出版社，2005.

论文集、会议录

[1] 刘朋鸽，胡柏松，邓晴莺，等. 标准化战略实在落地社会经济改革真正发展 [C] // 中国标准化协会. 第十四届中国标准化论坛论文集. 北京：《中国学术期刊（光盘版）》电子杂志社有限公司，2017：11.

[2] 王益谊. 我国的标准和专利政策——对《国家标准涉及专利的管理规定（暂行）》解读 [C] //专利法研究（2013）. 北京：知识产权出版社，2015：248-257.

学位论文类

[1] 刘晓明. 中医药国际组织标准制定主体、程序及规则研究 [D]. 北京：北京中医药大学，2011.

标准文献类

[1] 国家标准化管理委员会. 团体标准涉及专利处置指南：GB/Z 43194—2023 [S]. 北京：中国标准出版社，2023：1-15.

期刊类

[1] 刘梦婷. 谈谈标准化发展史 [J]. 大众标准化，2017（8）：50-53.

[2] 陆军. 规矩，方圆之至也——浅谈标准和标准化 [J]. 中国自行车，2008（9）：34-36.

[3] 刘艳骄. 中医睡眠医学标准化的工作流程及实施 [J]. 世界睡眠医学杂志，2016，3（1）：2-7.

［4］ 蔡好获. 治理创新：构建以标准为基础的制度体系［J］. 江西师范大学学报（哲学社会科学版），2018，51（3）：33-39.

［5］ 全国专业标准化技术委员会管理办法［J］. 机械工业标准化与质量，2021（2）：7-13.

［6］ 彭娟，吕月娥. 中国知识产权管理标准化创新发展之路［J］. 中国标准化，2022（2）：25-30.

［7］ 中国标准化编辑部. 田世宏讲述中国标准化 70 年历程［J］. 中国标准化，2019（19）：8-21.

［8］ 田世宏. 建国 70 年中国标准化改革发展成效［J］. 机械工业标准化与质量，2019（11）：7-12.

［9］ 赵文斌. 近现代世界标准化发展历程简介［J］. 航天标准化，2018（4）：40-46.

［10］ 日用电器编辑部. IEC 国际电工委员会概况及我国参与情况［J］. 日用电器，2013（1）：15-17.

［11］ 李静. 国际标准组织及国外先进标准组织机构介绍［J］. 建筑机械，2007（7）：10-11.

［12］ 王兴全. 改革开放 40 年中国学术出版标准化建设的成就、问题与展望［J］. 河北北方学院学报（社会科学版），2019，35（3）：65-69.

［13］ 汪滨，孙红军，张明，等. 中国标准"走出去"的主要特征与优化路径［J］. 科技导报，2023，41（17）：102-108.

［14］ 李莉，彭志明，邵新慧. 我国标准化发展史综述［J］. 品牌与标准化，2011（21）：17.

［15］ 陈敏. 新形势下国际贸易标准化体系建设的必要性［J］. 重庆科技学院学报（社会科学版），2012（21）：71-73.

［16］ 杨晓丽. 中国国家标准涉及专利的处置规则评价（下）标准专利处置实务系列 4［J］. 电子知识产权，2014（9）：44-47.

网络文献类

［1］ 国家知识产权局.《企业知识产权合规管理体系 要求》（GB/T 29490—2023）国家标准解读［EB/OL］.（2023-09-05）［2024-05-06］. https://www.cnipa.gov.cn/art/2023/9/5/art_66_187235.html.

［2］ 全国知识管理标准化技术委员会. 关于我们［EB/OL］.［2024-05-06］. https://www.tc554.org.cn/?page_id=16.

［3］ 郭占恒. 习近平标准化论述与浙江实践［EB/OL］.（2016-06-15）［2024-05-06］. https://www.cqn.com.cn/zgzlb/content/2016-06/15/content_3028376.htm.

［4］ 国家知识产权局办公室. 工业和信息化部办公厅关于组织开展创新管理知识产权国际标准实施试点的通知［EB/OL］.（2023-05-22）［2024-05-06］. https://www.cnipa.gov.cn/art/2023/5/22/art_75_185251.html.

［5］ 中规创新院. 科学技术研究项目知识产权管理［EB/OL］.（2021-07-19）［2024-05-06］.
https://zhuanlan.zhihu.com/p/391072995.

［6］ 范世卫. 我校牵头制定的 ISO 国际标准，正式发布！［EB/OL］.（2023-07-24）［2024-
05-06］. https://www.cjlu.edu.cn/info/1100/33842.htm.

［7］ 中国国际贸易促进委员会商业行业委员会. "知识产权（IP）授权"国际标准研制将由
中国牵头贸促机构推动知识产权国际标准化新突破［EB/OL］.（2022-07-28）［2024-
05-06］. https://www.ttbz.org.cn/Home/Show/41854/.

［8］ 国家知识产权局.《企业知识产权合规管理体系　要求》（GB/T 29490—2023）国家标
准解读［EB/OL］.（2023-09-05）［2024-05-06］. https://www.cnipa.gov.cn/art/
2023/9/5/art_66_187235.html.

［9］ 北京万坤认证服务有限公司. 十问十答｜ISO56005《创新管理—知识产权管理指南》
［EB/OL］.（2024-03-15）［2024-05-06］. http://www.bjwkrz.net/index.php/View/43.html.

［10］ 新世纪认证 1. 应知应会｜ISO 56005《创新管理—知识产权管理指南》贯标［EB/OL］.
（2023-08-23）［2024-05-06］. https://baijiahao.baidu.com/s?id=177500312127264467
9&wfr=spider&for=pc.

［11］ 认证引路人. 详解—ISO 56005 创新与知识产权管理能力分级评价［EB/OL］.
（2024-01-19）［2024-05-06］. https://baijiahao.baidu.com/s?id=1788484357192142
216&wfr=spider&for=pc.

［12］ 全国标准信息公共服务平台.《创新管理—知识产权管理指南（征求意见稿）》
［EB/OL］.（2021-02-04）［2024-05-06］. https://std.samr.gov.cn/gb/search/gbDe-
tailed?id=E116673EB210A3B7E05397BE0A0AC6BF.

［13］ 本标准项目起草组.《国家标准〈创新管理—知识产权管理指南（征求意见稿）〉编
制说明》［EB/OL］.（2021-02-04）［2024-05-06］. https://www.cnis.ac.cn/bydt/
bzyjzq/gbyjzq/202102/P020210220571236825397.pdf.

［14］《企业知识产权国际合规管理规范》编制组.《企业知识产权国际合规管理规范（征求
意见稿）》编制说明［EB/OL］.（2021-12-22）［2024-05-06］. http://amr.gd.gov.
cn/hdjlpt/yjzj/api/attachments/view/51afa3e2a14defb122b0e32eba797830.

［15］ 广东省知识产权保护中心.《企业知识产权国际合规管理规范》推广实施工作启动大
会在广州召开［EB/OL］.（2024-01-24）［2024-05-06］. https://www.gippc.com.
cn/ippc/xwdt/202401/b633559492954241bbd00b23fe22d157.shtml.

［16］ 徐媛园. 江苏发布《高价值专利培育工作规范》地方标准［EB/OL］.（2022-07-
11）［2024-05-06］. https://m.yangtse.com/wap/news/2337743.html.

［17］ 江苏省知识产权局. 一图读懂｜《高价值专利培育工作规范》［EB/OL］.（2022-
07-26）［2024-05-06］. https://www.sohu.com/a/571823065_121123690.

［18］ 国家知识产权局. 江苏发布《〈高价值专利培育工作规范〉实施指南》［EB/OL］.
（2024-01-03）［2024-05-06］. https://www.cnipa.gov.cn/art/2024/1/3/art_57_189
490.html.

［19］《高价值专利培育布局工作指南》标准起草小组.《高价值专利培育布局工作指南
（征求意见稿）》编制说明［EB/OL］.（2021-11-29）［2024-05-06］. http://amr.
gd. gov. cn/hdjlpt/yjzj/api/attachments/view/9add5e79c354f5573b5c4adc42b8a6a3.

［20］国家标准化指导性技术文件《团体标准涉及专利处置指南》起草工作组. 国家标准
化指导性技术文件《团体标准涉及专利处置指南》（征求意见稿）编制说明［EB/
OL］.（2022-10-18）［2024-05-06］. https：//www. china-cas. org/u/cms/www/
202210/181723011t5v. pdf.

［21］国家市场监督管理总局，国家标准化管理委员会. 国家标准化指导性技术文件《团
体标准涉及专利处置指南》（征求意见稿）［EB/OL］.（2023-09-29）［2024-05-
06］. https://www. china-cas. org/u/cms/www/202210/18172249oj5s. pdf.

［22］国家知识产权局.《电子商务平台知识产权保护管理》国家标准解读［EB/OL］.（2020-
11-26）［2024-05-06］. https://www. cnipa. gov. cn/art/2020/11/26/art_66_155247. html?eqid
=837696bf00158be60000000364902b38.

［23］国家知识产权局.《商品交易市场知识产权保护规范》国家标准解读［EB/OL］.（2023-
02-17）［2024-05-06］. https://www. cnipa. gov. cn/art/2023/2/17/art_66_182158. html.

［24］中国证监会. 关于修改《科创属性评价指引（试行）》的决定［EB/OL］.（2021-
04-17）［2024-05-06］. https://www. gov. cn/zhengce/zhengceku/2021-04-17/content_
5600280. htm?eqid=c7e1362c0001cee20000000664643ad6.

［25］知产前沿. 科创板拟上市企业知识产权监管趋势及合规应对［EB/OL］.（2021-
04-30）［2024-05-06］. https://zhuanlan. zhihu. com/p/369101573.

［26］苏州市人民政府. 苏州市知识产权领域首个地方标准发布［EB/OL］.（2021-09-22）
［2024-05-06］. https://www. suzhou. gov. cn/szsrmzf/szyw/202109/d767c41f0b7f40cb990f
3b2281aaac9a. shtml.

［27］国务院办公厅. 国务院办公厅关于加快发展外贸新业态新模式的意见［EB/OL］.
（2021-07-02）［2024-05-06］. https://www. gov. cn/gongbao/content/2021/content_
5627685. htm.

［28］新华社. 商务部：加快出台跨境电商知识产权保护指南［EB/OL］.（2023-04-23）
［2024-05-06］. http://www. xinhuanet. com/2023-04/23/c_1129553501. htm.

［29］安徽省人民政府办公厅. 安徽省知识产权保护办法（安徽省人民政府令第303号）
［EB/OL］.（2021-12-20）［2024-05-06］. https://www. ah. gov. cn/szf/zfgb/554
079541. html.

［30］新华社. 中共中央 国务院关于深化体制机制改革加快实施创新驱动发展战略的若干意见
［EB/OL］.（2015-03-23）［2024-05-06］. https://www. gov. cn/zhengce/202203/content_
3635173. htm.

［31］新华社. 国务院印发《关于新形势下加快知识产权强国建设的若干意见》［EB/OL］.
（2015-12-22）［2024-05-06］. https://www. gov. cn/xinwen/2015-12/22/content_
5026552. htm.

［32］习近平：全面加强知识产权保护工作 激发创新活力推动构建新发展格局［EB/OL］．（2021-01-31）［2024-05-06］．https：//www.gov.cn/xinwen/2021-01-31/content_5583920.htm.

［33］新华社.中共中央 国务院印发《知识产权强国建设纲要（2021—2035年）》［EB/OL］．（2021-09-22）［2024-05-06］．https：//www.gov.cn/zhengce/2021-09-22/content_5638714.htm.

［34］国家知识产权局.关于开展知识产权快速协同保护工作的通知［EB/OL］．（2016-11-29）［2024-05-06］．http：//www.cneip.org.cn/html/13/21757.html.

［35］国务院.国务院关于强化实施创新驱动发展战略 进一步推进大众创业万众创新深入发展的意见［EB/OL］．（2017-07-21）［2024-05-06］．https：//www.gov.cn/gongbao/content/2017/content_5217734.htm.

［36］本标准编制工作组.广东省地方标准《知识产权维权援助工作规范》编制说明［EB/OL］．（2022-02-28）［2024-05-06］．http：//amr.gd.gov.cn/hdjlpt/yjzj/api/attachments/view/f3ed0005372d3798d1872383d16e6403.

［37］中国知识产权研究会知识产权鉴定专业委员会.知识产权鉴定规范编制说明［EB/OL］．（2022-04-08）［2024-05-06］．https：//acad-upload.scimall.org.cn/cnips/text/2022/04/08/15/ASBHMYY.pdf.

［38］本标准编制组.深圳市地方标准知识产权侵权纠纷检验鉴定工作规范编制说明［EB/OL］．（2021-05-24）［2024-05-06］．https：//www.sist.org.cn/xwzx/tzgg/202105/P020210524433420153859.doc.

［39］国务院办公厅.国务院办公厅关于印发《专利转化运用专项行动方案（2023—2025年）》的通知［EB/OL］．（2023-10-17）［2024-05-06］．https：//www.gov.cn/gongbao/2023/issue_10806/202311/content_6913817.html.

［40］北京市中策律师事务所.［新规速递］中国工业经济联合会发布《企业知识产权信用评价标准》及《企业知识产权信用评价标准简介》［EB/OL］．（2023-11-07）［2024-05-06］．http：//www.zhongcelaw.com/zhongcedongtai/xingyezixun/2023/1107/2214.html.

［41］湖南24小时.企业知识产权信用评价：以标准赋能企业新发展［EB/OL］．（2023-10-09）［2024-05-06］．https：//baijiahao.baidu.com/s?id=1779261051171284173&wfr=spider&for=pc.

［42］国家统计局.知识产权（专利）密集型产业统计分类（2019）［EB/OL］．（2023-10-17）［2019-04-01］．https：//www.gov.cn/gongbao/content/2019/content_5419213.htm.

［43］国家知识产权局办公室.国家知识产权局办公室关于组织开展专利产品备案工作的通知.［EB/OL］．（2022-11-23）［2024-05-06］．https：//www.cnipa.gov.cn/art/2022/11/23/art_75_180485.html.

［44］国家知识产权局办公室.国家知识产权局办公室关于开展专利密集型产品认定工作的通知［EB/OL］．（2023-07-21）［2024-05-06］．https：//www.cnipa.gov.cn/art/2023/7/21/art_549_186477.html.

[45] 华进知识产权. 一文解析"专利密集型产品"的定义及标准［EB/OL］. （2022-08-30）［2024-05-06］. https://m. 163. com/dy/article/HG1UOCLK0538D1QQ. html.

[46] 中国专利保护协会. 2023 年度专利密集型产品认定结果公示［EB/OL］. （2024-01-11）［2024-05-06］. http://www.ppac.org.cn/news/detail-4-508.html.

[47] 国家知识产权局. 着眼重点领域 撬动万亿产值——《专利转化运用专项行动方案（2023—2025 年）》系列解读⑤［EB/OL］. （2024-01-19）［2024-05-06］. https://www.cnipa.gov.cn/art/2024/1/19/art_3299_189888.html.

[48] 国家知识产权局. 《专利评估指引》国家标准正式发布［EB/OL］. （2023-09-01）［2024-05-06］. https://www.gov.cn/lianbo/bumen/202309/content_6901413.htm.

[49] 国家知识产权局. 专家解读｜专利评估是专利高质量发展的基础和关键［EB/OL］. （2023-08-31）［2024-05-06］. https://finance.sina.com.cn/wm/2023-08-31/doc-imzkcazt6768109.shtml.

[50] 国家知识产权局. 专家解读｜《专利评估指引》对高校和科研院所专利分级分类管理具有积极作用［EB/OL］. （2023-08-31）［2024-05-06］. https://finance.sina.com.cn/wm/2023-08-31/doc-imzkcazt6768101.shtml.

[51] 国家知识产权局. 《高校和科研机构存量专利盘活工作方案》解读［EB/OL］. （2024-02-05）［2024-05-06］. https://www.gov.cn/zhengce/202402/content_6930437.htm.

[52] 中国资产评估协会. 资产评估执业准则——知识产权［EB/OL］. （2023-08-23）［2024-05-06］. http://www.cas.org.cn/docs//2023-08/a854b8ea4cbd49559d86f809da11a5e6.pdf.

[53] 中国资产评估协会. 专利资产评估指导意见［EB/OL］. （2017-09-18）［2024-05-06］. http://www.cas.org.cn/docs/2017-09/20170913095153073076.pdf.

[54] 中国资产评估协会. 资产评估执业准则——无形资产［EB/OL］. （2017-09-13）［2024-05-06］. http://www.cas.org.cn/docs/2017-09/20170913100516006245.pdf.

[55] 广东科泰科技咨询. 专利拍卖有什么优势？［EB/OL］. （2021-09-07）［2024-05-06］. https://www.zhihu.com/question/484977579/answer/2107271955.

[56] 杭州发改发布. 首个《数据知识产权交易指南》地方标准来了！［EB/OL］. （2023-04-27）［2024-05-06］. https://www.sohu.com/a/670896536_121106832.

[57] 经济日报. 2023 年全国专利商标质押融资同比增长 75.4%——知识产权专利转化运用加速推进［EB/OL］. （2024-01-05）［2024-05-06］. https://www.gov.cn/lianbo/bumen/202401/content_6924386.htm.

[58] 国务院新闻办. 国务院新闻办发布会介绍 2023 年知识产权工作进展情况.［EB/OL］. （2024-01-16）［2024-05-06］. https://www.gov.cn/zhengce/202401/content_6926365.htm?ddtab=true.

[59] 本标准制定工作组. 《专利代理机构服务规范》编制说明［EB/OL］. （2016-02-04）［2024-05-06］. https://www.cnipa.gov.cn/art/2016/2/4/art_78_110938.html.

[60] 晏如. 国家知识产权局实施《专利代理机构服务规范》［EB/OL］. （2018-03-21）［2024-05-06］. http://www.iprchn.com/cipnews/news_content.aspx?newsId=106703.

［61］本标准起草工作组. 上海市地方标准《专利代理机构信用综合评价指南》编制说明［EB/OL］.（2023-12-01）［2024-05-06］. http://scjgj. sh. gov. cn/cmsres/08/08d0d674810648d8ba807737d7f953ce/29bb50092c899ec5b61a64db605283f9. rar.

［62］本标准起草小组.《专利代理服务商务往来文件》（征求意见稿）北京市专利代理人协会团体标准编制说明［EB/OL］.（2017-09-13）［2024-05-06］. http://www. bjpaa. org/up-loads/soft/170913/1-1F913141307. pdf.

［63］国家知识产权局.《专利导航指南》系列国家标准（GB/T 39551-2020）解读［EB/OL］.（2020-11-24）［2024-05-06］. https://www. cnipa. gov. cn/art/2020/11/24/art_66_155207. html?eqid=e7f02b91000257dc00000004648686a5.

［64］国家知识产权局. 知识产权分析评议服务示范机构培育工作启动［EB/OL］.（2013-05-10）［2024-05-06］. http://politics. people. com. cn/n/2013/0510/c70731-21442340. html.

［65］国家知识产权局. 国家知识产权局关于加快提升知识产权服务机构分析评议能力的指导意见［EB/OL］.（2013-02-17）［2024-05-06］. https://www. cnipa. gov. cn/art/2013/2/17/art_424_45050. html.

［66］国家知识产权局. 国家知识产权局关于加快提升知识产权服务机构分析评议能力的指导意见［EB/OL］.（2013-02-17）［2024-05-06］. https://www. cnipa. gov. cn/art/2013/2/17/art_424_45050. html.

［67］广东省市场监督管理局.《数字化时代专利导航工作指南（征求意见稿）》编制说明［EB/OL］.（2023-01-16）［2024-05-06］. https://yjzj. cloud. gd. gov. cn/hdjlpt/yjzj/api/attachments/view/87a7329552abc7448f1d1d39674a926f.

［68］本标准起草小组. 知识产权"一件事"集成服务规范—编制说明［EB/OL］.（2023-07-10）［2024-05-06］. https://www. doc88. com/p-61461200112851. html.

［69］国家知识产权局. 北京发布《知识产权公共服务规范》团体标准［EB/OL］.（2023-11-16）［2024-05-06］. https://www. cnipa. gov. cn/art/2023/11/16/art_57_188586. html.

［70］本标准编制组.《知识产权公共服务工作规范》（征求意见稿）团体标准编制说明［EB/OL］.（2023-09-11）［2024-05-06］. https://capitalip. org/upload/file/202309/1694431951203422. docx.

［71］徐颖.［西安］首个专利信息咨询服务地方标准发布［EB/OL］.（2024-01-11）［2024-05-06］. http://www. shaanxi. gov. cn/xw/ldx/ds/202401/t20240111_2313662. html.

［72］山西省市场监督管理局. 山西发布三项知识产权省级地方标准［EB/OL］.（2022-08-23）［2024-05-06］. http://www. shanxi. gov. cn/ywdt/zwlb/bmkx/202208/t20220823_7046558. shtml?eqid=92dfd3b30023686000000002645ded88.

［73］本标准编制组. 团体标准《知识产权尽职调查服务规范》征求意见材料［EB/OL］.（2019-10-23）［2024-05-06］. https://www. szstandards. com/upload/news/P020191023376066350538. rar.

［74］国家知识产权局. 关于调整核苷酸或氨基酸序列表电子文件标准的公告（第 485 号）［EB/OL］.（2022-06-14）［2024-05-06］. https：//www. cnipa. gov. cn/art/2022/6/14/art_74_176021. html.

［75］国家知识产权局. 知识产权领域两项国家标准即将开始实施［EB/OL］.（2008-05-27）［2024-05-06］. https：//www. cnipa. gov. cn/art/2008/5/27/art_2150_151040. html.

［76］科技部.《技术转移服务规范》国家标准批准发布［EB/OL］.（2017-10-09）［2024-05-06］. https：//www. gov. cn/xinwen/2017-10/09/content_5230238. htm.

［77］本标准起草工作组.《技术转移服务规范》国家标准（征求意见稿）编制说明［EB/OL］.（2017-03-28）［2024-05-06］. https：//www. cnis. ac. cn/ynbm/fwbzhyjs/bzyjzq/gbyjzq/201703/P020181226597083675740. pdf.

［78］经济日报. 科学技术成果鉴定办法正式废止 新型科技成果评价将由市场"唱主角"［EB/OL］.（2017-02-22）［2024-05-06］. https：//www. most. gov. cn/xwzx/twzb/fbh17022101/twbbmtbd/201702/t20170222_131131. html.

［79］国务院办公厅. 国务院办公厅关于完善科技成果评价机制的指导意见［EB/OL］.（2021-07-16）［2024-05-06］. https：//www. gov. cn/gongbao/content/2021/content_5631817. htm.

［80］国家知识产权局. 国家知识产权局关于印发《地理标志保护和运用"十四五"规划》的通知［EB/OL］.（2021-12-31）［2024-05-06］. https：//www. gov. cn/zhengce/zhengceku/2022/01/21/content_5669776. htm.

［81］国家知识产权局.《集体商标、证明商标注册和管理规定》（2023）（局令第 79 号）［EB/OL］.（2024-01-02）［2024-05-06］. https：//www. cnipa. gov. cn/art/2024/1/2/art_3323_189480. html.

［82］国家知识产权局.《地理标志产品保护办法》（2023）（局令第 80 号）［EB/OL］.（2024-01-02）［2024-05-06］. https：//www. cnipa. gov. cn/art/2024/1/2/art_3324_189481. html.

［83］国家知识产权局. 关于发布《地理标志专用标志使用管理办法（试行）》的公告（第 354 号）［EB/OL］.（2020-04-07）［2024-05-06］. https：//www. cnipa. gov. cn/art/2020/4/7/art_74_11637. html.

［84］国家知识产权局. 全国标准化技术委员会地理标志分委会公开征集 2023 年度地理标志国家标准制修订项目建议［EB/OL］.（2023-08-02）［2024-05-06］. https：//www. cnipa. gov. cn/art/2023/8/2/art_1390_186677. html.

［85］全国标准信息公共服务平台. 原产地域产品通用要求［EB/OL］.（1999-12-07）［2024-05-06］. https：//std. samr. gov. cn/gb/search/gbDetailed? id = 71F772D79174D3A7E05397BE0A0AB82A.

［86］神农岛. 2023 中国品牌价值出炉, 100 个地理标志上榜［EB/OL］.（2023-05-12）［2024-05-06］. https：//m. 163. com/dy/article/I4HJ5GNA051802MA. html.

［87］国家质量监督检验检疫总局. 地理标志产品保护规定［EB/OL］.（2005-06-07）［2024-05-06］. https://www.gov.cn/gongbao/content/2006/content_292138.htm.

［88］郭志萍. 标准 PLUS | 品牌价值评价的标准化之路［EB/OL］.（2020-07-06）［2024-05-06］. https://mp.weixin.qq.com/s/nJuLxnv2TiHPihgBfEPT_Q.

［89］中国品牌建设促进会. 国际标准化组织品牌评价技术委员会（ISO/TC 289）线上召开第七次全体会议［EB/OL］.（2020-09-28）［2024-05-06］. http://www.ccbd.org.cn/content-10-427-1.html.

［90］中国品牌建设促进会. 我国专家参加国际标准化组织品牌评价技术委员会实施指南工作组（ISO/TC 289/WG 2）第四次会议［EB/OL］.（2020-01-22）［2024-05-06］. http://www.ccbd.org.cn/content-12-340-1.html.

［91］本标准起草组.《品牌价值要素评价 第 1 部分：通则》编制说明［EB/OL］.（2018-11-15）［2024-05-06］. http://www.ccbd.org.cn/uploadfile/2018/1207/20181207052418963.zip.

［92］ISO. About Us［EB/OL］.［2024-05-06］. https://www.iso.org/about-us.html.